The Trilemma over Graduate Schools in Humanities and Social Sciences:

An International Study on the Relationships between Graduate Schools, Graduates, and the Labor Market

Yoshida, Aya
Murasawa, Masataka
Murayama, Shiho
Ninomiya, Yu
Tanaka, Masahiro
Hamanaka, Junko
Fukudome, Hideto
Li, Min
Huang, Meiying

文系大学院をめぐるトリレンマ

大学院・修了者・労働市場をめぐる国際比較

吉田文 編著

村澤昌崇
村山詩帆
二宮祐
田中正弘
濱中淳子
福留東土
李敏
黄梅英

玉川大学出版部

目　次

序章 学歴社会論と日本の大学院

吉田　文

1. 本書の目的と分析の枠組み

　かつて，日本は学歴社会だといわれていた。学歴社会とは，社会の成員の社会的地位を規定する要因として学歴が重要性をもつこと，そして多くの人がより高い学歴の取得を求めて競争が生じることをいう。ただ，近代社会では，学歴が社会的地位を規定するうえで主な要因であるという点において一定程度の共通性をもち，決して日本だけの特徴ではないはずだ。しかしながら，欧米諸国から見たら日本は特異な学歴社会だという議論がなされていた。1970 年前後の日本社会を見た OECD 教育調査団は，その状況を次のように記している。

　　　（日本では）18 歳のある 1 日に，どのような成績をとるかによって，彼の残りの人生は決まってしまう。いいかえれば日本の社会では，大学入試は，将来の経歴を大きく左右する選抜機構としてつくられているのである。その結果，生れがものをいう貴族主義は存在しないが，それに代る一種の学歴主義が生まれている。それは世襲的な階級制度にくらべれば，たしかに平等主義的であり，弾力性にとんでいる。しかし他の〔能力主義的〕制度にくらべれば学歴主義は弾力性を欠いた，専制的な制度である（OECD 教育調査団・深代 1972，下線筆者，以下同様）。

　大学入試が将来の経歴を左右する選抜機構であり，これはほかの能力主義と比較して弾力性がない専制的な制度だと指摘されている。興味深いのは，

大学を卒業して取得する学歴ではなく，大学入試を指して学歴主義と称し，入試が人生を左右するのは，能力主義として十分に機能していないと論じている点である。

　こうした認識は，1980年代に入っても同様であった。1984年から87年まで続いた臨時教育審議会では，「学歴社会の是正」が主要課題とされたこともあり，第一次答申からその問題の指摘とその是正は繰り返し論じられた。その問題が最も重点的に論じられているのは第一次答申である。教育の現状の問題点の第一として，次のように論じられている。

　　　我が国の著しい経済発展は，教育の量的拡大をもたらすとともに，学歴偏重の社会的風潮を一層助長した。このため，いわゆる一流企業，一流校を目指す受験競争が過熱し，親も教師も子どもも，いや応なく偏差値偏重，知識偏重の教育に巻き込まれ，子どもの多様な個性への配慮に乏しい教育になっている（教育政策研究会　1987：64）。

　これが基本的な問題認識である。そして，この学歴を過度に重視する教育は，「各大学の特色を希薄なものにしていく傾向をもたらすと同時に，高等学校以下の教育にひずみを与え，児童，生徒の心身の健全な育成を妨げている」（同：80）という悪影響があるという認識につながり，その是正策が提案される。やや長いが，その提言を見よう。

　　　学歴社会の弊害は，今日の教育・学習システムのみならず，社会慣行や人々の行動様式に深く根差していることから，（中略）学校教育面，企業・官公庁の採用面などの三つの面から総合的に是正策が展開されなければならない。

　　　とくに，学校と企業・官公庁の両者は，互いに責任を転嫁することなく，連携協力関係を確立し，それぞれ積極的に弊害の是正に強めることが望まれる。

　　　このため，学校教育を改革することはもとより必要であるが，企業・官公庁においても多様な能力の評価を行う観点などから採用人事や人事管理の改善について，組織の活性化を図る上からもなお一層の積極的な努力を求めたい（同：80-81）。

この学歴社会という問題の解決にあたっては，教育面での改善だけでなく，企業等の採用や昇進の論理にも是正を求めている点に着目したい。具体的には，採用にあたっての指定校制，青田買いなどを有名校重視の風潮として批判し，「出身学校にとらわれない実力中心の人材登用」（同：82）を求めている。有名大学，有名企業を目指す競争の過熱を抑制することで，大学は個性を出すことができ，児童生徒の心身は健全なものとなるという論理は短絡的であるが，それが当時の認識であったのだろう。学歴社会をめぐる議論は，様々な形で最終答申まで展開される。

　こうした認識のもと，日本の教育社会学研究において，学歴は主要な研究テーマであった。その多くは，日本の学歴社会の程度に関する具体的状況の分析，学歴社会の成立過程に関する歴史的研究，あるいは，なぜ日本は学歴社会になるのか，その原因の追究，さらには，学歴社会の将来を予測する研究など多岐にわたる[1]。しかしながら，これらの研究の大半は大学への進学をめぐる競争と大卒者の労働市場での処遇を分析の俎上に載せている点を共通にしているうえ，こうした論調での研究は1980年代に集中している。

　本書は，その学歴をもう一段上げて大学院修士課程，それも社会科学系の課程に限定し，2010年代という時代を対象として分析を進める。後述するように，1990年代から大学院の拡充政策がとられ，そのもとで，1991年当時，10万人弱であった大学院在学者は，2019年現在25.5万人強へと約2.5倍にも拡大した。しかしながら，文理どの領域においても大学院学歴の取得をめぐる競争が生じているようにも見えないし，大学院修了者が企業等での採用において，大卒者よりも有利に処遇されているという話も耳にしない。日本社会では，多くの者がより高い学歴を求めるという行動は大学で止まり，大学院へ上行しない。それはなぜなのか。こうした関心から始まった共同研究の成果が，本書である。

　図序-1は，本書の共同研究者に共有された分析の枠組みである。この問題を考えるにあたって設定されたのは，まず，1. 大学院における教育とそれを担当する教員があり，2. その大学院を通過する（した）大学院生や修了者，3. 大学院生や修了者を雇用する労働市場の三つのアクターである。これら三つが大学院の社会的評価を決定する重要なアクターであり，各アクターとほかの二つのアクターとの関係のなかで社会的評価は作られる。すなわち，1. 大学院／教員は，どのような学生を対象にどのような教育を行い，修了者を

図序-1　本書の分析の枠組み

どのような労働市場に輩出しているか，2. 学生は，なぜ大学院へ進学し，大学院修了後の進路に何を期待しているか，3. 労働市場／雇用者は，大学院教育に何を期待し，そこで育成された修了者をどのように処遇するか，これらが問うべき課題であり，これらの関係を解き明かすことで，日本における社会科学系大学院修士課程の存立構造が見えてくると考えた。

　従来の学歴社会論では，学生はより高い学歴をめぐって競争し，労働市場はより高学歴者を採用するという構図のもとで議論されてきた。そこでは，大学／教員が，どのような学生をどのように教育して労働市場に輩出していたかという問題に関しては，ほとんど問われてこなかった。ある意味，大学ないしそこで実施される教育をブラックボックスのままにして，学歴社会論は成り立っていたことになる。確かに，OECD教育調査団のいうように，学歴社会論をめぐる議論は，大学入試であり大学教育ではなかった。しかしながら，大学と異なり大学院では，より各学問分野に特化した専門教育が実施されることを考えると，大学院の教育に焦点をあてた学歴社会論を考える必要があろう。

　学生が，なぜ，何を期待して大学院に進学するのかに関しては，編者は，文系（特に社会科学系）の大学院修士課程の学生や修了者を対象にして，すでにいくつかの論考で議論を重ねてきた（吉田 2008, 2012, 2014）。そこでは，おおむね大学院への進学者は，個人の学習欲求という内なる動機付けによってきわめて積極的に大学院での学習を進めていること，大学院教育に対する満足度は高いが，その結果取得した学歴が職場で評価されることを全くといってよいほど期待していないことを明らかにしてきた。労働市場での処遇や評価の向上を目指して大学院進学をしているわけではないのである。学歴社会論が論じてきた，より良好な雇用機会を求めてのより高い学歴取得という進学行動は，大学院修士課程ではみられないのである。本書では，こうした知見をこの分析の枠組に充当し，三つのアクターのうちの大学院生／修了

者に関しては，あえて分析を重ねないことにした。

　残るもう一つのアクターが労働市場であるが，大学院修了者の初任給は学士課程卒業者と比較して，特段プレミアムがないことは，つとにいわれている。社会人の大学院修了者の場合も，学歴再取得後の処遇に変化がないという（本田 2003）[2]。なぜ，こうした状況が生じるのか。修士の学歴とは学部卒業者よりも高い学力を獲得した証明であるが，企業等はそれを認めないのか，あるいは，必要としないのか。企業などの修士課程修了者への眼差しの背後にある論理を究明することが課題である。

　本書のもう一つの特色は，こうした日本の状況をよりクリアにするために国際比較を行ったことである。対象は，アメリカと中国である。アメリカは，世界に先駆けて大学院を確立した社会である。教科書的な理解によれば，学術研究を目的としたグラデュエート・スクール，専門職養成を目的としたプロフェッショナル・スクールが並立し，大学院への進学者も多く，また，プロフェッショナル・スクールのうちビジネス・スクールは，その学歴が職業資格になるわけではないものの，労働市場における評価は高く企業の幹部になるためには不可欠とさえいわれ，進学をめぐる厳しい競争が展開されている。ちなみに，学部在学者に対する大学院在学者の比率は，2018年において日本が9.8％であるのに対し，アメリカでは2014年においてフルタイム在学者で15.9％，パートタイム在学者で17.3％であり（文部科学省 2019），大学院の規模は格段に大きい。

　中国の大学院は日本よりも後発である。そもそも大学進学率の上昇は1990年代半ば以降であり，大学院の拡充は2000年代に入ってからになる。しかし，その後の大学および大学院への進学率の急上昇は目を見張るものがあり，大学進学時の不本意入学を挽回するために，よりランクの高い大学院を目指す者が多いという。中国の学部在学者に対する大学院在学者の比率は2016年で12.1％であり（同），すでに日本よりも規模は大きい。

　両国とも大学院への進学は日本以上に常態化していることがうかがえるが，大学院で実施されている教育，大学院をめぐる進学行動，労働市場での処遇は，日本と比較してどのように位置付けることができるのか，**図序-1**の分析の枠組みに照らして考察する。

　ところで本書が，特に社会科学系，それも修士課程を対象にして分析を進めるのは，以下の理由による。日本の理工系の大学院修士課程は，すでに

1960 年代から拡張し始めた。修士課程修了者のうち，工学系では 90% 程度，理学系では 60~70% 程度は就職するため，結果的に，理工系の大学院修士課程は学部教育の延長としての機能を果たすことになった（小林 1999）。また，理工系修士の学歴は，労働市場における給与面での処遇に関してプレミアムをもたないことはよく知られている。一般に，修士課程修了者の初任給は，2 年前に学部卒で入社した者の 2 年後の給与と同額であるからだ。ただ，興味深いのは，銘柄大学ほど修士課程進学者が多いこともあり，修士課程修了者というよりは銘柄大学の出身者ということで評価され，理工系の修士課程修了者は，その学歴・学校歴が労働市場において一定程度評価される仕組みが構築されていることも確かである。大学院進学を目指した厳しい競争があるわけではないが，労働市場における良好な雇用機会を念頭に置いた大学院への進学があり，企業においても研究職での採用を修士修了以上と指定するケースもあり，**図序-1** に従えば，大学院生 / 修了者，大学院 / 教員，労働市場 / 雇用者の三者間には，一定程度，良好なサイクルが存在しているといえよう。

　他方で，社会科学系の大学院は長く拡大することなく推移してきたが，後述のように 1990 年代以降の大学院拡充政策のもとで拡大し，それまでの研究者養成に加え，新たに高度専門職業人の養成を役割として課された。2003年には専門職大学院が制度化され，法科大学院や経営系の専門職大学院が設立された。社会科学系大学院は拡大基調に転じたものの，理系ほどの広がりを見せることなく現在に至っている。高度専門職業人の養成を期待された専門職大学院は，縮減傾向にすらある。加えて，巷間には，文系の大学院生の就職は学部生よりも不利だという言説が，まことしやかに流れている。

　図序-1 に従えば，進学を希望する学生は増加しない，したがって大学院は拡大しない，労働市場では修士学歴は評価されない，したがって大学院生は増加しないと三者間の拡大方向での循環が見られない。本書では，この三つのアクターの関係をトリレンマと呼び，その状況を明らかにするとともに，なぜ，そうした関係になるのかを考察する。

　以下，本書の各論に入る前に，第 2 節において社会科学系大学院に関する政策動向をあとづけ，第 3 節において社会科学系の大学院の規模や学生の動向を「学校基本調査」をもとに，ほかの専門分野と比較しつつ鳥瞰し，第 4節において各論の構成を紹介する。

2. 社会科学系大学院政策の変遷

2.1 抑制論の時代

　大学院教育の伝統をほとんどもたなかった我が国は，第二次世界大戦後に大学院の制度的整備を進めたものの，大学院拡張の機運は，制度制定直後は必ずしも高まらなかった。それが，1950年代後半からの高度経済成長期に入り，産業界からの強い要請を受けて理工系学士課程の増員がなされると，それに伴うかのように，1960年代以降，理工系の修士課程は大きく拡大していった。そして，この理工系の修士課程は，研究者養成というよりは，学士課程教育の延長という役割を得て，進学者の多くは修士課程修了後に企業に就職するという構図が自ずとできあがっていった（小林 1999）。

　そうしたなか，社会科学系の大学院問題が議論の俎上に載せられたのは，天野（2004）が指摘しているように，1973年に出された高等教育懇談会における「高等教育の計画的整備について―昭和50年度高等教育懇談会」（文部省 1976）が嚆矢であろう。この報告書では，今後，大学院進学者が増加するであろうことを前提とし，そのうえで「高度の専門職業人の養成や社会人の再教育」という大学院の新たな役割を措定して，大学院の計画的な拡充を求めている。しかしながら，社会科学系の大学院の定員充足率が低いことについて，工学系との対比において次のように論じられている。

　　工学系の修士課程は，高度の専門職業人に対する需要等に応じて急速に拡大しているが，社会系の修士課程は，このような専門職業人の養成という形では，かならずしもその機能を果たしていないのが実態である。…社会系の入学者が修士課程，博士課程を通じ定員の40%であるのに対し，人文系や理学系にあっては，修士課程70%前後，博士課程90%前後となっており，また，工学系では，修士課程85%，博士課程40%であって，定員と入学者の比は，専門分野によってかなり状況が異なっている（同：78-79）。

　ただ，大学院の修士課程在学者数の推移を見れば，社会科学系が次第にマ

イナーな存在になってきた過程を見ることができる。1960年において社会科学系は2,370人，それに対し工学系は1,223人にすぎず，社会科学系は工学系の2倍弱の規模をもっていた。それからわずか5年後の1965年には工学系は社会科学系を上回り，この報告書が出された1976年には，工学系は15,309人と社会科学系4,647人の3倍強にまで拡大している。1960年から1976年の16年間で，工学系は約13倍に増大したが，社会科学系は2倍程度の拡大に留まっている。社会科学系も拡大はしているものの，工学系のスピードとの違いは著しく，社会科学系の大学院は1970年代に入る頃にマイナーな存在になっていき，それが上記の定員充足率に満たない状況を生み出しているのである。

　社会科学系が伸長しないその原因については，「大学院における教員組織や施設設備，研究費等の教育研究条件がなお不十分であ」ることとともに，「卒業者に対する社会の需要や評価が定まっていない分野が多いこと」，「大学院が優れた学生にとって十分に魅力のあるものとは必ずしもなっていないこと」（同：79）と，まさに**図序-1**で指摘した三つのアクターの関係に問題があることが指摘されている。

　したがって，「大学院の整備に当たっては，単なる現状のままでの量的拡充を想定することなく，同時に，現在の大学院における教育研究の内容や条件について，今後の要請に対応し得るような改善，整備を図らなければならない」と，大学院の量的な規模拡大に走るのではなく，教育研究の改善による質的充実を伴うことが必要と論じるのである。

　これに続く第2期計画（1981-86），第3期計画（1986-92）においても，入学定員が未充足な状況が続き，修了者の進路状況に問題があることを指摘し，大学院の新設や拡充には慎重に対処することが求められている。そしてこうした問題打開のためには，大学院の教育研究指導の改善，充実を促している。問題が，大学院の教育研究指導だけではなく，学生が大学院を進路として選択しないことや労働市場における大学院修了者に対する評価などにもあることが認識されていながら，文部省としてできることは教育研究指導の充実を求めることしかないのである。

　1985年には，大学院に特化して長期的な立場から討議をする大学院問題懇談会が設置され大学院の振興策の検討が委託されたものの，1988年に出された「大学院の改善・充実について―大学院問題懇談会」（文部省 1988）で

は，問題の指摘に多くが割かれ，積極的な振興策が打ち立てられているとは
いえない。大学院をめぐる現状認識としては，「分野により，また大学によ
り質的な内容において大きな相違があり，一方では活気に満ちた充実した活
動を展開しているものもあるが，他方には本来の目的に即した教育研究活動
が活発に行われておらず，教員組織及び施設設備等の面においてもきわめて
貧弱なものがある」と（同：2）指摘され，それに続いて「修士課程では，分
野により例えば工学系の場合のように，修了者に対する社会的な評価もほぼ
定着しつつあると見られるものもある」（同：3）と記されている。このこと
から，教育研究活動が不活発な領域が，社会科学系を含む文系の領域と認識
されていることは容易に推測できる。

　大学院の教育研究活動に関する問題の指摘に加えて，「大学院修了者の資
質についても，受け入れる側からは知識能力の偏りが見られること，応用能
力に不足すること，新しい課題に対する積極的な意欲に欠けるきらいがある
こと」（同：3），「学士新卒者からの採用を中心としている我が国の雇用慣行
の特殊性」（同：4）と，これも**図序-1**で示した枠組みで問題が捉えられてい
る。

　そのうえで，修士課程には以下の方向で改善を進めることを求めている。

　　修士課程については社会の要請に即してそれぞれの設置目的を明確に
　し，学生の進路にふさわしい組織的な教育課程を用意することが望まれ
　る。いわゆるプロフェッショナルスクールとしての性格をもつ修士課程
　も既にいくつか発足しているが，それらが定着するよう育成を図り，修
　士課程がこのような方向へも発展するように努める必要があろう。また，
　今後，修士課程における社会人の再教育の機能が重要になってくると思
　われるが，これにこたえるような教育課程，教育方法の研究開発や履修
　方法について新しい工夫を進める必要がある（同：8）。

　これが文系，特に社会科学系を意図していることは，あらためて述べる必
要はないだろう。高度専門職業人，プロフェッショナル・スクール，社会人
の再教育など，その後の政策につながる方向性が指摘されているが，これ以
上に踏み込んだ議論はなされていない。

2.2 拡大路線への転換

　こうした慎重論が一転したのが，臨時教育審議会（以下，臨教審）である。大学院の飛躍的充実が謳われたのは第二次答申（1986）である。

　　　社会の進展に伴って，今後，行動かつ創造的な教育研究の場としての大学院は重要性を加え，それへの需要は増大すると考える。また学術研究の基盤を培い，我が国が国際的に積極的な貢献を果たすためにも，大学院の飛躍的充実と改革は喫緊の課題である（教育政策研究会 1987：161）。

と，大学院の拡大路線を明確に打ち出し，そのうち修士課程に関しては，

　　　（ア）研究者養成の一段階として，（イ）専門教育をさらに充実し，補強する場として，（ウ）高度の専門職の養成と研修の場としての役割を担っているが，今後の修士課程の在り方としては，（イ）と（ウ）の方向で整備と拡充を図る。その際，パートタイム・スチューデントの受け入れ，昼夜開講制の拡充，夜間大学院の開講など弾力的な措置を積極的に推進し，社会に広く開放することが必要である（同）。

　と，研究者養成ではなく，高度な教育機関としての役割に特化し，かつ，学部新卒者に加えて社会人をターゲットとした拡充策が提言されている。大学院問題懇談会の示す方向と同じではあるが，それを積極的に進めようとした点に違いがある。大学院問題懇談会が教育や履修の方法の工夫が必要と提言したことは，臨教審では具体的な方法として明示化されている。
　臨教審を受けて新たに設置された大学審議会では，1988 年の「大学院制度の弾力化について」と 1991 年の「大学院の整備充実について」，「大学院の量的整備について」と矢継ぎ早に三つの答申を出し，そこで社会人を前提にした大学院の制度改革を求めた。「大学院制度の弾力化について」では，研究者以外の高度専門職業人の育成を大学院の明確な役割と規定し，夜間大学院，1 年制大学院，修士論文免除の課程などを提言している。「大学院の整備充実について」では，日本の大学院は，欧米諸国と比較して質的にも量的

にも不十分かつ小規模であることを問題として指摘し，大学院の量的な整備を図ることを提言し，その半年後の「大学院の量的整備について」では，2000年までの10年間で大学院の学生数を2倍にすることが目標とされた。この目標達成のために，「大学院は，大学等の研究者養成だけでなく，このような社会的需要を的確に受け止め，社会の多様な方面で活躍し得る人材を養成する機関としてふさわしい教育研究指導の体制を整備していく必要がある」（高等教育研究会 2002：183）と，社会人の再教育を大学院のもう一つの機能として大学院拡大を図ることが明言された。

　加えて，「大学院の量的整備について」では，人文・社会科学系の領域の拡大が要請されていることを指摘したい。「現在のところ，この（筆者注：人文・社会科学）分野について一般的には大学院の量的拡充に結びつくほど人材需要は大きなものとして顕在化していないが」と留保しつつも，「高度の専門的知識・能力を有する人材の養成を目的とする分野」では，「既に需要が顕在化しつつあり」，それ以外にも，「人文・社会科学全般にわたる成人層の生涯学習のニーズも高まりつつある」（同：186）と，人文・社会科学系の大学院に対する需要の存在があるとし，それを根拠として量的拡大を図ろうとしたのである。

　この延長に専門職大学院がある。「21世紀の大学像と今後の改革方針について」（1998）において，「特定の職業等に従事するのに必要な高度の専門的知識・能力の育成に特化した実践的な教育を行う大学院修士課程の設置」が提言され，翌99年に専門大学院が制度化された。これは従来の大学院修士課程の枠内で制度設計されており，したがって修士論文の作成が必須であった。しかしながら，研究者養成の枠組みのもとでの教育が，高度な専門職業人養成のための実践的な教育を行っていくうえでは足枷になるという議論が浮上し，アメリカのプロフェッショナル・スクールが改革の一つのモデルとされ，従来の修士課程とは異なる大学院課程の設置が議論されるようになった。

　ちょうどその頃，それとは別のところで始まった司法制度改革の議論の過程において，アメリカのロースクールをモデルとした法科大学院構想がもちあがり，それとの妥協の産物という問題含みはあるものの，「大学院における高度専門職業人養成について」（2002）において，専門大学院よりも「修業年限や教育方法，修了要件等の制度を「高度専門職業人養成」という目的に一層適した柔軟で弾力的な仕組み」である専門職大学院制度のもとで，「特

定の職業の実務に就いたり，職業資格を取得する者の養成についてのみならず，既に職業に就いている者や資格を取得している者が，更に高度の専門的知識や実務能力を修得できる継続教育，再教育の機会の提供」（中央教育審議会 2002）が提唱された。

　興味深いのは，専門職大学院として想定される専門領域である。「経営管理，公衆衛生・医療経営などのほか，法務，知的財産，公共政策（行政），技術経営などの分野」と，まさにアメリカのプロフェッショナル・スクールにおける専門領域が想定され，従来の修士課程の大半を占める工学系，薬学系の修士課程に関しては，「既存の大学院の課程において技術者等の高度専門職業人の養成が相当の比重を持って行われている大学院の課程」とみなされ，「これらの大学院の課程においては，同時に研究者養成も重要な役割として位置付けられていることから，一律に専門職大学院に移行することは適当ではない」と，専門職大学院への移行を阻止している。社会科学系の大学院修士課程を発展させるための制度として専門職大学院が創設されたことがわかる。

　修士論文が必修でない，また，実務家教員を一定程度配置することを義務づけるなどの特徴をもつ専門職大学院の誕生は，1990 年代以来の文系大学院の拡張政策，その対象としての社会人の再学習の促進政策の帰結であるといってよい。

　その後 2005 年の「新時代の大学院教育」においては，2003 年に専門職大学院が制度化されたことを踏まえ，大学院課程の今後のあり方について，専門分野別（人社系，理工系，医療系の 3 分野），課程別（博士課程，修士課程，専門職学位課程の 3 課程）に書き分けたところに特色がある。

　人文・社会科学系の修士課程においては，「生涯学習の機会を広く国民に提供する観点から，特に社会人等の受入れを念頭に置いた専攻を設置することなども必要である」，人社系の専門職学位課程においては，「とりわけ社会科学分野を中心に，今後，その大幅な拡充が期待される」と，再学習する社会人にターゲットを当てた拡大の方向性を示している。博士課程に関しては，「最近では，様々な事情から大学院に多様な学生が進学し，特に博士課程（前期）について，学生が求める教育機能が多様化しつつある。このため，区分制博士課程では，当面，同一専攻の中で，博士課程の前期・後期を通じた研究者養成プログラムと，博士課程（前期）を終えた段階で就職する学生のための高度専門職業人養成プログラムを併せ持つなどの工夫が必要である」

（中央教育審議会 2005）と，ここでも博士前期課程における高度専門職業人養成機能に注目している。

　その後の 2011 年の答申「グローバル社会の大学院教育」は，2005 年の上記答申にもとづき 2006 年に策定された 2010 年までの 5 ヵ年の「大学院教育振興施策要綱」の終了を受けての，新たな「施策要綱」の策定を視野に置いた答申である。これは，人社系，理工農系，医療系，専門職学位課程の四つのワーキング・グループを設置し，それぞれの分野ごとに大学院教育の改善方策を検討しているところに特色がある。博士課程の教育の体系化と整備を進めることを求めることに主眼を置いているものの，「人口当たりの学士号取得者は人文・社会科学系をはじめとして少なく，多くの分野で優れた博士課程（前期）修了者の博士課程（後期）への進学者が減少しており，博士課程取得者が国際社会でリーダーシップを発揮する高度な人材として活躍できる状況に至っているとは言えない」（中央教育審議会 2011：4）という危機感にもとづき，修士，博士，専門職の学位課程ごとに体系化を図ることを狙いとしている。産業界との連携による多様なキャリアパスの確立や，専門職大学院における高度専門職業人の養成のために，教育内容の充実や質の向上が求められている。

2.3　社会人の再学習のための制度的措置

　このように，臨教審，それを継承した大学審議会の大学院拡充政策を実現するための具体的措置も 1990 年代から並行して始まった。「夜間に教育を行う博士課程等について」(1993)，「大学院の教育研究の質的向上に関する審議のまとめ」(1998)，「通信制の大学院について」(1997)，「大学院入学者選抜の改善について」(1999) などの一連の答申がそれである。

　夜間大学院や通信制大学院に関する答申が，社会人の修学の利便性を考慮したものであることは論を俟たない。「大学院の教育研究の質的向上に関する審議のまとめ」では長期在学コースを，「大学院入学者選抜の改善について」においては入学者選抜時における志望理由書や面接の重視，社会人に対する特別選抜の拡大を提案している。いかにして社会人を大学院に呼び込むか，そのための工夫は，入学者選抜に学力以外の要素を加味して入学を容易にし，いったん入学した後は修学の利便性を高めて大学院修了を容易にする，いわば大学院の入口と出口を広げることであった。

表序-1　社会人の再学習のための制度的措置と利用者

弾力化の側面	具体的制度と履修者数
1．入学資格	・社会人特別入学者選抜（2012：461 研究科，入学者 8,144 人） ・個別の入学資格審査による入学資格を認める制度（2015：563 研究科，2,137 人）
2．履修場所	・通信制（2016：大学院 27 校，8,466 人） ・サテライト教室（2014：大学 16.5%）
3．履修期間	・夜間開講制（2016：大学 42 校，大学院 329 校） ・長期履修学生制度（2015：大学院 3,849 人） ・大学院における短期在学コース（2012：64 校）・長期在学コース（2012：81 校） ・4 月以外の入学制度（2015：305 研究科，6,980 人（うち社会人 1,121 人））
4．履修証明	・科目等履修生制度（2015：739 大学，18,118 人（うち就業者 6,212 人）） ・履修証明制度（2015：115 大学，受講者数 4,357 人，証明書交付者数 2,882 人） ・大学公開講座（2014：開設大学：968 校，講座数：40,005，受講者数：1,728,387 人）

出典：文部科学省（2017）「生涯を通じた学習機会・能力開発機会の確保に向けた大学等における社会人の学び直し」より筆者作成

　文部科学省はこれらの答申を受け，社会人の再学習制度を整備した。**表序-1** は，それを 1. 入学資格，2. 履修場所，3. 履修期間，4. 履修証明の 4 点に分類し，それらの制度を導入している大学（研究科）数やその制度の利用学生数をまとめたものである。フルタイム学生を前提とした既存の制度を，いかに，社会人用に改変するかを念頭に置いた制度改革である。

　加えての制度的措置は，競争的資金プログラムによる，社会人の再学習に取り組む大学を増加させることである。専門職大学院が制度化されて以降，専門職大学院の振興と社会人の再学習とを様々に組み合わせた競争的資金プログラムを設けた。その主だったものを**表序-2** に掲げる。専門職大学院が開始した 2004 年から数年間は，毎年，何らかのプログラムが設置されているが，2009 年からは該当するプログラムがない状況が数年続く。ようやく 2014 年には，社会人の学び直しに焦点を当てたプログラムが作られたものの，採択件数も補助金基準額も減少している。この間，法科大学院数は大きく減少し，それ以外にも定員を充足していない専門職大学院もあり，専門職大学院の意義に対する社会的認知は向上しない状況が続いている。それを競争的資金でもって，梃入れすることは容易なことではない。

　2017 年より官邸において論じられ始めた「人生 100 年時代構想」は，文科省にとってある意味追い風になっている。なぜならそれが「社会人の学び直

表序-2　社会人の再学習のための各種支援プログラム

年度	プログラム	補助金基準額	採択件数
2004～6	法科大学院等専門職大学院形成支援プログラム	20,000 千円／年	63（2004），8（2005）
2007	専門職大学院等教育推進プログラム	20,000 千円／年	38（2007）
2008～9	専門職大学院等における高度専門職業人養成教育推進プログラム	20,000 千円／年	26（2008）
2014～16	高度人材養成のための社会人の学び直し大学院プログラム	13,000 千円／年	14（2014）

し」の大きなバックアップとなるからである。2015 年の教育再生実行会議第
六次提言を受けて，「職業実践力育成プログラム」（BP）として認定する制度
を設けたが，これを支えるのが，「人生 100 年時代を見据え，年齢等に関わ
らず誰もが人生を再設計する社会に向けて，国や大学等は，社会人の学び直
しを大学等のミッションとして明確に位置付け，ますます多様化する高等教
育や大学等の役割やニーズに応えていくよう大学改革を進めていくことが求
められる」（文部科学省 2017b）という論理なのである。これにより，社会人
の専門職大学院をはじめ文系大学院における再学習につながるか否かは，全
く未知数である。

3．社会科学系修士課程の規模と学生の進路

最後に，社会科学系（もっと大きな括りでいえば「文系」）の大学院の規模の
変容を見ておこう。2019 年の「学校基本調査」において，修士課程在学者の
うち，いわゆる文系にカテゴライズされる社会科学＋人文科学＋教育が
20.8%，他方で最多の工学系が 41.0%，そこに理学，農学を付加すれば
52.3% となる。専門職学位課程こそ社会科学系が 65.7% とマジョリティを占
めているが，そもそも専門職学位課程の規模は修士課程と比較してかなり小
さく，修士課程と専門職学位課程を合わせた文系在学者として算出すると
30.0% となる。他方，学士課程在学者数に占める文系（人文科学，社会科学，
教育）の比率は 53.3% である[3]。学士課程で過半数を占めている文系在学者は，
修士課程では 21% でしかない。とりわけ社会科学系は学士課程では 32.2%
と最も学生数の多い分野でありながら，修士課程は 9.9%，博士課程は

表序-3　大学院在学者の専攻分野

年度	〈修士課程〉在学者数	人文	社会	理学	工学	社会人比率	〈専門職大学院〉在学者数	社会	社会人比率
1991	68,739	9.2	10.6	10.2	46.1				
1996	115,903	11.0	20.2	11.1	52.6				
2001	150,797	8.6	15.1	9.2	41.9	5.2			
2003	159,481	8.3	13.5	8.7	40.9	5.3	645	86.7	25.4
2006	165,525	8.1	12.1	8.5	39.4	11.9	20,159	94.8	43.5
2011	175,980	7.3	11.0	8.3	42.4	11.2	21,807	83.1	38.1
2016	159,114	6.8	10.0	8.5	41.4	12.3	16,623	74.5	50.0
2019	162,261	6.1	9.9	8.9	41.0	11.9	17,649	65.7	52.3

出典：文部科学省『学校基本調査』各年度より筆者作成

7.6%[4)]にすぎず，学士課程と大学院課程とのギャップは著しい。

表序-3は，修士課程と専門職大学院の在学者数，専攻分野および社会人の比率を見たものである。修士課程は1991年から20年を経た2011年には2.6倍にまで大きく伸びている。この意味で大学院拡大政策は，実現したといってよい。しかし，2011年をピークとしてその後は減少に転じている。専門職大学院に関しても，2003年の制度化からわずか数年で大きく増加し，表には示していないが2009年がそのピークであり，その後，在学者数は減少している。また，同じく表には示していないが博士課程に関しても同様で，1991年から2011年までに2.5倍に拡大したものの，この年度をピークとして在学者数は減少を始めている。2010年前後からの大学院在学者数の減少は，主に学部卒業直後に修士課程へ，あるいは修士修了直後に博士課程へ進学する者が大きく減少していることによるものであり，若者にとって大学院は魅力をもつ場ではなくなりつつあるようだ。

社会科学系の修士課程の在学者比率は，1996年には約20％まで拡大したものの，その後は徐々に減少し，1991年当初と同程度の約10％になっている。社会科学系の拡大が政策的に謳われつつも，必ずしもそれにしたがって比重が増えたわけではない。修士課程において工学系は圧倒的な比重をもち，1996年には修士課程の過半が工学系によって占められていた。興味深いのは，その後，工学系の比率も徐々に減少し約40％となっていることである。それ以外の人文や理学も，修士課程における在学者比率は低下しているが，こ

の背後には，2010年代以降の修士課程在学者の減少のなかで，表には示していないが「その他」と分類されている学際的・融合的な分野の在学者比率の増加がある。伝統的な学問分野によらない学際的・融合的な分野の増加は，修士課程が研究者養成から高度専門職業人にその機能をシフトさせていることの一つの表れと見ることもできる。また，専門職大学院が2010年以降に，在学者数，社会系の比重ともに減少させているのは，法科大学院の撤退によるところが大きい。

　では，社会人の学び直しの場としての新たな役割は，どの程度機能しているのだろうか。**表序-3**からは，修士課程においても専門職大学院においても，社会人学生の比率は増加傾向にある。修士課程では約12%とまだ多くはないが，それでも2001年と比較すれば，2.5倍に増加している。専門職大学院では約25%だった社会人比率は半数にまで増加し，社会人の学び直しへの貢献度は高い。

　1990年代の大学院拡張政策により，その後20年間に修士・博士・専門職を合わせて2.8倍にまで規模拡大を遂げた。文系の大学院も理工系と同程度に伸びており，政策の意図は一定程度実現したと見てよいだろう。社会人を大学院に取り込むという方針も，専門職大学院の制度化もあって，1991年から3.5倍の伸びを見せており，政策の実現度を見ることができる。

　拡張政策というインプットの実現度に対して，大学院修了後の進路というアウトプットはどのように変化しているのだろう。専門職大学院在学者の場合，多くが社会人，就業を継続しながらの学習であるため，大学院修了後の進路変更はない。修士課程在学者の場合，修了後の進路のうち進学と就職についての経年変化を見たのが**図序-2**である。工学に関しては，もともと博士課程への進学率が低く約90%が修士修了後に就職をしており，その傾向に大きな変化はない。しかし，人文，社会，理学は，就職率が上昇し進学率が低下している点で共通性をもつ。理学は，1990年代初頭にすでに60%程度が就職をしており，修士課程をターミナルとする者が進学する者よりもはるかに多かったが，その傾向は2000年代に入ってさらに強くなり，就職率は77%までになった。同様に，社会科学も進学よりは就職が多い傾向は1990年以降強化され，就職率は40%程度から65%にまで上昇した。大学院の拡大とともに，その機能がより一層就職に特化していることがわかる。

　他方，人文系は就職率が上昇し，進学率が下降しているのはほかと同様で

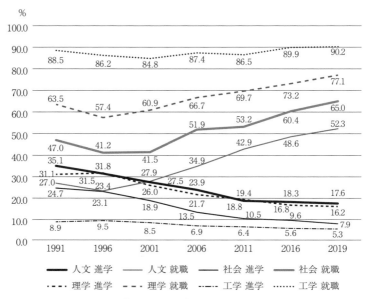

図序-2　修士課程修了後の進路

あるが，1990年代は進学が就職を上回っていることが注目される。人文系の修士課程は，博士課程への進学を見据えて進学する者が多かったことを意味し，研究者養成の機能を強くもっていたことがわかる。

　ところで，進学と就職を合わせると，理学や工学では90％を超え，ほとんど進路が把握されているが，人文系では2000年代に低迷してその比率は50〜60％，社会系でも同年代に60％強にしかならなかった。2010年代に入ると就職率の上昇とともに進路が把握できる者の比率は70％程度になった。人文・社会系で進路不明な者が多いのは，「左記以外」（進学や就職ではないということ）というカテゴリーに分類される者がどの年度でも20〜25％程度いたためである。

　また，同年のデータでは，就職が正規職か非正規職かに分けて算出されており，人文系の場合，約50％が就職しているものの12％は非正規職である。その他，「一時的な仕事」に就いた者が4％，「不詳・死亡」が5％おり，ほかの分野と比較して際立って多い。人文・社会系の大学院は，その拡大に伴い就職機能を強化したものの，依然として進路未定者が多く，思うような進路

をとることができない修了者が減少しないということができる。

　文系大学院が1990年代に拡大しても，2000年代には理工系よりも縮減しているのは，こうした修士課程修了後の進路にあるように思われる。修士課程修了後の進路が展開しない状況のなかで，あえて大学院へ進学するのはリスクを伴う。なぜ，文系大学院は理工系のそれと異なる軌跡をたどるのであろうか。これも，文系大学院がマイナーな存在であることと併せて，本書を貫く問いである。

4.　各章の概要

　この序章に続き，本書は，3部から構成される。第Ⅰ部は，大学院の特性と大学院（修了）者の処遇に関わるテーマである。大学院の特性に関しては，まず，村澤昌崇「大学院の需要・供給の現況—マイクロ・マクロデータを用いた進学・就職・収入に与える影響要因の分析」（第1章）は，マクロ・マイクロ双方の量的データを用い，大学院への進学と就職に関してどのような要因が影響を与えているかを分析している。マクロデータからは，大学院への進学は，大学院の供給拡大が主で労働市場からの大学院への需要の拡大ではなく，就職に関しては，構造的供給過剰が生じていることが明らかになった。マイクロデータからは，家庭の学歴資本を背景に若年時に学力の高い者が大学院へ進学する傾向があるが，卒業後の収入に関しては，大学院のプレミアムがあるわけではなく，相応の仕事に就くことで大学院修了の優位性が発揮されることが明らかになった。巷間で流布している大学院学歴にプレミアムが付かないという言説が，量的データによって証明された論文である。

　続く，村山詩帆「日本の教職労働市場をめぐるガバナンス改革—国立大学法人における教職大学院一斉移行の事例分析」（第2章）では，教職大学院問題に特化し，教職大学院が設置されることに伴い将来的に生じるであろう教職大学院をめぐる需給関係についての分析を行っている。「大学院における教員養成の定員管理・人事方策に関する調査」および「大学における教員養成の定員管理・人事方策に関する調査」の二つの調査をもとに分析した結果からは，教職大学院修了の学歴を取得してもそのプレミアムはあまり期待できないこと，教職大学院設置の目的であるスクールリーダーの育成がすべての自治体で受容されているわけではないこと，それと関わって教職大学院の

定員充足率が満たされない可能性があることなどを明らかにしている。政府主導の教職大学院化が必ずしも大学院発展の未来を描けないことを予測する論文である。

　大学院修了者の処遇に関しては，まず，二宮祐「社会科学系修士課程大学院生の能力獲得—教育のレンズを通して」（第3章）が，大学院拡充政策のもとで拡大した修士課程までの大学院が，専門職大学院や博士課程までをもつ従来の大学院と比較して，学生の資質や能力がどのように異なるのか，大学院担当教員の眼差しからメタに明らかにする手法でもって，分析を行っている。2013年11月に実施した「社会科学系大学院教育の現状に関する調査」（社会科学系の修士課程を担当する教員に対するアンケート調査。担当する授業の実施方法・授業観，教員からみた学生の学習態度と能力評価などを中心的な項目として，教員の大学院における教育方法と学生に対する認識のズレの有無を明らかにすることを目的とする〈有効回答数1058票，回収率10%〉。『全国大学一覧』より社会科学系修士課程をもつ大学を選定して，大学に調査依頼。受諾をうけた大学において，調査票の教員への配布依頼）による分析の結果，大学院拡充政策のもとで拡張した修士課程の大学院に関しては，教員は，伝統的な学術の探究方法を教授する方法と汎用的・職業的な知識を教授することの間で揺らいでおり，その揺らぎが，大学院に進学する学生の資質の変化とも関連するであろうことが示唆された。すなわち，教員の眼から見た修士課程のみの大学院への進学者に対する評価は押しなべて低く，モラトリアム傾向があることが指摘されている。

　それに続き，田中正弘は「組織内弁護士の活躍と法曹養成の未来」（第4章）において，法科大学院が縮小し，法科大学院修了者の弁護士としてのキャリアが確証されなくなった現在，組織内弁護士というキャリアが注目を浴び，弁護士内の地位上昇が生じていること，そしてこれが将来の法科大学院修了者の新たなキャリアになりうることを，ケースにもとづいて論じている。

　第II部は，労働市場から見た大学院修了者に対する評価である。日本企業が文理を問わず大学院修了者に対して賃金プレミアムを設けていないことは通説となっているものの，なぜ，そうした状況が生じているのか，特に文系大学院修了者に焦点を当てた企業側の論理からの分析である。濱中淳子「企業の文系大学院修了者の採用行動」（第5章）は，企業の採用担当経験者に対するアンケートをもとにした分析であり，専門性が明確ではない文系大学院

修了者に対して日本企業は，外資系企業と比較してその専門性を評価していないことが明らかにされている。それは企業内での養成システムに関しての自信の表れであるとともに，異質な者に対する一種の拒否反応であることが指摘されている。

　吉田文「文系大学院修士課程修了者の採用の論理─その幻想と現実」（第6章）は，企業の人事担当にあたる執行役員および部長を対象にしたインタビューをもとにした分析である。文系大学院の修了者を評価する仕組みがないのは，一方で，事務職が学術的専門性をもたないため，高度な専門性をもつが，しかしそれゆえにコミュニケーション能力をもたないであろう修士課程修了者をあえて採用する必然性がない，他方で，修士課程修了者といっても特段優れた能力をもつわけではないという，文系修士課程修了者に対する眼差しのジレンマがあることが明らかにされている。

　第Ⅲ部は，日本との国際比較である。大学院制度を世界に先駆けて確立し，それを研究者養成といわゆる高度専門職業人養成とに分け，高度専門職業人養成を課されたプロフェッショナル・スクールをもつアメリカにおいて，そのプロフェッショナル・スクールのあり方が問われている現状をいくつかのケースを用いて分析をしたのが，福留東土「アメリカにおける文系修士課程の機能拡大」（第7章）である。大学院教育とその社会での活用・評価との関係の近年の変化に着目した論考である。続く，第8章と第9章は中国の状況である。大学および大学院の拡充に関し日本の後塵を拝していた中国であるが，今や，大学院進学熱の高まりは日本をはるかに凌駕している。李敏「中国の大学院進学熱」（第8章）によれば，政府の政策として博士課程に接続せずターミナルな修士課程である専門職修士を拡大する方針にもかかわらず，たとえ就職を意図していたとしても学術修士コースへの進学を意図する者が多いこと，それが，学術修士コースの修了者であることが，就職に際しても有利に働くという中国の学歴社会を背景にしたものであることを実証的に明らかにしている。

　黄梅英「中国における修士修了者の労働市場での評価」（第9章）では，中国において拡大をとげる修士課程修了者が，労働市場でどのように評価されているのかを包括的に分析している。中国では大学院進学は学部進学段階で満たされなかった希望をリカバーする位置付けをもち，それはひとえに大学院修了の学歴が就職に際して評価の対象となるからであることを実証的に分

析している。

　これまで日本社会を語る定石であった学歴社会論と全く異なる状況が展開している大学院の姿を，これらの論稿から多面的に知ることができよう。

　本研究は，科学研究費補助金（基盤研究（B））「社会人大学院修了者はなぜ評価されないのか―院生・大学院教育・労働市場のトリレンマ」（研究課題／領域番号25285239，研究代表者・吉田文）にもとづく共同研究の成果の一部である。

　なお，第2章については平成26年度科学研究費助成事業（基盤研究（C））「教職大学院設置過程における実務家教員と学生募集定員のガバナンス分析」による成果の一部として発行された『佐賀大学全学教育機構研究紀要』Vol.7に掲載された論文に加筆修正したものである。

注

1）　学歴社会，学歴主義をタイトルにもつ主だった研究書を出版年順に列挙すれば，深谷昌志（1969）『学歴主義の系譜』黎明書房，麻生誠・潮木守一（1977）『学歴効用論―学歴社会から学力社会への道』有斐閣，R.P.ドーア，松居弘道訳（1978）『学歴社会―新しい文明病』岩波書店，潮木守一（1978）『学歴社会の転換』東京大学出版会，千石保・松原治郎（1978）『学歴主義のつぎにくるもの―企業の求める人材は変わった』学陽書房，小池和男・渡辺行郎（1979）『学歴社会の虚像』東洋経済新報社，岩内亮一（1980）『学歴主義は崩壊したか―実態調査にみる人材管理』日経新書，竹内宏・麻生誠（1981）『日本の学歴社会は変わる』有斐閣，麻生誠（1983）『学歴社会の読み方』筑摩書房，橋爪貞雄（1983）『学歴主義からの脱却』黎明書房，天野郁夫（1984）『「学習社会」への挑戦―学歴主義を超えて』日本経済新聞社，笠原嘉（1984）『アパシー・シンドローム―高学歴社会の青年心理』岩波書店，岩田龍子（1988）『学歴主義の発展構造　改訂増補版』日本評論社，天野郁夫（1991）『学歴主義の社会史―丹波篠山にみる近代教育と生活世界』有信堂高文社，天野郁夫（1992）『学歴の社会史―教育と日本の近代』新潮社，苅谷剛彦（1995）『大衆教育社会のゆくえ―学歴主義と平等神話の戦後史』中央公論新社，吉川徹（2001）『学歴社会のローカル・トラック―地方からの大学進学』世界思想社，吉川徹（2006）『学歴と格差・不平等―成熟する日本型学歴社会』東京大学出版会，荒井一博（2007）『学歴社会の法則―教育を経済学から見直す』光文社，吉川徹（2009）『学歴分断社会』筑摩書房，橘木俊詔・齋藤隆志（2012）『スポーツの世界は学歴社会』PHP新書，野村正實（2014）『学歴主義と労働社会―高度成長と自営業の衰退がもたらしたもの』ミネルヴァ書房，矢野眞和・濱中義隆・浅野敬一（編著）（2018）『高専教育の発見―学歴社会から学習歴社会へ』岩波書店と枚挙に暇がない。多くが1970年代後半から1980年代にかけて出版されており，当時の日本における学歴社会，学歴主義がいかに社会問題化していたかを知ることができる。

2） ただし，昇給の程度に関しては，大学院修了者のほうが大きい傾向が認められるともいわれている（平尾・梅崎・松繁 2011）。

3） ちなみに，これと対照的なのが，理系，特に工学系である。2019 年度学士課程における工学系在学者は 14.6%，理学を加えても 17.6% でしかない。しかし，修士課程では，工学系の占める比率は 41.0% とトップの座につき，さらに理学を加えると 49.9% と半数を占めるに至る。ただ，博士課程では，トップの座を医学（26.0%）に譲り，理学と工学で 23.5% と 2 位になるが，それでも文系よりは多い。

4） 専門職学位課程における社会科学系は 2019 年度で 65.7% と多くを占めるが，修士課程と専門職学位課程を合わせた社会科学系の比率は 15.4% である。専門職学位課程には，社会人の再学習者も多いため，修士課程と同列に論じることはできないものの，学士課程在学者と比較して少ないことには変わりはない。

引用・参考文献

天野郁夫，2004，「専門職業教育と大学院政策」『大学財務経営研究』1：3-49（http://www.niad.ac.jp/media/001/201802/nf001002.pdf，2020.5.29）．

中央教育審議会，2002，「大学院における高度専門職業人養成について」（http://www.mext.go.jp/b_menu/shingi/chukyo/chukyo0/toushin/020802.htm，2020.5.29）．

中央教育審議会，2005，「新時代の大学院教育—国際的に魅力ある大学院教育の構築に向けて」（http://www.mext.go.jp/b_menu/shingi/chukyo/chukyo0/toushin/05090501/all.pdf，2020.5.29）．

中央教育審議会，2011，「グローバル化社会の大学院教育—世界の多様な分野で大学院修了者が活躍するために」（http://www.mext.go.jp/component/b_menu/shingi/toushin/__icsFiles/afieldfile/2011/03/04/1301932_01.pdf，2020.5.29）．

平尾智隆・梅崎修・松繁寿和，2011，「大学院卒の処遇プレミアムとその変化—人事管理の 2 時点間比較」『社会政策』3（2）（通巻 9 号）：99-109.

本田由紀編，2003，「社会人大学院修了者の職業的キャリアと大学院教育のレリバンス」『東京大学社会科学研究シリーズ』8.

苅谷剛彦・本田由紀編，2010，『大卒就職の社会学—データからみる変化』東京大学出版会.

Khurana, Pakesh, 2007, *From Higher Aims to Hired Hands*, Princeton University Press: New Jersey.

小林信一，1999，「工学系大学院の発展過程と現段階」『教育社会学研究』44：132-45（https://www.jstage.jst.go.jp/article/eds1951/44/0/44_0_132/_pdf/-char/ja，2020.5.29）．

黄梅英研究代表，2012，『中国の大学院教育における「専門職学位」プログラムの卒業者の社会的評価に関する実証分析』（科学研究費補助金成果報告書）．

高等教育研究会，2002，『大学審議会全 28 答申・報告集—大学審議会 14 年間の活動の軌跡と大学改革』ぎょうせい.

教育政策研究会，1987，『臨教審総覧（上）』ぎょうせい.

Mintzberg, Henry, 2004, *Managers Not MBAs: A Hard Look at the Soft Practice of*

Managing and Management Development, Berrett-Koehler Publishers（＝2006，池村千秋訳，『MBA が会社を滅ぼす』日経 BP 社）.

文部省，1976，「高等教育の計画的整備について―昭和 50 年度高等教育懇談会」.

文部省，1988，「大学院の改善・充実について―大学院問題懇談会」.

文部科学省，2017a，「生涯を通じた学習機会・能力開発機会の確保に向けた大学等における社会人の学び直し」（http://www5.cao.go.jp/keizai-shimon/kaigi/special/reform/wg7/290313/shiryou2-1.pdf，2020.5.29）.

文部科学省，2017b，「社会人の学び直しの更なる推進に向けて」（http://www.mext.go.jp/b_menu/shingi/chukyo/chukyo4/043/siryo/__icsFiles/afieldfile/2017/08/31/1394983_2_1.pdf，2020.5.29）.

文部科学省，2019，「諸外国の教育統計　平成 31（2019）年度版」（http://www.mext.go.jp/b_menu/toukei/data/syogaikoku/1415074.htm，2020.5.29）.

OECD 教育調査団・深代惇郎，1972，『日本の教育政策』朝日新聞社.

吉田文，2008，「大学院で学ぶ社会人」『IDE　現代の高等教育』502：10-14.

吉田文，2012，「社会人の再教育と経営系専門職大学院」『日本生涯教育学会年報』33：3-21.

吉田文編著，2014，『「再」取得学歴を問う――大学院の教育と学習』東信堂.

吉田文・橋本鉱市，2010，『航行をはじめた専門職大学院』東信堂.

第 I 部

第1章 大学院の需要・供給の現況

マイクロ・マクロデータを用いた
進学・就職・収入に与える影響要因の分析

村澤昌崇

1. 研究の背景

　日本の大学院は，多様な量的拡大政策の展開から20年以上が経過したが，政策に反してその需給のミスマッチが持続している。衆目を惹くものとしては，設置数・志願者ともに激減した法科大学院（政策）の事実上の失敗，経営大学院（MBA）・会計大学院等専門職大学院の不振など，芳しい状況ではない。

　このような状況のなか，政府および関係機関はこれまで各種対策を継続して実施してきた（文部科学省平成18年「大学院教育振興施策要綱」，文部科学省平成24年度「大学改革実行プラン」，日本学術振興会「大学院教育改革支援プログラム」「組織的な大学院教育改革推進プログラム」（平成19～24年），文部科学省「卓越大学院プログラム」（平成30年～））。しかしながら現在は，国際競争を勝ち抜く研究力強化の方向性での改革が主導されており，高度専門職業人養成に関する方向性は不透明である。

　ただ，最近5年間の学校基本調査の数値（卒業者に占める就職者の割合，正規職員割合等）によると，大学院修了者の就職率は60%から70%を超えている。この数値だけを見れば，大学院修了者が労働市場に評価されたかの様相を呈する。しかしながらこの状況も，この5年間が東日本大震災からの復興需要，アベノミクスによる景気浮揚による人材需要の拡大期でもあることを踏まえると，大学院が正当に市場に評価されたゆえの就職率上昇なのかどうかは，判断を保留する必要がある。

　このような状況を踏まえ，本章では，最新の社会階層と社会移動全国調査

（The national survey of Social Stratification and social Mobility, 以下「SSM 調査」）データやその他諸々のデータを用い，大学院の現状を評価する。具体的には，公開統計を用いて大学院の進学需要と労働市場への供給の趨勢をマクロレベルで確認し，SSM 調査の個票データでは，大学院進学，大学院修了者の収入に与える効果を分析することを通じて，日本の大学院の機能を検証する。

2. 大学院の現状と先行研究の検討

2.1 日本の大学院の現状——労働市場での大学院人材需要は低い

まず，日本の大学院の現状を簡単に振り返っておこう。学校基本調査によれば，大学院の規模は 1955 年の時点では 10,174 人，1985 年には 69,688 人となり，30 年間でおよそ 7 倍の規模にまで成長した。その後 30 年を経た 2015 年には 249,474 人まで増加し，現況（2019 年）では，254,621 人（2019.12.25 時点）に達した。実に 60 年間で 25 倍の拡大をしていることになる。国際比較（学部学生数に対する大学院学生の比率：「諸外国の教育統計」平成 31（2019）年版）をしてみると，日本の大学院生比率は 9.8%（2018 年）であるが，アメリカ（15.9%：フルタイム在学者，17.3%：パートタイム在学者を含む。2015 年），イギリス（22.2%：フルタイム在学者，34.2%：パートタイム在学者を含む。2016 年），フランス（71.7%。2016 年），ドイツ（57.3%。2016 年），中国（12.2%。2016 年），韓国（15.6%。2017 年）と比して低いことがわかる。この数値から，日本は高度人材を育成する基盤が弱いともいえるし，労働市場における大学院人材需要が低い＝労働市場から必ずしも求められていない，ともいえるだろう。

2.2 先行研究に見る大学院への進学，大学院の効果

このように，日本の大学院はその規模がニッチであったためか，対象とした研究も多くはない。そのようななかで，例えば，浦田（2004），藤村（2014）は，マクロデータ（学校基本調査等）を用い，大学院進学の効果を検証した。その結果大学院進学には，所得，制度（大学院収容力），景気（大卒無業者率）には進学促進効果が，そして大学院卒の無業者率には進学抑制の効果がみら

れるとした。また，村澤（2011）は，SSM 2005 年調査データにより，性別（男性），婚姻，父親の職業階層，国立大学出身には大学院進学促進効果が，年齢には進学抑制効果がみられることを示した。さらに，時代により進学が上昇していること，大学院の需要量（大卒者数），供給量（研究科数）ともに大学院進学の確率を押し上げていることや，制度的慣性（前年度大学院進学者数）により大学院進学が増えている点も見出した。

大学院のもたらす効果については，情報の非対称性を根拠に市場評価の信頼性・妥当性に疑義を呈する研究（濱中 2015），賃金関数をもとに大学院の優位性を見出す研究（柿澤・平尾・松繁・山崎・乾 2014，島・藤村 2014，濱中 2009，2013，矢野 2015），仕事競争モデルにもとづく学歴別賃金カーブの推計により，大学院卒の優位性を指摘する研究（大谷・梅崎・松繁 2003），社会階層と職種を加味したうえで大学院卒の賃金優位性が消え大学院人文系の賃金上の劣位性が示された研究（村澤 2011），就職における理系優位と文系劣位を見出す研究（平尾・梅崎・田澤 2015）などがあり，結論の一致を見ない。教育効果全般に視野を広げても，人的資本仮説，仕事競争モデル仮説，職業仮説（労働需要を反映した職種，職階により賃金が決まる）等が示す学歴の効果は収斂しない（三谷・小塩 2012，島・藤村 2014，島 2016 など）。

そこで本章では，公開マクロデータおよび SSM 調査の 2015 年および 2005 年版のデータを用いて，可能な限り先行する諸仮説を分析モデルに組み込み，大学院の効果の検証を試みた。

3. 大学院への進学：分析

3.1 マクロデータによる分析
——労働市場と連動しない大学院進学

まず，公開マクロデータを用いて，大学院進学率の上昇にどのような要因が影響を与えているのかについて分析を行う[1]。分析結果は**表 1-1** に示した。この分析結果を見ると，大学院収容力，大学院収容力の 2 乗，重点化ダミーが一貫して有意であることがわかる。そして，大卒無業者率がデータ全体と男性限定データで有意であった。このことから，大学院進学は，男性については，大学院の供給・拡充および大卒失業回避によって促進されたものであ

表 1-1　大学院進学の影響要因：マクロデータによる分析

	計			男			女		
	OLS	NW test	GLS	OLS	NW test	GLS	OLS	NW test	GLS
切片	.0226		.0801	.0594		.0997	.0610		.0612
収容力 (t-1)：中心化	1.3597 ***	***	.7335 **	1.6030 ***	***	.8432 **	1.0808 ***	***	.9786 ***
収容力2乗 (t-1)	−7.2524 ***	**	−6.0409 *	−7.8621 ***	***	−5.4013	−8.6179 ***	***	−8.9068 ***
教育費負担 (t-1)	.0147		−.0008	.0107		−.0033	−.0003		−.0003
大卒無業者率	.0630		.0859 *	.0444		.1261 **	.0225		.0253
修士卒無業者率 (t-1)	−.1290	*	−.0623	.0100		−.0436	.0089		−.0039
博士卒無業者率 (t-1)	.0469		.0520	−.0006		.0506	−.0099		−.0015
重点化ダミー	.0234 ***	***	.0112 *	.0290 ***	***	.0126 *	.0241 ***	***	.0200 ***
リーマンショックダミー	.0055		.0046	.0097		.0069	.0040		.0032
東日本大震災ダミー	−.0040		−.0036	−.0045		−.0041	−.0044	*	−.0040
トレンド (1968 年基準中心化)	−.0009	*	.0010	−.0009	*	.0014	−.0003		.0000
トレンド二乗	.0000		.0000	.0000		.0000	.0000		.0000
ρ			.8063 1)			.7886 1)			.3952 2)
Adj.R²	.9913 ***			.9900 ***			.9870 ***		
D.W.	1.5310 ***			1.7240 ***			1.5320 ***		

※ NWtest=Newey-West の修正は分散共分散行列（標準誤差，t 値，p 値）を修正する。係数は変わらない。
1) 信頼区間に 0 が含まれるので，［系列相関はゼロ］は棄却された。
2) 信頼区間に 0 が含まれるので，［系列相関はゼロ］は棄却されなかった。
*p < 0.1；**p < 0.05；***p < 0.01

り，労働市場の大学院需要（修士 / 博士卒無業者率）と連動していないことがわかる。つまり，入口の段階ですでに量的には大学院と労働市場はミスマッチしていることが推察される。女性の進学については，労働市場の需要とは無関係のようだ。さらに，収容力と収容力の 2 乗が有意であることから，収容力と大学院進学は逆U字関係である。つまり，推計値としては，収容力拡大に伴って大学院進学者数は上昇しているのだが，その傾向は逓減関係にあり，ピークを迎えると減少に転じるような関係である。つまり，大学院の間口を拡大することによる進学需要の拡大には限界がある，ということだろう。

3.2 マイクロデータによる分析
——家庭の学歴資本と本人の学力の高さ

次に，SSM データを用いて，大学院学歴（SSM 調査で取得された情報は修士 / 博士の区別がない点には留意）の取得に影響を与えている要因の分析を行っ

表 1-2　大学院学歴取得の規定要因

	GLM 推定					
	被説明変数					
	大学院卒 = 1，その他 0					
	男			女		
（切片）	− 10.129	1.595	***	− 10.546	2.511	***
調査年	.503	.315		1.005	.500	*
年齢	− .001	.024		− .044	.037	
父学歴	.208	.060	***	.269	.101	**
母学歴	.110	.068		.015	.098	
父職威信	.001	.012		.026	.017	
中 3 時成績	.879	.132	***	.703	.211	***
15 歳時の暮らし向き	.070	.151		− .046	.242	
完全失業率	.149	.259		.658	.392	
修士卒無業者率	− 7.253	8.355		− 23.535	14.154	
博士卒無業者率	− .126	5.040		2.363	7.898	
McFadden R-sq.	.182			.173		
Deviance	576.75			278.69		
AIC	598.75			300.69		
BIC	659.33			363.84		
N	1,820			2,300		

*$p<0.1$; **$p<0.05$; ***$p<0.01$

た。なお，大学院修了者のデータを確保するため，SSM2005年調査のデータもチェインした。その結果，サンプルサイズは13,559名である。この中で大学院修了者は244名である。社会的文脈の要因も検討するため，各調査対象者が22歳時点の年度における大卒無業者率，修士卒無業者率，博士卒無業者率をデータ化してモデルに組み込んだ[2]。

　分析結果は**表1-2**に示した。男女とも，父親の学歴と中3時成績が有意であり，景気指標は有意ではない。このように，個人レベルのデータでは，大学院進学（大学院卒）は家庭の学歴資本と本人の学力により達成されるようだ。

　これまでの分析を総括すると，大学院への進学には，マクロレベルでは大学院の定員拡大と大卒者の失業回避が大学院進学のプッシュ要因となりつつ，ミクロレベルでは，家庭の学歴資本と本人の学力の高さが大学院進学をプッシュすることが明らかになった。

4. 大学院の効果：分析

4.1　マクロデータによる分析——就職率に影響を及ぼさない

　本節では，大学院の効果を，就職と所得の側面から検証する。まず，マクロデータを用いた分析を以下展開する[3]。

　分析結果は**表1-3**に示した。データ全体および男性データでは，景気（完全失業者数）の影響がみられる。つまり大学院修士課程修了者の就職状況は20～24歳層の完全失業者数の増加に伴い，悪化していることを意味する。また，供給要因としての2年前の大学院進学率は，就職率に影響を及ぼしていない。また，制度要因としての大学院重点化（ダミー）や，社会要因としての東日本大震災の影響はみられないようだ。

　男女で分けた分析を行った場合，男性に関しては完全失業者数の影響があり，失業が就職率を悪化させているが，女性に関してはその影響はない。なお，女性については，NW testにおいてはトレンドの影響が確認された。これはつまり，過去から現在へと年を経ることにより，就職率が高まっていることを示すものであるが，GLS推定ではその影響も統計的には有意ではなくなっている。

表 1-3　大学院の効果：就職率

	計			男			女		
	OLS	NW test	GLS	OLS	NW test	GLS	OLS	NW test	GLS
切片	.8680 ***		.5749 **	.9553 ***	***	.7213 **	.6197	*	.3882
完全失業者数 (20～24歳)	-.0023 **		-.0021 *	-.0017 *	*	-.0035 *	-.0056		.0015
新規求人倍率	.0197		-.0153	.0217 *		-.0136	.0114		-.0281
可処分所得 (10万)	.0014		.0659	-.0047		.0452	-.0079		.0325
大学院進学率 (t-2)	-.1840		.0556	-.5771		-.0802	.6110		.1588
トレンド (1968年基準：中心化)	.0018		-.0009	.0032 *		.0005	.0054	**	.0039
トレンド二乗	-.0001		.0001	-.0001		.0000	-.0002		.0001
重点化ダミー	.0146		-.0032	.0293		.0054	.0488		.0037
リーマンショックダミー	.0105		.0039	.0082		.0053	.0129		-.0186
東日本大震災ダミー	-.0023		-.0081	.0041		-.0057	-.0140		-.0101
ρ			.8729 1)			.8263 1)			.6867 1)
Adj.R2	.4787 ***			.5338 ***			.8054 ***		
D.W.	.6626 ***			.7690 ***			1.1277 ***		

※ NWtest=Newey-West の修正は分散共分散行列（標準誤差、t値、p値）を修正する。係数は変わらない。
1) 信頼区間に0が含まれないので、「系列相関はゼロ」は棄却された。
*$p < 0.1$; **$p < 0.05$; ***$p < 0.01$

4.2 マイクロデータによる分析
——就職後に発揮される大学院進学効果

続いて，SSM 調査データを用いて，ミクロレベルでの大学院の効果を検証してみよう[4]。ここでは，先行研究にもとづき，賃金や収入を説明する仮説をいくつか立てて検証を行った。

第一の仮説は，学歴が技能証明として機能する，あるいは労働経験により賃金が決定されるとする「スキルモデル」である。これは，本分析では，大卒・大学院卒・その他の学歴間での賃金比較を通じ，学歴が人的資本として機能しているかどうか（人的資本仮説），あるいは学歴が技能のシグナルとなっているかどうか（シグナリング仮説）を検証した。さらに，労働経験年数（現年齢 − 初職時年齢），とその 2 乗項の賃金に与える効果を検討することにより，職場訓練による人的資本蓄積仮説を検証した。この仮説の変形版を「スキルモデル II」と呼び，学歴に応じて経験や能力（の発揮可能性）が異なり，その差が賃金の差を生むとする仮説である。具体的には，学歴に「職場での経験・能力の発揮可能性」を掛け合わせた交互作用の効果を検討することになる。

第二の仮説は，職種・職階，仕事の内容により収入や賃金が決定されるとする「タスクモデル」である（Autor et al. 2003, Acemoglu & Autor 2010, 三谷・小塩 2012 など）。具体的には，「職場における自らの経験・能力の発揮可能性」「職場での裁量性」，従業上の地位（経営者／常時雇用／自営業など），職種（専門・管理／事務販売／ブルーカラー）が賃金にもたらす効果を検証することになる。

第三の仮説は，賃金は仕事の負担に応じて支払われ，特に危険な仕事には相応の賃金が支払われるとされる「補償賃金仮説」である（Ehrenberg & Smith 2003, 久米 2010）。具体的には，超過労働時間に応じて収入や賃金が変わる可動化を検討することになる。この派生形として，超過労働時間が学歴に応じて変化し，その結果が賃金に反映されるとする「補償賃金仮説 II」も併せて検討した。

第四の仮説は，学歴に応じて賃金プロファイルが異なるとする「仕事競争モデル」である（Thurow 1975）。実際には，学歴と労働経験年数（および 2 乗）を掛け合わせた交互作用の効果を検討することになる。この派生形とし

て，学歴に応じて生産性の異なる仕事・職務に就くことができ，それが賃金の差につながるとする「仕事競争モデルⅡ」仮説も検証した。具体的には，学歴と「職場での裁量性」の交互作用効果，学歴と従業上の地位（経営者／常勤雇用／自営業など）の交互作用効果を検討した。

　分析結果は**表 1-4**，**表 1-5** に示した[5,6,7]。以下では，上記の四つの仮説の有効性を中心に分析結果を追っていこう。

　二つのモデルともに，男性については，大学院の効果はみられない（大学院卒ダミーの効果が有意ではない）。ただし，女性の ML 推定では，大学院卒は正の効果をもっており，女性において大学院の学歴は収入において賃金プレミアムがあるようである。このことから，女性の大学院学歴は，スキルの証明として人的資本・シグナリングの効果のあることが推察される。

　交互作用を検討してみると，いくつか有意な効果がみられる。統計的に有意なのは，大学院卒×政令指定都市（＋，男性のみ），大学院卒×労働経験年数（＋，男性のモデル 1 のみ），大学院卒×経営者（＋，男性のみ），大学院卒×常勤雇用（＋，男性のみ），大学院卒×自営業（＋，男性のモデル 2 のみ），大学院卒×「職場での自身の経験・能力の発揮可能性」（＋，男性のモデル 1 のみ），大学院卒×「職場での裁量性」（＋，男性のモデル 2 のみ）であった。

　つまり，男性の大学院修了者は，経営者の職階に就くか常勤雇用されること，自らの経験や能力を活かせる or 裁量のある仕事を任されること（以上，第二の仮説：タスクモデル），あるいは，労働経験を重ねること（第四の仮説：仕事競争モデル）を通じて初めて，賃金における優位性を確保できる，と期待されるのである。言い換えれば，大学院修了という"肩書き"だけでは賃金の差は生じにくく，人的資本論・シグナリング理論では説明は難しい。むしろ，その学歴に望ましい仕事を得ることで初めて大学院相応の能力を発揮し，結果としてそれが賃金につながることが期待されるのであるから，Thurow（1975）の指摘するところの，仕事競争モデルが大学院修了者には当てはまるのかもしれない[8]。

　興味深いのは，大卒については職種との交互作用が有意であり（大学院修了では有意性がない），大学院修了については従業上の地位との交互作用が有意であった（大卒では有意性がない）点である。この結果は，大学院修了者が大卒以上のアドバンテージを発揮できる職種があるわけではなく，どの職種でも大卒相当の評価をされていると解釈できる。この解釈は，先行調査の日

表 1-4　収入の影響要因の分析

	第2段階：被説明変数 log（個人収入＋0.5）					第1段階：被説明変数 就労の有無（有職者＝1，その他＝0）					
	男性			女性				男性		女性	
説明変数	Coef.	SE		Coef.	SE			Coef.	SE	Coef.	SE
（切片）	4.730	.179	***	4.172	.268	***	（切片）	−2.859	.667 ***	−.254	.400
調査年	−.046	.028	*	.023	.048		年齢	.187	.032 ***	.015	.019
政令指定都市	.002	.043		.047	.052		年齢の2乗	−.002	.000 ***	.000	.000
大卒	−.571	.205	***	.104	.072		健康状態	.299	.046 ***	.141	.026 ***
大学院卒	−.926	.602		.419	.216	*					
中3時成績	.035	.017	**	.051	.025	**					
労働経験年数	.021	.011	*	.022	.012	*					
労働経験年数の2乗	.000	.000		.000	.000						
事務販売	.050	.038		.153	.055	***					
専門管理	.174	.053	***	.266	.067	***					
経営者	.802	.089	***	.863	.142	***					
常勤雇用	.649	.053	***	.980	.050	***					
自営業	.357	.074	***	.170	.116						
大企業	.295	.030	***	.281	.052	***					
官公庁	.219	.049	***	.253	.078	***					
労働時間週40時間超え	.096	.026	***	.075	.062						
職場で自身の経験や能力を発揮可能	.056	.021	***	.072	.034	**					
職場での裁量	−.003	.026		−.033	.036						
大卒×政令指定都市	.061	.065									
大学院卒×政令指定都市	.340	.141	**								
大卒×中3時成績	−.007	.028									
大学院卒×中3時成績	.146	.073	**								
大卒×労働経験年数	.041	.014	***								
大学院卒×労働経験年数	−.068	.038	*								
大卒×労働経験年数の2乗	−.001	.000									
大学院卒×労働経験年数の2乗	.001	.001									
大卒×事務販売	.137	.074	*								
大学院卒×事務販売	.177	.338									
大卒×専門管理	.170	.085	**								
大学院卒×専門管理	.074	.289									
大卒×経営者	.088	.144									
大学院卒×経営者	.947	.484	*								
大卒×常勤雇用	.007	.098									
大学院卒×常勤雇用	1.034	.389	***								
大卒×自営業	.179	.130									
大学院卒×自営業	.725	.454									
大卒×職場での自身の経験や能力を発揮可能	.059	.036	*								
大学院卒×職場での自身の経験や能力を発揮可能	.327	.097	***								
大卒×職場での裁量	.251	.126	**								
大学院卒×職場での裁量	−.140	.356									
R2	.328			0.286							
Adjusted R2	.317			0.279							
sigma	.694			1.128							
rho	−1.229			−.713							
Inverse Mills Ratio	−.853	.255	***	−.804	.369	***					
N	2.417			3.002							

*$p < 0.1$; **$p < 0.05$; ***$p < 0.01$

表 1-5　収入の影響要因の分析（その2）

	Heckman の2段階推定（ML）								
	第2段階：被説明変数 log（個人収入 + 0.5）				第1段階：被説明変数 就労の有無（有職者＝1，その他＝0）				
	男性		女性			男性		女性	
説明変数	Coef.	SE	Coef.	SE		Coef.	SE	Coef.	SE
（切片）	4.639	.133 ***	4.515	.166 ***	（切片）	− 2.244	.628 ***	.182	.340
調査年	− .043	.027	− .027	.036	年齢	.148	.031 ***	.000	.017
政令指定都市	− .013	.042	.083	.039 **	年齢の2乗	− .002	.000 ***	.000	.000
大卒	− .584	.188 ***	.182	.049 ***	健康状態	.256	.040 ***	.044	.016 **
大学院卒	− .440	.479	.244	.144 *					
中学3年時の成績	.038	.013 ***	.053	.019 ***					
労働経験年数	.029	.009 ***	.016	.011					
労働経験年数の2乗	.000	.000 *	.000	.000					
事務販売	.050	.037	.177	.042 ***					
専門管理	.162	.052 ***	.283	.051 ***					
経営者	.284	.029 ***	.211	.040 ***					
常勤雇用	.205	.049 ***	.218	.059 ***					
自営業	.093	.025 ***	.155	.041 ***					
大規模企業	.797	.085 ***	.881	.104 ***					
官公庁	.594	.051 ***	.738	.039 ***					
労働時間週40時間超え	.391	.069 ***	.279	.084 ***					
職場で経験・能力を発揮可能	.060	.021 ***	.060	.026 **					
職場の裁量	.007	.026	− .027	.030					
大卒×政令指定都市	.079	.063							
大学院卒×政令指定都市	.339	.136 **							
大卒×労働経験年数	.043	.014 ***							
大学院卒×労働経験年数	− .057	.037							
大卒×労働経験年数の2乗	− .001	.000 ***							
大学院卒×労働経験年数の2乗	.001	.001							
大卒×事務販売	.141	.072 **							
大学院卒×事務販売	.194	.317							
大卒×専門管理	.186	.082 **							
大学院卒×専門管理	.179	.264							
大卒×経営者	.056	.138							
大学院卒×経営者	.969	.423 **							
大卒×常勤雇用	.000	.094							
大学院卒×常勤雇用	.996	.334 ***							
大卒×自営業	.158	.122							
大学院卒×自営業	.725	.398 *							
大卒×職場での裁量	.052	.035	.203	.054 ***					
大学院卒×職場での裁量	.238	.088 ***	− .096	.225					
Log Likelihood	− 2462.6		− 4381.0						
sigma	.631	.010 ***	1.233	.022 ***					
rho	− .871	− .019 ***	− .971	− .003 ***					
N	2,417		3,002						

$^*p < 0.1$; $^{**}p < 0.05$; $^{***}p < 0.01$

本経団連産業技術委員会・産官学連携推進部会，大学院博士課程検討会（2007）や，製造業の研究開発部門限定ではあるが篠田ほか（2014）による産業界の声（成果主義が基本で博士課程修了者ということだけで優遇はしない，学歴による給与の差は設けていない，修士なら学卒＋2年，博士なら修士＋3年の年数が加味されているだけ，等）とも一致する。むしろ大卒を超える大学院修了者固有の効果は，職場内において適切な職階・地位（管理職，常勤雇用という身分保障）を得て初めて発揮されることを示している，といえるかもしれない。

5. 総括と考察

　これまでの分析をまとめると以下のようになろう。

　①マクロデータ分析では，大学院への進学は，大学院の供給拡大による進学需要の創出および景気低迷による大卒者の失業回避策により促されているが，労働市場における大学院需要の影響は受けていない。それゆえに自己増殖性が高いといえる。つまり政策においては，大学院の量的拡大が，あたかも社会的ニーズに応じたもの，あるいはニーズを喚起するものとして意味づけされていることとは裏腹に，大学院の進学規模は，実質的には拡大そのものが目的化し，自己を増殖させているかのようである。他方就職に関しては，景気動向の影響を受ける。つまり日本の大学院は，構造的な供給過剰が生じていることになる。政府主導の学生定員管理が，設置基準の大綱化以降柔軟になったとはいえ，もともと硬直性の高いものであるため，制度上需給のミスマッチが組み込まれている側面はあるものの，大学院重点化をはじめとした大学院拡充政策が失敗に終わっていることは否めないであろう。

　②マイクロデータ分析では，大学院への進学は，家庭の学歴資本を背景に若年時の能力の高い者が進学を選択している。つまり，大学院進学者はその素質において質を担保されているといえる。ただし，収入における大学院の効果については，男性の場合は，仕事競争モデルによる説明が現実的に妥当性をもっており，若年時の高い能力に担保された大学院の"肩書き"だけでは優位性はなく，相応の仕事や地位に就くことによって初めて優位性が発揮される。言い換えれば，大学院修了者には，大学院の肩書きが人的資本としてのシグナルを有するまでには至らないことを意味し，その人材を試してみて初めてその価値が認識されている，ともいえる。女性の場合は，大学院修

了者であること自体が収入における優位性をもたらしており，大学院修了証が人的資本としてのシグナルの効果をもっていることが窺われる。

つまり，男性の大学院修了者は，その供給過剰の現況においては，相応の職種・職階や仕事にありつけた者が給与面では「勝ち組」となれるが，大学院という“肩書き”のみで通用するほど甘くはない。労働市場の大学院修了男性に対する評価は慎重である，といえそうである。他方，女性については大学院修了証自体に「賃金プレミアム」（柿澤ほか 2014, 平尾ほか 2015）が本研究においても確認されたことから，ことさら男性大学院修了者には厳しい時代下にある，ともいえそうである。

ただし，大学院が無効であったわけではない。相応しい職・地位に就くことで収入におけるアドバンテージがあるのだから，現況の大学院規模を所与とするならば，平尾ほか（2015）が指摘するように，大学院修了者に相応しい職の創出と人的資源管理が社会に求められることになる。また，大学院の有効性に関する認識を高める（濱中 2015）ための大学・市場双方の取り組みや，大学院修了者の大卒代替雇用も考えられる。大学院の質の向上も必要であるが，現況においては乏しい財源に不相応の改革が求められており，結果としては大学教職員の疲弊による質の低下が否めないので，見通しは明るいとはいえないだろう。あらためて，日本社会の将来設計も踏まえた，大学院の適正規模を検討することも喫緊の課題であるといえよう。

注
1）　用いるデータと変数は以下の通りである。
　　○分析期間：1968〜2015 年
　　○分析モデル（用いた変数）
　　• 被説明変数：大学院進学率（修士進学者数[a] / 大学卒業者数[a]）
　　• 説明変数：
　　①供給要因（t-1）：収容力（修士定員[b] / 大学卒業者数[a]）とその 2 乗
　　②家計要因（t-1）：教育費負担（学生支出[c] / 月額可処分所得[d] × 12）
　　③景気要因（t-1）：大卒無業率[a]，修士・博士卒無業率[a]（無業者 / 卒業者数），リーマンショックダミー（2009〜2010 年＝1，ほかの年＝0）
　　④制度要因：大学院重点化ダミー（1991〜2015 年＝1，その他＝0）
　　⑤社会要因：東日本大震災ダミー（2012〜2013 年＝1，ほかの年＝0）
　　⑥トレンド（およびその 2 乗）：1968 年を基準とした経過年数。

○方法：時系列回帰（OLS, FGLS（実行可能一般化最小二乗法，福地・伊藤（2011）），Newey-West の修正（時系列分析において系列相関と不均一分散が同時に発生する場合に行う修正方法。福地・伊藤（2011））。

○データ：a）文部科学省「学校基本調査」，b）文教協会「全国大学一覧」，c）文部科学省「学生生活調査」，d）総務省「家計調査」の各年版。t は時間（単位：年度）を表す。t-1 は 1 年のラグがあることを意味する。

○ソフトウェア：統計ソフト R ver.3.4.3.（R core team 2017）を用いた。ols には lm 関数を，FGLS にはライブラリ nlme（Pinheiro et al. 2017）の gls 関数を用いた。**表 1-3** の分析も同様。

2）　用いた変数は以下の通りである。

- 被説明変数：大学院卒＝ 1，その他＝ 0 のダミー変数
- 説明変数：

①調査年：2015 年＝ 1，2005 年＝ 0 のダミー変数

②年齢（実数）

③父学歴，母学歴（教育年数）

④父職威信（父親の仕事の内容を 1995 年 SSM 職業威信スコアに変換）

⑤中 3 時成績（上のほう＝ 5，やや上のほう＝ 4，真ん中あたり＝ 3，やや下のほう＝ 2，下のほう＝ 1）

⑥15 歳時の暮らし向き（豊か＝ 5，やや豊か＝ 4，ふつう＝ 3，やや貧しい＝ 2，貧しい＝ 1）

⑦完全失業率（調査対象者が 22 歳時点の完全失業率：総務省統計局「労働力調査」の各年版）

⑧修士卒無業者率・博士卒無業者率（調査対象者が 22 歳時点の修士・博士卒無業者率：文部科学省「学校基本調査」各年版）

　　ただし，マクロ分析で検討した収容力，各種ダミーはモデルに組み込めていない。今後のモデルの改善は別稿に譲る。

3）　大学院の効果を判定する従属変数には，大学院就職率（学校基本調査）を用いた。説明変数は以下の通りである。

- 分析期間：1968〜2015 年

説明変数：

①景気要因：20〜24 歳の完全失業者数（総務省「労働力調査」各年版），新規求人倍率（総務省「労働力調査」各年版），リーマンショックダミー（2009-2010 年＝ 1，ほかの年＝ 0）

②家計要因：可処分所得（2015 年基準，月額，単位は 10 万）

③供給要因：大学院進学率（2 年ラグ）

④大学院制度要因：重点化ダミー（1991〜2015 年＝ 1，その他＝ 0）

⑤社会要因：東日本大震災ダミー（2012〜2013 年＝ 1，ほかの年＝ 0）

⑥トレンド（およびその 2 乗）：1968 年を基準とした経過年数。

　　分析モデルには，OLS を用い，線形モデルとコブ＝ダグラス型モデルを検討し，決定係数と，AIC 値から線形モデルを採用した。これをベースとして系列相関と誤

差分散不均一性を修正するために Newey-Watson 修正，FGLS を適用した。
4）　用いるデータは大学院進学分析と同様，SSM2005，2015 年データをチェインした
ものである。ただし，分析のターゲット（従属変数）が個人収入なので，年齢を 60
歳未満とした。60 歳を超えると，定年により賃金プロファイルが大きく変化するこ
とが理由である。
　　以下，用いる変数と対応する仮説を記載する。
○①調査年（2015 年＝ 1，2005 年＝ 0 のダミー変数）
○②政令指定都市（政令指定都市＝ 1，その他都市＝ 0 のダミー変数）
○属性：③性別（男性＝ 1，女性＝ 0 のダミー変数）
○社会階層：④父母学歴，⑤ 15 歳時の暮らし向き（貧しい〜豊かの 5 段階）
○既得の能力：⑥中学 3 年生時の成績（下のほう〜上のほうの 5 段階）
○企業規模：⑦従業員数（中小企業，大企業，官公庁（ベースライン＝中小企業）の
　3 カテゴリで構成される変数）
○スキルモデル I （学歴や労働経験年数により賃金が決定される）：
• 学歴の人的資本仮説，シグナリング効果仮説：⑧大卒 / 大学院卒 / その他の 3 カ
　テゴリ（ベースライン＝その他）で構成される変数
• 職場訓練による人的資本蓄積仮説：⑨労働経験年数（現年齢 − 初職時年齢），⑩労
　働経験年数の 2 乗
○スキルモデル II ：⑪学歴ダミー×「職場での経験・能力の発揮可能性」の交互作用
　項
○タスクモデル：⑫「職場における自らの経験・能力の発揮可能性」，⑬「職場での
　裁量性」…これら 2 変数は，SSM 調査項目のうち，「自分の仕事の内容やペースを
　自分で決めることができる」「職場全体の仕事のやり方に自分の意見を反映させる
　ことができる」「個人的な理由で休みを取ったり早退したりできる」「自分の能力が
　発揮できる」「自分の経験を活かせる」「仕事と家庭を両立できる」の 6 項目を因子
　分析を通じて抽出した 2 因子である（以下補表 1-1 参照）。自らの経験・能力が発
　揮できる，あるいは裁量性のある職種・職階，仕事の内容である，とみなすことが
　できる。なお，因子の抽出には，MAP 基準（Minimum Average Partial），BIC，
　平行分析（Parallel Analysis）を実行し，2 因子抽出が望ましいと判断した。その
　うえで最尤推定法，Geomin 回転を用い他分析を行い，次の結果を得た。各因子を
　「職場における自らの経験・能力の発揮可能性」「職場での裁量性」を表す因子で
　あると命名した。それぞれの因子得点を説明変数として用いた。分析には統計ソフ
　ト R ver.3.4.3.（R core team 2017）のライブラリ psych（Revelle 2017）およ
　び GPArotation（Bernaards & Jennrich 2005）を用いた。
• ⑭従業上の地位：経営者 / 常時雇用 / 自営業 / その他（ベースライン＝その他）の
　4 カテゴリで構成される変数
• ⑮職種：専門・管理 / 事務販売 / ブルーの 3 カテゴリ（ベースライン：ブルー）
　で構成される変数
○補償賃金仮説 I ：⑯超過労働時間（1 週間の労働時間が 40 時間超え＝ 1，それ以
　外 0）

補表 1-1　職場での可能性についての因子分析（最尤推定法・Geomin 回転）

	①能力・経験の発揮可能性	②仕事の裁量性	共通性	独自性	複雑性
自分の能力が発揮できる	.877	.012	.782	.218	1.000
自分の経験が活かせる	.762	.002	.582	.418	1.000
自分の仕事の内容やペースを自分で決めることができる	− .039	.798	.603	.397	1.000
職場全体の仕事のやり方に自分の意見を反映させることができる	.285	.511	.512	.488	1.570
個人的な理由で休みを取ったり早退したりできる	.092	.389	.201	.799	1.110
仕事と家庭を両立できる	.158	.286	.159	.841	1.560
回転前の情報					
固有値	1.586	1.252			
寄与率	.264	.209			
累積寄与率	.264	.473			
因子間相関					
②		.582			

○補償賃金仮説Ⅱ：⑰学歴ダミー×1 週間あたり労働時間 40 時間超え

○仕事競争モデルⅠ：⑱学歴ダミー×労働経験年数（および 2 乗）

○仕事競争モデルⅡ：⑲学歴ダミー×「職場での裁量性」の交互作用項，⑳学歴ダミー×従業上の地位（経営者，常勤雇用，自営業）の交互作用項

5）　分析には① GLM（対数正規分布を仮定：補表 1-2 に掲載），② Heckman の 2 段階推定（表 1-4），③ Heckman の 2 段階推定（最尤法（ML）による推定）（表 1-5）を用いた。特に②③を用いたのは，今回のように収入を従属変数とする場合，就業者に限定されることによるセレクション・バイアスが生じる可能性を否定できないからである。そこで第 1 段階の推定には，就業＝ 1，非就業＝ 0 を従属変数とし，年齢，年齢の 2 乗，健康状態（5 ＝よい，4 ＝まあよい，3 ＝普通，2 ＝あまりよくない，1 ＝わるい）を説明変数としたプロビットモデルを構成し，第 2 段階では第 1 段階の情報を加味した収入の推定を行った。また，第 1 段階と第 2 段階で説明変数が重なる場合は，多重共線性の問題が生じ，推定結果がゆがむことが指摘されているため，本章では各段階で異なる変数を用いて推定を行った。

　　さらに，②と③の違いに触れておくと，②が OLS 推定，③が ML（最尤法）推定であり，②は馴染みのある分析法ではあるが誤差分散が過大になり不適切であることが知られている（北村 2009）。そこで分析結果の頑健性を高めるために②と③の分析を併記した。②と③の変数が一致しないのは③について解を収束させるために変数選択を行ったからである。

　　なお，分析には統計ソフト R ver. 3.4.3.（R core team 2017）のライブラリ sampleSelection（Toomet & Henningsen 2008）の heckit 関数および sampleSelection 関数を用いた。なお，両モデルとも収入の値に 0.5 を加えているが，その根拠は Yamamura（1999）に依拠している。

6）　表中の Heckit モデルによれば，逆ミルズ比が有意な負の効果を示しており，Heckit モデルの ML 推定の rho も有意である。これは，セレクション・バイアスが

生じており，それを考慮していない GLM 推定はバイアスを生じていることを意味している。また，逆ミルズ比は第 1 段階での「就業」の"観察のされなさ"≒非就業を意味しているので，就業していないものは賃金が低いことを意味している。

7） 参考までに，GLM 推定を掲載しておく。なお，分析には，統計ソフト R ver. 3.4.3.（R core team 2017）の glm 関数を用いた。収入の分布には対数正規分布を用いた。

補表 1-2　収入の影響要因の分析

	GLM 推定			
	被説明変数			
	log（個人収入 + 0.5）			
	男		女	
説明変数	Coef.	SE	Coef.	SE
（切片）	4.222	.106 ***	3.668	.093 ***
調査年	− .046	.018 **	− .034	.021
政令指定都市	− .014	.034	.157	.022 ***
大卒	− .054	.059	− .086	.115
大学院卒	− .194	.287	.456	.304
中学 3 年時の成績	.052	.009 ***	.090	.014 ***
労働経験年数	.061	.006 ***	.029	.005 ***
労働経験年数の 2 乗	− .001	.000 ***	.000	.000 **
事務販売	.034	.031	.151	.035 ***
専門管理	.142	.035 ***	.312	.037 ***
経営者	.766	.068 ***	1.042	.050 ***
常勤雇用	.515	.063 ***	.869	.033 ***
自営業	.509	.069 ***	.283	.071 ***
大規模企業	.299	.029 ***	.267	.029 ***
官公庁	.297	.049 ***	.381	.036 ***
労働時間週 40 時間超え	.087	.018 ***	.065	.027 *
職場での経験・能力の発揮可能性	.063	.016 ***	.058	.017 ***
職場での裁量性	.019	.016	.024	.018
政令指定都市×大卒	.125	.044 **		
政令指定都市×大学院卒	.084	.075		
大卒×事務販売	.222	.066 ***		
大学院卒×事務販売	.342	.312		
大卒×専門管理	.285	.066 ***		
大学院卒×専門管理	.341	.292		
大卒×大企業	− .064	.039	− .107	.054 *
大学院卒×大企業	.165	.091	− .352	.155 *
大卒×官公庁	− .159	.060 **	− .275	.054 ***
大学院卒×官公庁	.003	.112	− .381	.129 **
大卒×中 3 時学力		.000	.062	.027 *
大学院卒×中 3 時学力		.000	.011	.067
大卒×労働時間週 40 時間超え		.000	.171	.045 ***
大学院卒×労働時間週 40 時間超え		.000	− .021	.132
McFadden R-sq.	.352		.499	
Deviance	196553604		49530127.6	
AIC	42035.7		34129.1	
BIC	42210.1		34288.4	
N	3,015		2,692	

Note: $^*p < 0.1$; $^{**}p < 0.05$; $^{***}p < 0.01$

8） ちなみに，**表 1-4** および**表 1-5** において，大卒の効果単独ではマイナスの効果を
示しているが，これはあくまで就業者限定であり，居住地・学力・就労年数・職種
およびそれらと学歴の交互作用を統制した，「条件付き期待値」であることに注意。
また，大卒とその他の変数の交互作用項については，大卒×労働経験年数とその 2
乗（ 1 次項＋， 2 次項－，男性のみ），大卒×職種（専門・管理，事務販売，ともに
＋，男性のみ），大卒×「職場での自身の経験・能力の発揮可能性」（＋，男性のモデ
ル 1 のみ），大卒×「職場での裁量性」（＋，男性のモデル 1 と女性のモデル 2 のみ）
が有意であった。これら結果から総合的に判断するなら，大卒についても，その“肩
書き”のみでは収入における優位性は確保できず，その学歴に相応しい職種に就き，
適切な仕事内容に従事できるかどうかが，その優位性の条件である，といえるので
はないか。たしかに，進学率が 50％を超え，依然として厳しい選抜水準を維持する
大学から，実質的には選抜が機能しない大学までが広く存在する現状を踏まえれば，
符合する結果であろう。しかしながら，近年では因果推論に関する議論が進展して
おり，大学・大学院の学歴効果を，「処置・介入」とみなしての分析（たとえば傾向
スコア分析）にも踏み込んでの議論も必要である。

引用・参考文献

Acemoglu, D., and Autor, D., 2010, "Skills, Tasks and Technologies: Implications for
    Employment and Earnings," *NBER Working Paper*, 16082（http://www.nber.org/
    papers/w16082, 2020.5.29）.

Autor, David H., Levy, Frank and Murnane, Richard J., 2003, "The Skill Content of
    Recent Technological Change: An Empirical Exploration," *Quarterly Journal of
    Economics*, 118(4): 1279-1332.

Bernaards, Coen A. and Jennrich, Robert I., 2005, "Gradient Projection Algorithms and
    Software for Arbitrary Rotation Criteria in Factor Analysis," *Educational and
    Psychological Measurement*, 65: 676-96（http://www.stat.ucla.edu/research/gpa,
    2020.5.29）.

Ehrenberg, Ronald G. and Smith, Robert S., 2003, *Modern Labor Economics: Theory
    and Public Policy*（Eighth Edition）, Addison-Wesley: New York.

藤村正司，2014，「大学院拡充政策の行方―今どこに立ち，次にどこに向かうのか？」
    『大学論集』47：57-72.

藤村正司，2016，「大学教育と労働市場の接続―機会の罠」『教育学研究』83(2)：29-42.

福地純一郎・伊藤有希，2011，『R による計量経済分析』朝倉書店.

柿澤寿信・平尾智隆・松繁寿和・山崎泉・乾友彦，2014，「大学院卒の賃金プレミアム
    ―マイクロデータによる年齢－賃金プロファイルの分析」『ESRI Discussion Paper』
    310：1-32.

久米功一，2010，「危険に対するセルフセレクションと補償賃金仮説の実証分析」『日本
    労働研究雑誌』52(6)：65-81.

北村行伸，2009，『ミクロ計量経済学入門』日本評論社.

濱中淳子，2009，『大学院改革の社会学―工学系の教育機能を検証する』東洋館出版社.

濱中淳子，2013，『検証・学歴の効用』勁草書房.

濱中淳子，2015，「大学院改革の隘路―批判の背後にある企業人の未経験」『高等教育研究』18：69-87．本書第5章に「企業の文系大学院修了者の採用行動」として再録.

平尾智隆，2013，「労働市場における学歴ミスマッチ―その賃金への影響」『ESRI Discussion Paper Series』303：1-65.

平尾智隆・梅崎修・田澤実，2015，「大学院卒の就職プレミアム―初職獲得における大学院学歴の効果」『日本労務学会誌』16(1)：21-38.

乾友彦・権赫旭・妹尾渉・中室牧子・平尾智隆・松繁寿和，2012，「若年労働市場における教育過剰―学歴ミスマッチが賃金に与える影響」『ESRI Discussion Paper Series』294：1-28.

三谷直紀，2010，「年功賃金・成果主義・賃金構造」樋口美雄編『労働市場と所得配分』慶應義塾大学出版会：229-52.

三谷直紀・小塩隆士，2012，「日本の雇用システムと賃金構造」『国民経済雑誌』206(3)：1-22.

三浦一秋，2015，「新規大学卒業者の就業行動についての考察―ジョブ・サーチ理論を適用した就職率に影響を与える要因分析」『京都産業大学経済学レビュー』2：47-88.

水月昭道，2007，『高学歴ワーキングプアー「フリーター生産工場」としての大学院』光文社.

村澤昌崇，2011，「大学院をめぐる格差と階層―大学院進学の規定要因と地位達成における大学院の効果」佐藤嘉倫・尾嶋史章編『現代の階層社会1 格差と多様性』東京大学出版会：297-311.

森川正之，2013，「大学院教育と就労・賃金―ミクロデータによる分析」『RIETI Discussion Paper Series』13-j-046：1-28.

日本経団連産業技術委員会・産官学連携推進部会大学院博士課程検討会，2007，「大学院博士課程の現状と課題（中間報告）―次代を担う博士の育成と活用に向けて」（https://www.keidanren.or.jp/japanese/policy/2007/020/chukan-hokoku.pdf，2020.5.29）

太田聰一，2012，「大卒就職率はなぜ低下したのか―進学率上昇の影響をめぐって」『日本労働研究雑誌』619：29-44.

大谷剛・梅崎修・松繁寿和，2003，「仕事競争モデルと人的資本理論・シグナリング理論の現実妥当性に関する実証分析―学士卒・修士卒・博士卒間賃金比較」『日本経済研究』47：41-62.

Pinheiro, J., Bates, D., DebRoy, S., Sarkar, D. and R Core Team, 2017, *nlme: Linear and Nonlinear Mixed Effects Models*, R package version 3.1-131 (https://CRAN.R-project.org/package=nlme, 2020.5.29).

R Core Team, 2017, *R: A Language and Environment for Statistical Computing*, R Foundation for Statistical Computing (https://www.R-project.org/, 2020.5.29).

Revelle, W., 2017, *psych: Procedures for Personality and Psychological Research*, Northwestern University (https://CRAN.R-project.org/package=psych Version=1.7.8,

2020.5.29）.

島一則，2016，「大学教育の効用についての文献研究と試験的実証分析」日本高等教育学会第 19 回大会（於：追手門学院大学）課題研究発表資料.

島一則・藤村正司，2014，「大卒・大学院卒者の所得関数分析—大学教育経験・学習有効性認識・自己学習投資に注目して」『大学経営政策研究』4：23-36.

篠田裕美・鐘ヶ江靖史・岡本拓也，2014，「民間企業における博士の採用と活用—製造業の研究開発部門を中心とするインタビューからの示唆」『Discussion Paper』111：1-63（http://data.nistep.go.jp/dspace/bitstream/11035/2996/5/NISTEP-DP111-FullJ.pdf, 2020.5.29）.

浦田広朗，2004，「拡大する大学院」江原武一・馬越徹編『講座「21 世紀の大学・高等教育を考える」第 4 巻 大学院の改革』東信堂：31-50.

臼井恵美子，2013，「多様な働き方の意義と実現性—経済学的アプローチから」『日本労働研究雑誌』636：37-47.

Thurow, Lester C., 1975, *Generating Inequality: Mechanisms of Distribution in the U.S. Economy*, Basic Books.

Toomet, O. and Henningsen, A, 2008, "Sample Selection Models in R: Package sample Selection," *Journal of Statistical Software*, 27(7)（http://www.jstatsoft.org/v27/i07/, 2020.5.29）.

Yamamura, K., 1999, "Transformation using（x+0.5）to stabilize the variance of populations," *Researches on Population Ecology*, 41: 229-34.

矢野眞和，2015，『大学の条件 大衆化と市場化の経済分析』東京大学出版会.

吉田文編著，2014，『「再」取得学歴を問う—専門職大学院の教育と学習』東信堂.

吉田文・橋本鉱市，2010，『航行をはじめた専門職大学院』東信堂.

渡邉聡研究代表，2014，「米国の卓越した大学院における博士課程の教育研究環境のベンチマークに関する基礎調査研究報告書」平成 26 年度文部科学省『先導的大学改革推進委託事業』広島大学高等教育研究開発センター.

渡邉聡研究代表，2015，「米国の卓越した大学院における博士課程の教育研究環境の整備・維持する制度的・財政的メカニズムに関する調査研究報告書」平成 27 年度文部科学省『先導的大学改革推進委託事業』広島大学高等教育研究開発センター.

第 2 章

日本の教職労働市場をめぐるガバナンス改革

国立大学法人における教職大学院一斉移行の事例分析

村山詩帆

1. 序論

　現在，大学院を活用した日本の教員養成システムのあり方が，大きな変貌を遂げようとしている。教育再生実行会議による第三次提言「これからの大学教育等の在り方について」（2013年5月28日），2013年6月14日に閣議決定された「日本再興戦略」，「教育振興基本計画」を経て，同年11月26日に「国立大学改革プラン」が公表された。その後，「ミッションの再定義」と称して，国立大学と文部科学省の間で各大学の強み・特色・社会的役割が整理されている。

　国立大学における「ミッションの再定義」を契機とした教職大学院の新増設は，自治体に対して，さらなる現職教員を学生あるいは実務家教員として大学院に派遣するよう求めるものである。このことは同時に，大学院学生として大学側が受け入れる現職教員の定員管理，大学院で教育を担当する実務家教員のあり方が，部分的に自治体の裁量に委ねられることを含意する。

　教職大学院の目的の一つに掲げられた，将来の管理職を含めた学校・地域の中核的・指導的な役割を担うスクールリーダーの育成や，専門性に関する基準策定による教員養成の高度化などは，これまで一部の学協会や研究者がくり返し要請してきた（佐藤 2013：12-4，佐藤 2015：148-65，小島 2011：25-7，小島 2004：397-402 など）。国立大学における教職大学院への一斉移行（以下，「教職大学院一斉移行」）には，大学内の教育組織レベルに縮小圧力をかけながら，国立大学法人システムそれ自体は保持する「二重戦略」（小方 2015：187）としての側面のみならず，社会の不確実性から教職の専門性に対する政治的

な批判を誘発し、「脱専門職化」が進行する趨勢（Hargreaves 2006 = 2012：208-11）に歯止めをかける戦略的な狙いも読み取れる。だが、国立大学に設置された教員養成系の修士課程を教職大学院主体の組織体制へ移行していくことを求めた中央教育審議会「教職生活の全体を通じた教員の資質能力の総合的な向上方策について」（2012年5月15日）に対し、需給バランスを危うくするとの意見が教育関連の学協会から提出されている[1]。

　教職大学院の需給バランスは、教員としての力量形成を含めた大学院自体の制度設計のみならず、疲弊する自治体財政下で教職大学院に派遣する現職教員をどのように措置するかに依存している。日本における教員養成の需要と供給は、地方政府の需要に対し、中央政府が大学からの供給を管理する諸制度を経ることで決まる。L. J. ショッパによれば、日本社会では経済成長が鈍化した1990年代に入っても、多少の競争がみられる市場セグメントでさえ、供給管理のために免許制度を介して需要を上回ることがないよう、社会主義的なコントロール下に置かれていた（Schoppa 2006 = 2007：104-22）。教育の分野に関しては、占領期における個別行政の分野で分権化が進展したものの、中央－地方関係が中央政府と地方政府が関心と責任を共有する共管領域の拡大とみなされ、中央政府は個別行政分野ごとにガバナンス（技術的な統制手段や統制機構のシステム）を発達させてきた（市川 2012：152-216）。2000年代の地方分権改革でも、個別行政系列の改革が抜け落ちていたがゆえに教育委員会が弱体化することとなり、政策領域として自律性が高いとされてきた教育政策に対し、首長や議会が影響力を増大させる道が拓かれている（新藤 2013：142, 226, 青木 2008：126-8, 139）。

　専門職養成のレジームを、大学と国家、市場からなる構成物としてモデリングした橋本（2009：248-50）では、国家と市場の中間に位置していた権力の重心が1990年代以降、市場、大学の側へとシフトし、従来のレジーム自体が融解した可能性を析出している。教育政策の領域に地方政府がより大きな影響力を行使できる分権的な行政改革が行われたのだとすれば、専門職養成のうち教職に関しては、教職大学院一斉移行によって権力の重心が市場を介した中央政府と地方政府の中間へとシフトすることになる。同時に、デマンドサイドである地方政府とサプライサイドである教職大学院の間にある構造的な需給バランスの問題は、地方政府と大学間の市場における需給調整能力の問題へと部分的に移譲される。教職大学院は専門職養成の機関でありな

がら，地方政府による現職教員の派遣人事に大きく依存する制度設計となっている。教職大学院が教職労働市場に対して従属的になり，大学院学生として地方政府から派遣される現職教員に提供する教育訓練を自律的に決定するマージンを縮小させる。教職大学院一斉移行には，労働市場・大学院・大学院学生の関係性に，そのような変化を引き起こすガバナンス改革となる可能性が考えられる。

2. 教職をめぐる不確実性とシグナリング

2.1 教職の専門性批判の淵源

　教職大学院一斉移行には，教育組織の縮小と国立大学法人システムの保持を両立させる二重戦略や，脱専門職化に歯どめをかける戦略的な狙いが期待される。しかしながら，いずれの戦略もデマンドサイドとしての地方政府が教職大学院の募集定員を充足できるほど現職教員を派遣する態勢を整え，サプライサイドとしての教職大学院が地方政府の需要を満足させられる教育課程を提供できるかどうかにかかっている。教職大学院一斉移行を通した教職労働市場・大学院・大学院学生をめぐるガバナンスの変化について考察するにあたって，需要と供給の単なる量的な側面のみならず，質的な側面に生じるマッチ／ミスマッチが実証的な分析に必要な焦点をなしている。

　日本の教員養成システムは，教員養成大学と一般大学を問わず，文部科学大臣の認定を受けた課程で所定の単位を修得した者に教員免許状を授与する開放制が規模において際立っている（岩田 2013：417，418，422）。開放性の規模が大きい日本の教員養成システムを支える要因として，教職の専門性という質的な側面に対する疑念があるのかもしれない。**表 2-1** は，公立小中学校の教員に占める大学院修了者の割合（％）と，都道府県間の標準偏差を算術平均で除した変動係数（CV）を時系列的に示したもので，変動係数の値が小さいほど都道府県間のばらつきは小さくなる。1983 年度から 2013 年度までの 30 年間に，公立小学校の教員に占める大学院修了者は全体で 0.3％から 4.4％，公立中学校の教員に占める大学院修了者は全体で 0.7％から 7.3％に上昇している。これとは対照的に，都道府県間のばらつきを示す変動係数は，公立小学校で 0.75 から 0.59，公立中学校で 0.85 から 0.38 へと下降している。

表2-1　公立小中学校教員の大学院修了者の割合（%）と都道府県間の変動係数（CV）

年度	公立小学校						公立中学校					
	教員養成系		一般系		全体		教員養成系		一般系		全体	
	%	CV	%	CV	%	CV	%	CV	%	CV	%	CV
1983 年度	0.1	0.89	0.1	1.38	0.3	0.75	0.3	1.41	0.6	0.88	0.7	0.85
1986 年度	0.2	1.10	0.2	1.32	0.4	0.85	0.3	0.94	0.7	0.97	0.9	0.78
1989 年度	0.4	1.03	0.2	0.95	0.6	0.74	0.5	0.77	0.9	1.18	1.2	0.81
1992 年度	0.6	1.37	0.1	1.30	0.8	1.08	0.8	0.85	0.6	0.69	1.4	0.60
1995 年度	0.7	1.01	0.2	1.06	1.1	0.91	1.0	0.78	1.0	1.07	2.1	0.70
1998 年度	1.1	0.95	0.3	1.07	1.5	0.82	1.6	0.76	0.9	0.67	2.7	0.56
2001 年度	1.5	0.86	0.4	0.89	2.0	0.75	2.3	0.65	1.1	0.55	3.6	0.46
2004 年度	2.1	0.76	0.6	1.25	2.8	0.67	2.5	0.69	1.1	0.64	4.1	0.51
2007 年度	2.4	0.81	0.6	0.84	3.2	0.71	3.0	0.59	1.6	0.63	5.3	0.44
2010 年度	2.7	0.79	0.6	0.71	3.7	0.72	3.6	0.65	2.2	0.51	6.3	0.44
2013 年度	3.4	0.68	0.6	0.72	4.4	0.59	4.2	0.53	2.7	0.61	7.3	0.38

出典：文部科学省『学校教員統計調査』のうち，「教員個人調査」の「都道府県別本務教員の学歴構成」より筆者作成

　すなわち教職労働市場では，都道府県間にあった教員の学歴格差を縮小しながら，大学院への高学歴化が進行していることになる。

　高学歴化が教職の脱専門職化への歯止めになるのであれば，教職大学院一斉移行ではなく，修士の学位を基礎とする専修免許状への移行を促してもよいように思われる。だが，単純な高学歴化によって教職の専門性に対する政治的な批判を免れるほど，教職労働市場は楽観できるものではない。教員養成系と一般系の別に，公立小中学校教員に占める大学院修了者および大学卒業者の割合と，都道府県民の学歴水準（大学院修了者および大学卒業者の割合）がどのような関係性にあるのかを，ピアソンの相関係数によって示すと**表2-2a** および **表2-2b** のようになる[2]。相関係数は，±1の範囲に調整され，絶対値が1に近いほど二つの変数間に強い相関，0であれば相関がないことを意味する。**表2-2a** の教員養成系では，公立小中学校のいずれも，大学院を修了した教員の割合と都道府県民の学歴水準との間に統計的に有意な関連が認められず，小学校が－0.06，中学校が－0.16となっている。一方，大学を卒業した教員の割合と都道府県民の学歴水準との間には有意な負の相関が認められ，小学校－0.55，中学校－0.54とやや強い。**表2-2b** の一般系では，大学院修了教員の割合と都道府県民の学歴水準の相関は小学校が0.44，中学校が0.47でいずれも有意，大卒教員の割合と都道府県民の学歴水準の間に

表 2-2a　都道府県民の学歴と公立小中学校教員の学歴の相関行列（教員養成系）

		都道府県民 院・大卒	公立小学校教員			公立中学校教員		
			院卒	大卒	院・大卒	院卒	大卒	院・大卒
都道府県民（院・大卒）		−1.00						
小学校	大学院修了率	−0.06	1.00					
	大学卒業率	−0.55**	0.12	1.00				
	院・大卒率	−0.54**	0.28†	0.99**	1.00			
中学校	大学院修了率	−0.16	0.91**	0.20	0.34*	1.00		
	大学卒業率	−0.54**	0.08	0.74**	0.73**	0.15	1.00	
	院・大卒率	−0.54**	0.27†	0.74**	0.76**	0.35*	0.98**	1.00

†$p < .10$, *$p < .05$, **$p < .01$

表 2-2b　都道府県民の学歴と公立小中学校教員の学歴の相関行列（一般系）

		都道府県民 院・大卒	公立小学校教員			公立中学校教員		
			院卒	大卒	院・大卒	院卒	大卒	院・大卒
都道府県民（院・大卒）		1.00						
小学校	大学院修了率	0.44**	1.00					
	大学卒業率	0.61**	0.40**	1.00				
	院・大卒率	0.61**	0.42**	1.00**	1.00			
中学校	大学院修了率	0.47**	0.30*	0.18	0.19	1.00		
	大学卒業率	0.60**	0.40**	0.77**	0.77**	0.44**	1.00	
	院・大卒率	0.61**	0.41**	0.76**	0.76**	0.50**	1.00**	1.00

*$p < .05$, **$p < .01$

　も小学校が 0.61, 中学校が 0.60 の有意な正の相関が認められる。これら二つの表からは, 学歴水準が高い都道府県では教員養成系の大学卒業者の採用を避け, 大学卒業者か大学院修了者かを問わず一般系から採用する公立学校教員人事の趨勢がわかる。

　出身高校の所在県から進学し, 卒業後も学校教員として出身地に就職するようなライフコースを歩む卒業生は減ってきたものの, 教育学部は相対的にローカル性の強い学部であるとされてきた（小野 1975：296）。しかしながら, マクロな統計データは, 高学歴化が進む都道府県ほど教員養成系の大学卒業者を公立小中学校教員として採用することに消極的になり, 一般系の大学院修了者や大学卒業者を採用しがちになる傾向性を明確に表している。教員養成系も一般系も大学院修了者の割合は増加傾向にあるが, 大学卒業者を合わ

せた全体で見れば，教員養成系は一般系に押されている。教職大学院一斉移行には，教員養成系の弱体化に歯止めをかけるものとして期待できる余地があるのかもしれない。

2.2　シグナリング理論

　日本の教職労働市場では学歴がシグナルになっているものの，専門職のシグナルであるはずの教員養成系の学歴は地方政府の需要を一般系ほど満足させられていない。教員養成系と一般系からなる開放制下にある日本の教員養成システムには，教員採用試験のみならず，経由する教育課程によって異なるシグナリングの過程を形成している可能性がある。

　M. スペンスによるシグナリングの概念は，不確実な状況下において求職者が教育によりシグナルを獲得し，雇用者が学歴をシグナルとして雇用することの合理性を説明している（Spence 1973：364-70）。教職に必要となる人格や専門性が自明で，それらを選抜するテクノロジーが完全なものであれば，シグナルは不要である。しかしながら，人格は心理学の分野，専門性は社会学など広範な分野の研究課題であり続けており，いずれも決して自明ではない。教職をめぐる選抜・配分もやはり不確実性を免れていないため，能力のシグナルを要請せざるをえなくなる。J. E. ローゼンバウムによれば，能力のシグナルは，選抜や競争に組み込まれた社会的な待遇の差異を通して構成される（Rosenbaum 1986：139-41）。当然のことながら，選抜や競争の仕組みを通して社会的に構成された能力のシグナルは，選ばれた者の資質や能力がどこまでも信頼に足るものであることを保証してはくれない。選抜や競争の過程で情実を交えているのではないかとする不信感などは，能力をめぐる不確実性の縮減が完全に遂行されるわけではないシグナリングの根源的なメカニズムに由来する。

　教職に対して政治的な批判が絶えない理由も，シグナリングによっては能力をめぐる不確実性を完全に縮減することができない点にある。ただし，「脱専門職化」の進行と矛盾するようではあるが，専門職であること自体は，少なくとも教員養成改革のレベルで依然として期待されている可能性がある。油布（2013：80-2）では，大学における教員養成への批判を背景に，「実践的指導力」への期待と教育現場の重視が強まる現象に論及している。実践性や現場性を重視する現象は，不確実性を縮減できず，社会からの信頼を失いつ

つある教員養成系に対して引き起こされた反動とみなせば概ね合点がいく。

　G. A. アカロフの有名なレモン（不良中古車）市場は，情報の非対称性が悪用され，良品と不良品が同一価格で販売されるがゆえに，不良品が市場に出回る結果になる事例を証明したものである（Akerlof 1970：488-90）。公立学校の教職労働市場においては，直接には都道府県や政令指定都市などの自治体が実施する教員採用試験を通して採否が決まるのであって，学歴は教員免許状を取得するための要件にすぎない。教職の専門性に対して政治的な批判が絶えない状態は，教員免許状が能力のシグナルとして教職の専門性をめぐる不確実性をうまく縮減できておらず，不良教員を学校に出回らせ，教職をレモン市場にしているといった疑惑が生まれるメカニズムとして理解できる。

　ここからは，教員養成系が教職の専門性という狭義の能力をシグナリングする前提を有するために不確実性の縮減が難しくなるのに対し，一般系は教員養成系にくらべて広義の能力をシグナリングすればよいために不確実性が問われにくくなっている可能性がある。R. ナッシュとR. K. ハーカーは，幼少期の認知的なパフォーマンスのばらつきに注目し，知覚できるシグナルを教育達成に伝達しているとすれば，シグナルの影響力ばかりでなく，それが伝達されるメカニズムや実質的に何を意味するかを問うことが理に適うとしている（Nash & Harker 2006：421）。本章では，教職大学院一斉移行を教員養成システムに生じた新たなシグナリング過程と位置付け，サプライサイドとしての教職大学院とデマンドサイドの地方政府の間に，現職教員の派遣人事を通していかなる量的・質的なマッチング状況が生じているのか，事例的な実証分析を適用してみたい。

3.　方法とデータ

3.1　シグナリング理論による現職教員の大学院派遣人事に関する推測

　教職の経験がない新規修了者を除けば，教職大学院は選考するのに必要となる能力のシグナルを直接に生み出さなくてよい。教職大学院が育成の目的とするスクールリーダーも，あくまで将来の管理職であることから，期待される機能は即時的なものではない。現職教員を大学院へ派遣する人事過程で

デマンドサイドとサプライサイドの間に量的なマッチングが成り立ちさえすれば，派遣人事を通して生成される能力のシグナリング過程それ自体はブラックボックスであっても，教職大学院は存続していける。しかしながら，仮に教職大学院への現職教員の派遣人事において量的なマッチングが成立したとしても，それだけならば教員養成系への信頼を回復するほど強力なシグナルを生むとは考えにくい。

　また，教職のベテランをなす層の間には，同僚性を経由した実践の積み上げに対する自負から，メリトクラシー化を企図した能力開発・育成，目標設定管理に対抗する批判が生み出されている（金子 2010：77）。これが正しければ，職場での業務から切り離された Off-JT（Off the Job Training）のような教育訓練は，通常の業務と並行して行われる OJT（On the Job Training）型の訓練ほど，需要を掘り起こしにくいと考えられる。言い換えれば，Off-JT より OJT のほうが教職の教育訓練にとって有益であると認識されやすく，採用する学校教員が教員養成系を経ていない一般系でも差し支えないことになる。

　文部科学省の「公立学校教職員の人事行政状況調査」から，公立小中学校における教員出身ではない民間人校長について，都道府県と政令指定都市の2008 年度から 2014 年度までの任用率を算出してみると，小学校と中学校のいずれも１％に満たない。ただし，政令指定都市において民間人校長の任用率が上昇する傾向にある点には，留意しておく必要がある。学校管理職を民間から任用するルートが政令指定都市で拡大する傾向は，前節で明らかにした高学歴化の進む地域ほど一般系出身の小中学校教員が多くなる傾向と，少なくとも部分的には符合するからである。教職大学院のような Off-JT 型の教育訓練には，新たな能力のシグナルを政策的に形成しようとする側面があるものの，シグナリングの過程で人事権を有する地方政府が Off-JT を選好していなければ，デマンドサイドとサプライサイド間にミスマッチが生じる。教育政策に対する地方政府の影響力を拡大する分権改革と相俟って，教職大学院一斉移行をめぐるマッチングとシグナリングは，教員養成システムを地方政府に従属させ，教員養成における権力の重心を中央政府と地方政府の中間へシフトさせる契機になりうる。

　教職大学院一斉移行を事例とするデマンドサイドとサプライサイド間のマッチングとシグナリングの過程は，教育委員会から大学院への現職教員の派

遣実績のような定量的な変数ばかりでなく，需給調整のシステム化，人事案作成や派遣人事の留意点といった定性的な変数の分析を通して実証的な考察が可能になる。このような分析と考察はまた，教員養成のレジームを構成する中央政府と地方政府，そして大学間の権力バランスに関する理解を深め，教育領域のガバナンスが将来遂げることになる変化を予測するにあたって，重要試金石を与えてくれる。

3.2　調査の概要

　次節の分析に用いるデータは，「大学院における教員養成の定員管理・人事方策に関する調査」（以下，「大学院調査」）および「大学における教員養成の定員管理・人事方策に関する調査」（以下，「大学調査」）である。教職大学院一斉移行を促す政策動向が教員養成システムに与える影響について検討することを目的として，都道府県教育委員会，政令指定都市・中核市教育委員会および教育学研究科，教職研究科等，教育学専攻等のある研究科を設置する大学を選定し，大学院調査を実施した。教育学部，教育学科・教育学専攻のある学科等を設置する大学については，大学調査を併せて実施することで，教職大学院一斉移行をめぐる私立大学の経営上の課題や経営判断を捉えるよう努めている。

　大学院調査および大学調査は，いずれも 2014 年 11 月 25 日に調査票を発送し，回答期限として設定していた 2015 年 3 月 9 日の時点で調査票が未回収となっている大学，教育委員会宛に催促状を送付した。4 月末日までに返送された調査票についてチェックを行い，97 通を有効票としてデータ入力した。調査票の回収状況は，**表 2-3** に示す通りである。有効回収率は研究科約 18％，学部約 27％，都道府県教育委員会約 32％，政令指定都市教育委員会約 30％，中核市教育委員会[3]約 23％と，いずれも決して高くない。教職大学院については，2014 年度時点で開設されている国立大学 19 校と私立大学 6 校に調査票を送付し，10 通（国立大学 9 通，私立大学 1 通）を回収している。

　大学院調査および大学調査には，サンプル数が小さいという短所がある。しかしながら，現職教員の派遣人事に関する行政過程に焦点をあてたデマンドサイドとサプライサイドの分析が可能である点，大学院調査に関しては，行政区分を単位として教育委員会と対をなすケース（研究科 7 セット，学部 15 セット）が含まれている点を勘案すれば，貴重なデータになっている。教

表 2-3　調査票の回収状況

	配票数	有効回収数	有効回収率（%）
都道府県教育委員会	47	15	32
政令指定都市教育委員会	20	6	30
中核市教育委員会	43	10	23
研究科	164	30	18
国立大学	(63)	(20)	(32)
公立大学	(5)	(1)	(20)
私立大学	(96)	(9)	(9)
学　部	135	36	27
公立大学	(3)	(2)	(67)
私立大学	(132)	(34)	(26)
計	409	97	24

注：（　）は内数。研究科は教育学研究科，教職研究科等，教育学専攻等のあるケース，学部は
　　教育学部，教育学科・教育学専攻のある学科等を設置しているケースをさす。

職大学院を対象とした調査研究は枚挙に暇がないが，管見の限り，教職大学院への教員派遣人事の行政過程を分析するよう設計された調査データを用いた研究はほぼ皆無である。

　なお，大学院調査では，専修免許状を取得する機会の拡充を図ることを目的として，教育公務員特例法等の一部を改正する法律により創設された大学院修学休業制度を利用した現職教員の人数についても，回答を求めている。ただし，休業中の給与が支給されないなど制度を利用するインセンティブは弱く，2013 年度の利用実績は平均 0.5 人，利用実績のない自治体は約 72%，2014 年度も平均 0.5 人，利用実績のない自治体が約 70% に達するため，分析にあたって除外する。

4. シグナリング・ミスマッチ

4.1 歪められた市場の不完全な競争

　教職大学院一斉移行のマッチングとシグナリングの過程を，本項では大学院調査から得られたデータを用いて，主に定量的な側面から分析する。**表 2-4** は，2014 年度に大学院が自治体から受け入れた現職教員数と自治体から大学院に派遣した現職教員数の中心化傾向とばらつきを，中央値と平均値，

表 2-4　大学院の現職教員の受け入れ実績と教育委員会の現職教員の大学院派遣実績
（2014 年）

	都道府県内			都道府県外		
	中央値	平均値	標準偏差	中央値	平均値	標準偏差
教育学研究科（国立）	8.0	8.6	2.64	—	—	—
教職大学院を含む研究科	15.0	26.1	31.52	1.0	9.9	23.96
その他の研究科	0.0	0.7	0.87	0.0	2.4	5.08
F 値		4.241*			1.017（0.911）	
都道府県教育委員会	11.0	10.0	4.66	3.5	3.9	3.83
政令指定都市教育委員会	11.5	11.5	0.71	0.0	1.2	2.17
中核市教育委員会	1.5	1.5	0.71	1.0	1.0	1.00
F 値		3.902†			1.799	

注：（　）は t 値。
† $p < .10$, * $p < .05$

標準偏差によって示している。大学院と自治体間で行われる現職教員の受け
入れと派遣は，自都道府県内が中心で，教職大学院を含む研究科の受け入れ
現職教員数がやはり多い（F 検定による統計的な有意差が 5 ％水準で認められる）。
都道府県外からの受け入れと派遣はごく少ないが，教職大学院を含む研究科
の場合，都道府県外から受け入れる現職教員数の平均が 9.9 人とやや大きい。
ただし，中央値と平均値の間にある乖離が示すように，自都道府県外からの
受け入れ人数が多い教職大学院が一部に存在するために中心化傾向が歪めら
れている（表にはしないが，2013 年度の実績も 2014 年度とほぼ同じ状況にある）。

　入学定員の充足を都道府県外からの現職教員に依存しているケースでは，
教職大学院一斉移行によって自治体が現職教員を自都道府県内の教職大学院
に派遣するようになれば，定員管理は厳しさを増す。2014 年度の教職大学院
の入学定員を示すと，国立 19 大学の平均が 34.9 人，私立 6 大学の平均は
28.3 人となる。このうち 3 校の入学定員は 14〜16 人の小規模なものである。
入学定員が小さな教職大学院では，派遣される現職教員数がわずかに減るだ
けで定員管理に深刻な影響が及ぶ[4]。

　教職大学院一斉移行を契機として，現職教員を派遣する範囲が都道府県内
へと転換される可能性がないか検討するため，自治体から大学院に派遣する
現職教員の運用見通しを，**表 2-5** に示しておく。自治体間の見通しに χ^2 検
定による有意差は認められず，いずれの自治体も現状維持と回答しているケ

表2-5　大学院に対する自治体からの現職教員派遣人事に関する見通し

	派遣数の増加	教職院に集中	現状維持	派遣数減・教職院に集中	効用により増減決定	財政により増減決定	その他
都道府県教育委員会	2(15)	1 (8)	9 (69)	0 (0)	3(23)	1 (8)	0 (0)
政令指定都市教育委員会	0 (0)	1(20)	3 (60)	0 (0)	0 (0)	0 (0)	1(20)
中核市教育委員会	0 (0)	0 (0)	2(100)	0 (0)	1(33)	0 (0)	0 (0)
χ^2	1.360	1.003	1.099	—	1.710	0.646	3.360

注：（　）はパーセント値。

ースの割合が相対的に大きい。派遣数の増加を予定しているケースは都道府県教育委員会の13自治体のうち2自治体（約15%）でしかなかった。派遣する現職教員の総数を変えずに教職大学院に集中させると回答している都道府県教育委員会が13自治体のうち1自治体（8%），政令指定都市教育委員会が5自治体のうち1自治体（20%）みられる。現職教員の派遣数を減らすとしている自治体はなかったが，派遣から得られる効用を評価して増減を決定すると回答している都道府県教育委員会が13自治体のうち3自治体（約23%），中核市教育委員会が3自治体のうち1自治体（約33%），自治体の財務状況を評価して増減を決定するという都道府県教育委員会が13自治体のうち1自治体（約8%）あった。教職大学院の効用や自治体の財政事情で派遣される現職教員数が変更になる可能性は否定できないようである[5]。

　図示はしないが，教職大学院の設置予定と検討状況を参照したところ，教職大学院を除く国立大学の教育学研究科の9校のうち5校（約89%）までが，2015年度または2016年度に教職大学院を設置することを予定しており，設置を予定していないとする回答は非教員養成系の1校のみ（約11%）であった。その他の研究科では，私立大学の1校のみ（約13%）に教職大学院を設置する予定があるだけで，検討していないとする回答が8校のうち6校（約75%）と目立っている。教育学部や教育学科等を設置する学部においても，教育学部等の14校のうち私立大学の1校のみ（約7%），教育学科等のある学部の22校のうち私立大学の1校のみ（約5%）が教職大学院を設置する予定があると回答しているにすぎない。教育学部等の14校のうち11校（約79%），教育学科等のある学部の22校のうち20校（約91%）は，教職大学院を設置する予定がない。大学院課程がない私立大学の教員養成系や一般系を経て卒業後すぐ教職に就く場合と比較すれば，教職大学院では2年分の教育費負担がさらに上乗せされることになる。教職大学院一斉移行が国立大学に

よる市場の独占や寡占をもたらす蓋然性は低いと考えられる。

　なお，大学院調査のデータには，行政区分を単位として都道府県教育委員会と対をなす研究科が5ケース含まれている。この5つのペアを抽出し，大学が受け入れた現職教員の数，自治体から派遣した現職教員数について，ピアソンの相関係数を算出したところ，2013年度実績に関しては0.99ときわめて高い値が得られた（5％水準で統計的に有意性が認められる）。ところが，2014年度に大学院が受け入れた現職教員の数と自治体から派遣した現職教員数の間では，−0.28とごく弱いものの，負の値が示されている。また，抽出した5ペアについて，教職大学院を4年以内に設置する予定がある3ケース，すでに教職大学院を設置している2ケースに再カテゴリ化してクロス集計を行った結果，教職大学院が設置される予定の都道府県ではいずれも派遣する現職教員数を増やす予定になっていた。派遣する総数を維持しながら，教職大学院への派遣に集中化する予定の都道府県（1自治体）では，教職大学院の設置が予定されている。しかしながら，教職大学の設置予定があっても現職教員の派遣数を維持する都道府県教育委員会（1自治体），既設の教職大学院に対して効用を評価して増減を決定すると回答している都道府県教育委員会（1自治体）が存在する。

4.2　選抜性と専門性

　教職大学院を修了するために必要となる諸費用を上回る賃金プレミアムが期待できなければ，現職教員と新規学卒者のいずれであっても大学院に入学するインセンティブは生まれない。中央教育審議会の教員の資質能力向上特別部会は，教職大学院の需給バランスに生じる不均衡への懸念から，「教職生活の全体を通じた教員の資質能力の総合的な向上方策について」の中で，初任者研修の一部または全部免除，教員採用選考枠の新設，採用試験合格者に対する名簿登載期間の延長，教職大学院の修了者に対するインセンティブの付与など，需給調整をシステム化する方策を提言している。

　大学院調査を参照する限りでは，社会人経験のある新規修了者，社会人経験のない新規修了者のいずれも，国立大学の教育学研究科では優遇措置を講じているケースがない。教職大学院を含む研究科に関しては，社会人経験のある新規修了者の場合，教員採用一次試験の免除と別枠による選考がそれぞれ10校のうち2校（20％），給与面の優遇が10校のうち1校（10％）でしか

ないが，社会人経験のない新規修了者の場合には，教員採用一次試験の免除が10校のうち5校（50%），別枠による選考が9校のうち4校（約44%），初任者研修の免除が10校のうち1校（10%）と，優遇措置を講じるケースの割合が大きくなる。なお，教員の採用候補者名簿に登載され，引き続き大学院での修学を希望する者に対し，教職大学院を含む研究科では，相対的に名簿登載期間の延長が適用されるケースの割合が大きく，とりわけ大学院在籍者の場合に名簿登載期間が延長されがちになっている。

これら優遇措置のうち，教員採用一次試験の免除や別枠による選考は，単なる需給調整のシステム化だけでなく，教職大学院を通した能力のシグナリング過程に重要な影響を及ぼす。採用試験免除にしても，別枠選考にしても，教職大学院での教育訓練を教職に必要な能力のシグナルとみなすことに等しい。しかしながら，教員採用一次試験の免除や別枠による選考が半数以内にとどまることから，教職大学院での教育訓練と自治体の需要との間に少なからずミスマッチが起きている可能性が示唆される。給与面の優遇措置もごく少ない事例でしかなく，教職大学院を修了することで生じる賃金プレミアムは限定的である。**表2-6**の通り，教育委員会による大学院派遣の人事案作成では，いずれの自治体も年齢や勤続年数が重視され，出身大学などの学歴や学校管理職などの職歴はほとんど考慮されていない（自治体間にχ^2検定による統計的な有意差は認められない）。出身大学を考慮すると回答している自治体について少し詳しく調べてみたところ，県民の学歴水準がさほど高くなく，採用試験を免除していなかった。

図2-1〜図2-3は，現職教員の大学院派遣人事に際しての人材育成上の留意点を，都道府県教育委員会と政令指定都市の別に表している。派遣先が教員養成系，一般系のいずれなのかは判別できないが，自治体間の回答に少な

表2-6　大学院派遣の人事案作成に際して考慮される現職教員の個人属性

	年齢	勤続年数	出身大学	出身学部	行政職経験	学校管理職経験	民間企業等経験
都道府県教育委員会	8 (62)	10 (77)	1 (8)	0 (0)	0 (0)	0 (0)	0 (0)
政令指定都市教育委員会	4 (67)	4 (67)	0 (0)	0 (0)	0 (0)	1 (17)	0 (0)
中核市教育委員会	2 (50)	3 (75)	0 (0)	0 (0)	0 (0)	0 (0)	0 (0)
χ^2	0.286	0.227	0.804	—	—	2.962	—

注：（　）はパーセント値。

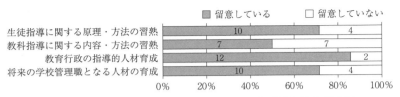

図 2-1　大学院派遣による人材形成の留意点（都道府県教育委員会）

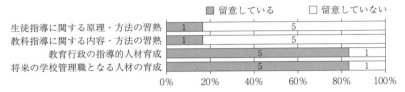

図 2-2　大学院派遣による人材形成の留意点（政令指定都市教育委員会）

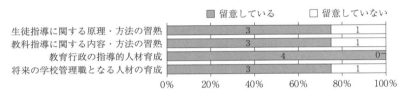

図 2-3　大学院派遣による人材形成の留意点（中核市教育委員会）

からず差異がみられる。都道府県教育委員会や中核市教育委員会が将来の学校管理職となる人材の育成に留意しがちであるのに対し，政令指定都市教育委員会に関しては，留意していると回答したのは 6 自治体のうち 1 自治体だけである（χ^2 検定の結果，10％水準ではあるが有意傾向が示された）。将来の学校管理職を含むスクールリーダーの育成を掲げる教職大学院は，都道府県ではデマンドサイドとサプライサイド間のマッチングが成立しうるものの，政令指定都市ではミスマッチが起こる可能性があることを仄めかしている。こうしたことから，教職大学院一斉移行は，政令指定都市を中心に，さほど需要を期待できないサプライサイド改革としての性格を強めると推測される。

図示はしないが，大学院調査のデータからは，社会人経験のある新規修了者，社会人経験のない新規修了者のいずれに対しても，学校管理職の育成や教育行政の指導的人材の育成を期待している自治体は見出せない。スクールリーダーの育成を大学院派遣人事における人材育成上の留意点としている自治体

であっても，学校管理職や教育行政の指導的な人材形成を Off-JT 型の外部
化された教育訓練に依存するわけでは決してなく，あくまで潜在的な候補者
をプールするといった限定的なシグナリング機能が期待されているにすぎな
いと考えられる。

5. 結論

　ここまでの分析から得られた知見は，概ね次のように要約できる。(1) 調
査を実施した 2014 年度から遅くとも 4 年以内に，国立大学の教員養成系大
学院は教職大学院へ一斉移行することを予定している。また，既設の教職大
学院は，立地する都道府県内から派遣される現職教員だけでなく，都道府県
外から派遣されてくる現職教員に依存している部分がある。(2) 自治体の多
くは，大学院に派遣する現職教員の数を現状のまま維持し続ける見通しであ
るものの，現職教員の派遣数を増減する可能性を留保しているケースも若干
ではあるが存在する。(3) 教員採用一次試験の免除や別枠による選考のよう
に，教職大学院での教育訓練を能力のシグナルとする自治体が存在するもの
の，給与面など優遇措置はごく少数でしかなく，教職大学院の賃金プレミア
ムは限定されている。(4) 現職教員の大学院派遣人事において，いずれの自
治体も教科指導や生徒指導を担う人材育成には概して留意しているが，都道
府県教育委員会や中核市教育委員会がスクールリーダーの育成に留意しがち
であるのに対し，政令指定都市教育委員会ではスクールリーダーの育成には
消極的である。

　以上四つの知見からは，教職大学院一斉移行を通して労働市場・大学院・
大学院学生の関係性に引き起こされる将来的な変化に関して，次のような予
測が導かれる。第一に，教職大学院一斉移行の後，入学定員が小さい教職大
学院，都道府県外からの派遣に依存している度合いが大きい教職大学院にお
いて，定員管理が不安定化する。今後，自治体が抱える財政事情，教員の年
齢構成の歪みなどから，現職教員の派遣枠が一定しない，都道府県外へ現職
教員を派遣し続けることが困難になるなど，入学定員の見直しを余儀なくさ
れる教職大学院が出てくる。第二に，教職大学院の供給する教育訓練を通し
た能力のシグナリング過程が自治体間で異なることから，デマンドサイドと
サプライサイド間に定量的な側面のみならず，定性的な側面におけるミスマ

ッチをもたらす。第三に，教職大学院一斉移行から生じるシグナリング・ミスマッチは政令指定都市で生じやすく，政令指定都市を中心とした裁量権の大きな自治体が教職大学院に対して優位に立つようになることで，教員養成のレジームを支える権力の重心は大学から離れ，中央政府と地方政府の中間へとシフトする。

　教職大学院一斉移行は，教員養成システムの高学歴化を進める要素があるものの，大学院学生として地方政府から派遣される現職教員への教育訓練を決定する自律性が縮小し，教職労働市場への従属性を強める可能性があることは否定できない。政策誘導によって発生する，教職大学院への進学または修了の賃金プレミアムも限られている。教職大学院一斉移行がもたらす新たな教職労働市場は，教職大学院と現職教員を派遣する地方政府が期待する能力のシグナルを成功裡にマッチングさせるものではなく，むしろシグナリング・ミスマッチを誘発しやすくなるサプライサイド改革の様相を呈している。教職大学院一斉移行は能力のシグナルを教職の専門性に特化させる改革を装っているがゆえに，シグナリング・ミスマッチは教職労働市場で交換される能力のシグナルを一層不確実にする。地方政府から派遣される現職教員を含めた大学院学生が，教職大学院が提供する教育訓練を経て，教職の専門性をめぐる不確実性を縮減する能力のシグナルを獲得できなければ，教職大学院一斉移行がもたらす教職労働市場は教職の専門性に対する政治的な批判を誘発する社会状況を大きく変えるとは考えにくい。

　これに加えて，教育をサービス分野として開放するなどの外生的な変化が生じることで，教員養成のレジームは権力の重心をますます大学から遠ざけるだろう。サービス貿易協定のような通商政策において，初等教育から高等教育段階に至るまで，教育はサービス分野とみなされている。サービス貿易協定を通して，あらゆる分野の活動は商品化され，利潤の源泉へと変貌を遂げることになる（Bourdieu 2002 = 2015：595-6）。教育領域のような公共セクターをサービス分野として開かれた市場に開放すれば，教職をめぐる能力のシグナリング過程に，ローカルやナショナルな位相ばかりでなく，グローバルな位相から新たなミスマッチが付加され，ガバナンスに未知の変容をもたらすのである。

注

1） 文部科学省による意見照会は，2012 年 5 月 16 日，同年 6 月 1 日を回答期限として実施されている。照会の対象は 69 団体，34 団体から回答を得ている（中央教育審議会教員の資質能力向上特別部会（第 12 回）資料 2-2）。この審議まとめに関する文部科学省の書面による意見照会に対し，「国立教員養成系修士課程の教職大学院への移行などの教職大学院の拡充については慎重であるべき」（日本教育学会），「いくつかの地域で，教職大学院の努力にもかかわらず，学生定員の充足もままならず，十分な需要が見通せない」（日本教育大学協会），「特定のモデルへの収斂や少数の養成機関への集約といった画一的で限られた教員養成の仕組みづくりへと方向づける結果をもたらすことになってしまわないよう」（日本教師教育学会）などの意見が提出されている。

2） **表 2-2a** および **表 2-2b** のいずれも，都道府県民の大学院修了者および大学卒業者の割合は，総務省「国勢調査」の「在学か否かの別・最終卒業学校の種類」より作成した。公立小中学校教員の大学院修了者および大学卒業者の割合については，**表 2-1** と同様，文部科学省「学校教員統計調査」の「都道府県別本務教員の学歴構成」より作成している。データは 2010（平成 22）年度の統計表を使用しているが，これは「国勢調査」と「学校教員統計調査」の実施年度を揃え，かつ公表されている統計表から最も直近のものを選んだことによる。

3） 中核市教育委員会については，50％（10 自治体のうち 5 自治体）が一般教員と学校管理職の人事権を委譲されている。

4） 学校教育法第 109 条第 3 項，学校教育法施行令第 40 条により，専門職大学院は 5 年以内（大学は 7 年以内）ごとに認証評価機関による第三者評価を受審しなければならず，定員充足率が 90％を下回れば運営費返納が求められる。

5） 派遣数の増加や効用や財務状況を評価して増減を決めるとするケースについて，山崎（2015：230-1）による都道府県別の教員将来需要推計と対応していないか調べてみたが，将来的な教員需要の増減が現職教員派遣人事に影響するといった関係は見出せていない。

引用・参考文献

Akerlof, George A., 1970, "The Market for "Lemons": Quality Uncertainty and The Market Mechanism", *The Quarterly Journal of Economics*, 4(3): 488-500.

青木栄一，2008，「分権改革のインパクト―教育政策にみる自治体政治行政の変容」，『年報政治学 2008-Ⅱ―政府間ガバナンスの変容』59(2)：125-43.

Bourdieu, Pierre, 2002, *Interventions, 1961-2001: Science Sociale & Action Polittique* (Textes choisis et présentés par Franck Poupeau et Thierry Discepolo), Marseille: Agone（＝2015，櫻本陽一訳『介入Ⅱ―社会科学と政治行動 1961-2001』藤原書店）.

Hargreaves, Andy, 2006, "Four Ages of Professionalism and professional Learning", Lauder, H., Brown, Ph., Dillabough, J. and Halsey, A. H., (eds.), *Education, Globalization & Social Change*, Oxford University Press: 673-91（＝2012，佐久間亜紀訳「教職の専門性と教員研修の四類型」苅谷剛彦・志水宏吉・小玉重夫編訳

『グローバル化・社会変動と教育 2 —文化と不平等の教育社会学』東京大学出版会：191-218).

橋本鉱市，2009，「専門職養成の日本的特徴」橋本鉱市編『専門職養成の日本的構造』玉川大学出版部：242-53.

市川喜崇，2012，『日本の中央—地方関係—現代型集権体制の起源と福祉国家』法律文化社.

岩田康之，2013，「教員養成改革の日本的構造—『開放制』原則下の質的向上策を考える」『教育学研究』80(4)：414-25.

金子真理子，2010，「教職という仕事の社会的特質—『教職のメリトクラシー化』をめぐる教師の攻防に注目して」『教育社会学研究』86：75-94.

加野芳正，2010，「新自由主義＝市場化の進行と教職の変容」『教育社会学研究』86：5-20.

小島弘道，2011，「教師教育学研究における『大学院知』の視野」『日本教師教育学会年報』20：18-27.

小島弘道編，2004，『校長の資格・養成と大学院の役割』東信堂.

Nash, Roy and Harker, Richard. K., 2006, "Signals of Success: Decoding the Sociological Meaning of Associations between Childhood Abilities and Adult Educational Achievement", Lauder, H., Brown, Ph., Dillabough, J. and Halsey, A. H., (eds.), *Education, Globalization & Social Change*, Oxford University Press: 420-34.

小方直幸，2015，「政府と大学の自治—教員養成分野のミッションの再定義」『高等教育研究』18；171-89.

小野浩，1975，「教育学部—師範学校からの変容」清水義弘編『地域社会と国立大学』東京大学出版会：291-311.

Rosenbaum, James. E., 1986, "Institutional Career Structures and the Social Construction of Ability", *Handbook of Theory and Research for the Sociology of Education*, New York, Greenwood Press: 139-71.

佐藤学，2013，「大学・大学院における教師教育の意義—専門職性と自律性の確立へ」『日本教師教育学会年報』22：8-15.

佐藤学，2015，『専門家として教師を育てる—教師教育改革のグランドデザイン』岩波書店.

Schoppa, Leonard. J., 2006, *Race for the Exits: The Unraveling of Japan's System of Social Protection*, Cornell University Press (＝ 2007，野中邦子訳『「最後の社会主義国」日本の苦闘』毎日新聞社).

新藤宗幸，2013，『教育委員会—何が問題か』岩波書店.

Spence, Michael, 1973, "Job Market Signalling", *Quarterly Journal of Economics*, 87(3): 355-74.

山崎博敏，2015，『教員需要推計と教員養成の展望』協同出版.

油布佐和子，2013，「教師教育改革の課題—「実践的指導力」養成の予想される帰結と大学の役割」『教育学研究』80(4)：78-89.

<table>
<tr><td>第3章</td><td>社会科学系修士課程大学院生
の能力獲得
教員のレンズを通して</td></tr>
</table>

二宮　祐

1. 社会科学系修士課程と「高度専門職業人」の養成

　1990年前後からの日本における大学院生の量的拡充政策の特徴の一つは，大学院に対して研究者の養成に加えて「高度専門職業人」の養成をも求めるようになったことである。同時に，それまでの一人またはきわめて少数の指導教員による個人的で徒弟制的な指導によって，焦点を絞った分野に特化した研究を行うことができるようになることを目的とした教育・研究方法から，複数の科目を体系的に履修する「コースワーク」の充実，組織的な指導体制の確立，専門分野に関する基礎的な知識・技術だけではなく幅広い視野や基本的な思考力を身につける教育・研究方法へ転換する必要があると主張されてきた。これらの方針のもとで，一方で長い伝統を有する大規模大学を中心とする既存の大学院の拡張があり，他方でそれまで大学院未設の大学による大学院の新設が進んだ。前者には修士課程と博士課程の両者をもつところが多く，後者には修士課程のみで構成されるところが多い。修士課程の専門分野でいえば，社会科学系の相対的な比重がやや増加したほか，「その他」と分類される学際的・融合的分野が増加している傾向がある。この過程において，ミッション，入学者の特徴や修了者のキャリアなどの多様化が生じ，それは大学院のタイプによって異なり，抱える問題も異なってきているのではないかと想定される。

　本章は〈高い資質をもつ大学院生が，最適な教育を行う大学院での学習・研究によって相応しい能力を身につけて，労働市場がそれを高く評価する〉という図式には必ずしもなっていないトリレンマの状況の特徴に着目する。

具体的には，量的拡充政策によって生じた学生の多様性についての教員による認識に関連して，「教育の機能」――どのような大学院生に対して，どのような教育が効果をもつのか，それはどのように労働市場から評価されているのか――という観点から明らかにすることを目的とする。特に社会科学系の修士課程に着目する理由は，この課程こそが拡充政策によって「高度専門職業人」養成の機能を課されるようになったものの，他方同時に，修了者が修士課程で身につけた専門性を活用して民間企業などへ就職するルートを確立するまでには至っておらず，ここに政策の影響と大学院の抱える問題とが集中的に表れているのではないかと考えるからである。

2.　先行研究と分析に用いるデータの概要

　これまで日本の大学院教育に関する研究の多くは理工系分野に関するものであった。そこでは審議会などでの言説と異なり，大学院生が指導教員の研究の一部を担うことで知識や技術を獲得する学習につながっている「研究室教育」が機能していることが明らかにされている（濱中 2009）。大学院拡充政策が引き起こした問題に関しても，まず理工系分野における学術機関への就職難から認識された。1994 年から 2000 年頃に大学院進学者が急増し，博士の学位取得後に就職の意思をもちながらも大学や研究機関での安定的な仕事を得られない問題が生じたのである（国立教育政策研究所・日本物理学会キャリア支援センター編 2009）。その一方で，社会科学系分野についての数少ない研究は，ゼミナールの人数規模が小さく個別指導が中心であり，しかしながら，大学院生の能力獲得は高くはないことを明らかにしている（藤村・李 2013）。それとも関連するのであろうか，社会科学系分野についても，大学院修了者の急増に伴って同種の問題が顕在化するようになった。そうした状況の出現に合わせて，分野を問わず大学院修了者の資質があらためて問われるようになり，就職先である民間企業は必ずしも高く評価しているとは限らないと主張されるのである。大学院修了者は自らの研究分野へ固執したり研究観の修正が困難であったりする（榎木 2010），企業は大学院修了者を扱いづらい（岡﨑 2013），と消極的に評価されてきた。しかし，他方で，大学院生向けの就職の手引き書においては，研究を通じて職業上の汎用的な「コア能力」が身につく（アカリク 2010），そのため企業からすれば入社当初の教育

投資が少なく済む（佐藤・三浦・青木 2014），と積極的な評価を主張されることもある。労働市場においては，消極的な評価と積極的な評価の両者が混在しているのである。

　ところで，拡充政策とそれがもたらした状況に関して，個々の教員が何も対応してこなかったというわけでは決してない。例えば，文部科学省が大学院を置くすべての大学を対象にして実施した調査結果によれば，博士課程における「複数教員による論文指導体制の構築」，「研究遂行能力を把握する仕組みの整備」，「論文作成に関連する研究活動の単位認定」といった取り組みの実施率について（文部科学省 2011），修士課程における「体系的なコースワークの実施」，「主専攻分野以外の授業科目の体系的な履修」，「実験・論文作成等の研究手法を身につける科目の設置」等の取り組みの実施率について（文部科学省 2014），それぞれ上昇してきたという。これは，様々な資質をもつ大学院生に対応して，教員が従来の教育・研究方法の修正を図るようになったということを意味する。とはいえ，教員は学内外から「コースワーク」の整備や組織的な教育・研究指導体制の構築を求められる際，ただ単にそれらの要請に従うというわけではないだろう。自らの専門性や資質に即して，個人的または組織的にそれに応じることもあるし，それとは異なって伝統的な教育方法・内容を維持するという対応を取ることもあるだろう。そのような教員の様々な教育・研究方法の改善についての取り組みは，とりわけ増加した社会科学系の修士課程に在籍する学生の資質と能力獲得に対する認識との関係におけるメカニズムによって進められていると思われるものの，これまでの先行研究においてそれを実証的に明らかにしたものは見当たらない。トリレンマの特徴を理解するうえで，教員の取り組みと状況認識との関係を明らかにすることに意義を有するだろう。

　分析に用いるデータは「社会科学系大学院教育の現状に関する調査」によるものである。大学院の種類に関しては，設立年と課程により，まず，1980年以降に設立された修士課程のみの大学院（以下，【修士のみ】）を取り出す。その多くは 1990 年以降の拡充政策にもとづいて設立された，いわば新興の大学院である。そして，それとの比較のために，専門職大学院（以下，【専門職】）を取り出す。日本においては 2003 年に制度化されたものであり，教育内容として理論と実務の架橋を強く意識することが求められている。最後に，1979 年までに設立された博士課程までをもつ大学院（以下，【博士まで】）で

ある。これは比較的規模の大きい大学院である。これらの内訳は，【修士のみ】309票（55.7%），【専門職】81票（14.6%），【博士まで】165票（29.7%）であった。

この合計555票の専攻分野は次の通りである。【修士のみ】では教育学が最も多く3分の1強を占めていて，多い順に教育学（35.4%），その他（21.4%），学際領域（13.0%），経済学・経営学（11.7%），心理学（10.1%），法学・政治学（4.9%），社会学（3.6%）である。【専門職】では法科大学院を指すのであろう，法学・政治学が半数近くを占めていて，多い順に法学・政治学（45.7%），経済学・経営学（21.0%），その他（14.8%），教育学（11.1%），心理学（3.7%），学際領域（3.7%）である。【博士まで】では経済学・経営学が3分の1強を占めていて，多い順に経済学・経営学（37.6%），法学・政治学（23.6%），教育学（14.5%），その他（9.1%），社会学（7.3%），心理学（6.1%），学際領域（1.8%）であった。

3. 教員から見た大学院教育・研究の現状

3.1 教育方針・組織体制
——多様化する現状と伝統的教育方法とのミスマッチ

さて，拡充政策によって新設された【修士のみ】の大学院について，【専門職】，【博士まで】の大学院と比較することによって，その特徴を明らかにする。分析の枠組みは図3-1に示す通りである。まず，第1項で「①教育方針・組織体制」を確認する。次に，第2項では「②大学院生の資質」を確認する。第3項では「③大学院生の能力獲得」を「②大学院生の資質」と関連させて検討する。続いて第4項では「④労働市場からの評価」を「③大学院生の能力獲得」と関連させて検討する。最後に第5項で「①教育方針・組織

図3-1　分析の枠組み

体制」，「②大学院生の資質」，「③大学院生の能力獲得」の関係について考える。

　最初に，大学院の種類による「①教育方針・組織体制」の相違を見てみよう。従来，社会科学系大学院の教育目的は研究者の養成に特化していた。拡充政策や専門職大学院の登場のなかでそれが維持されているのか，あるいは，変容しているのかについて検討する。

　回答者である教員が所属する専攻において，その同僚が実施している教育や，教育に関する組織体制について，提示された二つの選択肢のうちどちらの方針により近いかについて尋ねた結果は次の通りであった。まず，大学院教育で重視することは「研究者養成」と「高度専門職業人養成」のどちらなのか，前者であると回答したのは，想定されるように【博士まで】76.3％が圧倒的に高い（【修士のみ】47.3％，【専門職】45.1％）。また，「博士後期課程への進学を推奨」するか「修士課程終了後の就職を推奨」するかについて，前者であると回答したのは【博士まで】でも半数（50.0％）に過ぎず，【修士のみ】では13.6％，【専門職】では20.6％と，博士課程をもたないところでは，高度専門職業人養成を目的としていることがわかる。

　次に，大学院教育の方法に関して，「入学時に研究室・ゼミナールを決定」するか「入学時期を経て研究室・ゼミナールを決定」するかについて，前者であると回答したのは【修士のみ】83.1％，【博士まで】82.1％と高いが，【専門職】では30.4％にすぎない。「指導教員による個別的研究指導」か「研究科（専攻）全体で組織的な教育を実施」で，前者であると回答したのは【修士のみ】91.7％，【博士まで】87.0％，他方で【専門職】は69.1％と低い。また，「個人の研究関心に沿った学習が重要」か「体系的なコースワークが重要」に関して，前者であると回答したのは【修士のみ】81.7％，【博士まで】84.0％だが，【専門職】は43.9％であり，「個人研究重視」か「研究室・ゼミナールの共同研究を重視」かについても，前者であると回答したのは【修士のみ】87.8％，【博士まで】90.1％，他方で【専門職】71.6％であった。【修士のみ】は【博士まで】と同じような傾向があって，従来の研究者養成とほぼ同じような方法に依拠しているのである。たとえ修士のみの課程であっても，博士課程を有する大学院と同様の体制がとられているのであり，それは専門職学位課程のみをもつ大学院とは異なるのである。

　そして，大学院教育の内容に関して，「専門分野の最先端の知識を教授」

するか「汎用的な知識や技能を教授」するかについて，前者であると回答したのは【博士まで】82.1%と高いが，【修士のみ】10.4%，【専門職】10.0%と低い。また，「アカデミックな知識の獲得を重視」するか「職場で役立つ高度な専門的知識の獲得を重視」するかについて，前者であると回答したのは，【博士まで】は58.0%と半数を超えるが，【修士のみ】10.4%，【専門職】10.0%と低い。「汎用的な知識や技能を教授」，「職場で役立つ高度な専門的知識の獲得を重視」した教育を行うという点において，【修士のみ】は【専門職】に近い傾向がある。つまり，【修士のみ】は教育方法においては研究志向性が強く【博士まで】と類似の傾向を示すが，教育内容に関しては必ずしも研究に特化しているわけではなく，【専門職】に近い傾向を示している。

　したがって，【修士のみ】の大学院では他の種類と比較した場合，一方で汎用的な知識や，職場で役立つ知識の伝達が重要であると認識している傾向が強いながらも，他方で大学院生個人の研究関心に沿った個別指導という，社会科学系の大学院に伝統的な研究者養成に近い教育方法をとっている。すなわち，拡大し多様化する修士課程という現状の認識と，伝統的でアカデミックな教育方法に齟齬が生じていると指摘できる。

3.2　修士・博士・専門職での大学院生の資質

　次に，「②大学院生の資質」について大学院の種類ごとに検討する。まず，それぞれにどのような背景をもつ大学院生が集まっているのだろうか。「出身学部が同分野」の大学院生が「かなりいる」と回答したのは，【修士のみ】50.8%，【専門職】58.4%，【博士まで】65.4%[1]であった。また，「現職の継続者」が「かなりいる」と回答したのは【専門職】41.9%が多く，他方，【修士のみ】16.6%，【博士まで】10.3%である。「留学生」が「かなりいる」と回答したのは【博士まで】45.6%が高く，他方，【修士のみ】23.1%，【専門職】9.0%と低い。これらのことから，【修士のみ】では，留学生も社会人も多くないという点でその同質性が高いものの，「出身学部が同分野」は【専門職】，【博士まで】よりもやや少なく，学術的なバックグラウンドが異なる学生が多少なりとも多いという点では多様性があるということができる。

　また，「企業や官公庁からの派遣者」が「かなりいる」と回答したのは，【修士のみ】4.3%，【専門職】9.5%，【博士まで】2.0%であった。【専門職】では，上記の「現職の継続者」が多いことからもわかるように，社会人の再

教育の機能を果たしていて，その意味で多様性があるといえる。そして，「同じ大学からの出身者」が「かなりいる」と回答したのは【博士まで】54.3％，【修士のみ】50.5％である一方，【専門職】24.1％であった。【博士まで】では，上記の「出身学部が同分野」が多いという結果と合わせて同質性が高い一方で，同じく上記の「留学生」が多いという点では多様性をもっている。

　それでは，大学院生の資質はどのように捉えられているだろうか。「学問的な研究に熱心」な大学院生が多い（「ある程度多い」と「多い」の合計，以下同様）と回答したのは，その割合が高い順に，【博士まで】76.7％，【修士のみ】58.4％，【専門職】46.2％であった[2]。

　「研究者としてのセンスがある」のは同様に，【博士まで】47.2％，【修士のみ】20.1％，【専門職】13.9％である。また，「大学院をモラトリアムの場にしている」のは，その割合が高い順に，【修士のみ】34.0％，【博士まで】24.1％，【専門職】10.1％であった。「基礎学力が不足している」のは【修士のみ】60.1％，【専門職】54.4％，【博士まで】45.4％である。「資格取得のための勉強に熱心」であるのは【専門職】72.8％，【修士のみ】60.3％，【博士まで】45.7％であった。【修士のみ】では，「基礎学力が不足」し，「大学院をモラトリアムの場にしている」といった否定的な評価が下される大学院生が多いのである。これは大学院入学者選抜時の競争倍率について【修士のみ】では1.0倍未満が38.1％（【専門職】17.5％，【博士まで】13.8％）と際立って多いこと，学部の専門分野が異なる者が多いことと関連していて，定員の充足を達成しなければならないという要請があるために学習目的を明確にしていない学生をも受け入れている状況から生じた結果ということができる。それとは対照的に，【博士まで】では「学問的な研究に熱心」，「研究者としてのセンスがある」学生が多いと評価されており，研究者養成の機能を維持していることがわかる。また，【専門職】では，「資格取得のための勉強に熱心」な学生が多く，高度専門職業人の育成というミッションとの関連で，それに見合う機能を果たしていることが見てとれる。

　【修士のみ】における競争倍率の低さは問題であるようにも思われる。しかしながら，必ずしも入学試験を軽視しているというわけでもなさそうである。というのも，一般の受験生に対して専門科目の筆記試験を重視するという回答が【修士のみ】では92.6％（【専門職】81.8％，【博士まで】91.8％）と低

くはなく，研究計画書を重視するという回答も【修士のみ】では 89.0%（【専門職】45.3%，【博士まで】83.9%）と同様に低くはないためである。このことは，後に述べるように大学院教育において汎用的知識ではなく学術的知識を重視することにメリットがあるということにつながっている。

3.3　大学院生の能力獲得
——ネガティブなまなざしを受ける修士修了者

　続いて，「③大学院生の能力獲得」について大学院の種類ごとに検討する。それぞれの修了者について，「学問的知識の修得」が十分である（「ある程度十分だ」と「十分だ」の合計，以下同様）と回答したのは，【修士のみ】54.3%とあまり高くはなく，他方で，【専門職】68.4%，【博士まで】73.6%であった[3]。以下，【修士のみ】に着目して【専門職】と【博士まで】と比較してみると，「問題を考える能力」については【修士のみ】66.2%（【専門職】82.3%，【博士まで】77.4%），「基礎スキルの獲得」については【修士のみ】72.6%（【専門職】89.9%，【博士まで】79.9%），「社会性を身につけた」については【修士のみ】77.2%（【専門職】70.9%，【博士まで】61.1%），「社会的な視野を広げる」については【修士のみ】73.8%（【専門職】74.7%，【博士まで】63.5%）であった。【修士のみ】では，アカデミックな知識や能力の獲得の度合いはほかの課程に比べて低いとされていて，唯一，「社会性を身につけた」という点でのみ評価が高くなっている。

　それらの能力獲得のうち「問題を考える能力」に着目してみる。すでに，【修士のみ】では【専門職】と【博士まで】に比べて，「学問的な研究に熱心」である大学院生が少なく，「基礎学力が不足している」，「大学院をモラトリアムの場にしている」大学院生が多いことなどは確認している。これらの資質を統制したうえで，能力獲得の度合いを検討したものが**図 3-2**である。例えば，「学問的な研究に熱心」な大学院生が少ないところでは，【修士のみ】の大学院において「問題を考える能力」の獲得が十分である者が少ないという結果が読みとれる。また，同様に，「基礎学力が不足している」，あるいは，「大学院をモラトリアムの場にしている」大学院生が多いところでは，【修士のみ】では【専門職】や【博士まで】と比較して，「問題を考える能力」が十分ではないと認識されている。

　すなわち，資質についてネガティブな大学院生が多いと認識されている場

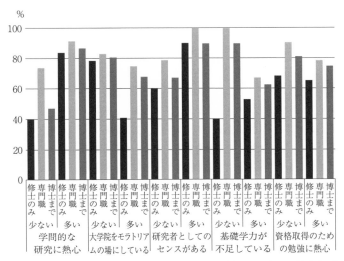

%

修士のみ	専門職	博士まで
少ない	学問的な研究に熱心	多い
	少ない	大学院をモラトリアムの場にしている	多い
	少ない	研究者としてのセンスがある	多い
	少ない	基礎学力が不足している	多い
	少ない	資格取得のための勉強に熱心	多い

図 3-2　大学院生の資質別，大学院の種類別の「問題を考える能力」が
十分（「十分だ」と「ある程度十分だ」の合計）である割合

合，【修士のみ】で「問題を考える能力」が十分だとはみなされていないのである。他方，資質についてポジティブに認識されている場合，大学院の種類による能力獲得の違いはあまりない。そもそも大学院は，「学問的な研究に熱心」な者が集まる場であり，十分な基礎学力のうえに，研究者としてのセンスを兼ね備えている者が切磋琢磨する場と認識されてきた。そこにそれとは逆の資質をもつ者が多くなることは，学習の成果に対してもネガティブなまなざしが注がれるのではないだろうか。

3.4　修了者に対する労働市場の低くない評価と能力獲得

　おおむね【修士のみ】の大学院生の特徴や能力獲得に対する評価は必ずしも高くはないことが明らかになったものの，それは大学院修了後まで継続するものだろうか。

　「④労働市場からの評価」に関して，「民間企業や官公庁は大学院修了者を学部卒業者よりも高く評価している」（「ある程度そう思う」と「とてもそう思う」の合計，以下同様）と回答したのは【修士のみ】42.6％（【専門職】54.2％，【博士まで】33.1％）であった[4]。では，【修士のみ】に限定した場合，そうし

た評価と「③大学院生の能力獲得」の度合いとにはどのような関係があるだろうか。大学院生の「問題を考える能力」が十分であるとみなす教員のうち,「民間企業や官公庁は大学院修了者を学部卒業者よりも高く評価している」に対して肯定的に回答した者は50.3％,「問題を考える能力」が不十分であるとみなす教員の場合は,労働市場から大学院生が高く評価されていると回答した者は29.1％にすぎない。また,「学問的な知識の獲得」が十分であるとする教員のうち,「民間企業や官公庁は大学院修了者を学部卒業者よりも高く評価している」に対して肯定的に回答した者は52.9％,「学問的な知識の獲得」が不十分であるとする教員の場合は,労働市場から大学院生が高く評価されていると回答した者は31.4％であった。学問的知識や問題を考える能力の獲得が十分であるとみなしている場合は,労働市場からの評価も高いと考えていることがわかる。

前述のように【修士のみ】の機関では,各種の能力を獲得した大学院生は少なかった。しかし,各種の能力を獲得した学生に対しては,回答者は修了者の就職先関係者ではなく教員であるために必ずしも実態を示すわけではないという留保付きではあるものの,労働市場からの評価が高いとみなされているのである。

なお,民間企業や官公庁等に就職する大学院生について,大学院での経験を活かせるかどうかについての教員による評価は,大学院の種類による違いはあまりなかった。「就職先の業種で大学院での経験を活かせる」ことに対しての肯定的な回答(「ある程度あてはまる」と「とてもあてはまる」との合計,以下同様)は【修士のみ】53.5％,【専門職】67.6％,【博士まで】53.9％である[5]。また,「就職先の職種で大学院での経験を活かせる」ことに対しての肯定的な回答は【修士のみ】60.8％,【専門職】70.4％,【博士まで】61.0％である。他方,「就職先で学部卒業生よりも活躍できる」ことに対しての肯定的な回答は【専門職】でやや高い結果となっていて,【修士のみ】60.7％,【専門職】77.5％,【博士まで】58.6％であった。

3.5 大学院教育の関わり
──アカデミックな知識と問題を考える能力との関係

【修士のみ】の修了者の一部は労働市場からの高い評価がなされていた。では,そこに大学院教育の内容が大学院生の特徴・能力獲得にどのように関

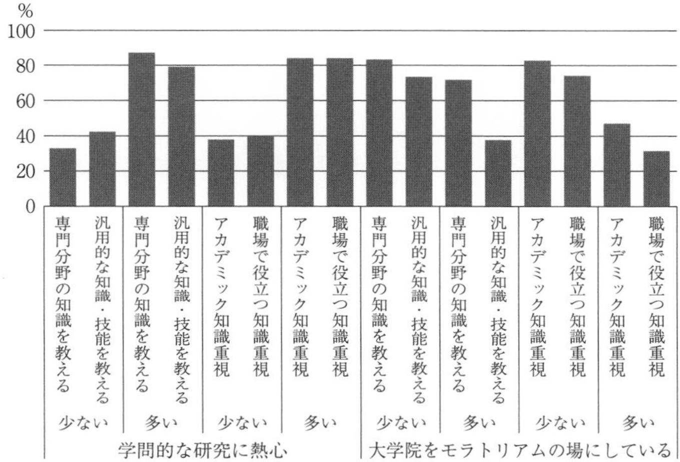

図 3-3　大学院生の資質別，大学院教育で重視すること別の「問題を考える能力」が十分（「十分だ」と「ある程度十分だ」の合計）である割合

わっているのだろうか。前述したように学問的な研究に熱心ではない，大学院をモラトリアムの場にしている，研究者としてのセンスがない，基礎学力が不足しているなどのネガティブな学生が多いと，大学院修了者の能力獲得の程度を向上させることにはならないという，一般に想定されるような関係が【修士のみ】ではことさら強く表れていた。

図 3-3 は【修士のみ】において，教えられる知識の種類によって大学院生が獲得する能力の程度が異なるかどうかについて，大学院生の資質ごとに回答者による評価の比較を示したものである。「学問的な研究に熱心」な大学院生が少ない場合，「汎用的な知識・技能を教える」ほうがややよい結果を導いているようである。反対に，そうした大学院生が多い場合には「専門分野の最先端の知識を教える」ことが関係しているようである。なお，いずれの場合においても，「アカデミックな知識を獲得することを重視している」と「民間企業や官公庁などの職場で役立つ高度な専門的知識を獲得することを重視している」ことにほとんど違いはなかった。他方，「大学院をモラトリアムの場にしている」大学院生が多い場合，「専門分野の最先端の知識を教える」ことと，「アカデミックな知識を獲得することを重視している」こ

とが「問題を考える能力」にとって意味のあることであるようだ。

　このことがらは専門分野の最先端の知識を教えること，アカデミックな知識を教えること，これらがネガティブな特徴をもつ学生であってもその能力の獲得をもたらす鍵である，あるいは，少なくとも汎用的な知識・技能，職業的な知識とあまり変わらないほど能力の獲得にとって意義をもっているということを示唆するものである。それは風説に反する結果であるといえる。というのも，これまで拡充政策のなかで必要であると主張されてきたのは，体系的な「コースワーク」による幅広い教育（それは修士課程で民間企業等へ就職する者に対する準備教育の意味をももっている）であって，研究者養成のための専門に特化した教育ではないといわれてきたからである。しかし，最もそうした教育が必要と思われる，すなわち修了者の多くが民間企業等に就職していく【修士のみ】では意外なほどに，研究者養成のための教育とみなすことができる，専門分野の最先端の知識を教える，アカデミックな知識を獲得することを重視しているところでも，ネガティブな特徴をもつ学生が各種の能力を獲得しているとみなされているのである。

　それでは，【修士のみ】において，能力獲得に大学院の教育・学習の影響はどれほどあるのだろうか。「問題を考える能力」に関して順序ロジスティック回帰分析によって明らかにする。これまでの分析は二つ，または，三つの項目をかけ合わせて，すなわち，それぞれの項目を縦と横に置いてクロス表を作成して何らかの傾向を確認するものであった。回帰分析はそれ以上の結果を求める統計的な方法の一つである。説明の対象にしたい項目（目的変数）と，それと関係している項目（説明変数）とを計算式で示すものである。ここでは，「専門分野の最先端の知識を教える／汎用的な知識や技能を教える（以下，知識A）」，「アカデミックな知識獲得の重視／職場で役立つ高度な専門的知識の獲得を重視（以下，知識B）」，「学問的な研究に熱心な大学院生が多い（以下，研究熱心）」，「モラトリアムの場にしている大学院生が多い（以下，モラトリアム）」，それらに加えて大学院での学習環境を表しているであろう「大学院生の多くが自主的勉強会に参加（以下，勉強会）[6]」の各項目を説明変数として，それらによって「問題を考える能力」という目的変数がどのように説明されるのかについての計算を行う。なお，ここでの説明変数は金額や身長といった値が連続的に変化する量的変数ではなく，「1．まったく十分ではない」，「2．あまり十分ではない」，「3．ある程度十分だ」，「4．十

表3-1 【修士のみ】の大学院における「問題を考える能力」の規定要因

問題を考える能力（4段階）	モデル1		モデル2		モデル3	
	係数	S.E.	係数	S.E.	係数	S.E.
専門分野の最先端の知識を教える（それに近い＝0）汎用的な知識や技能を教える（それに近い＝1）	−0.345	0.258	−0.098	0.277	−0.271	0.268
アカデミックな知識獲得の重視（それに近い＝0）職場で役立つ高度な専門的知識の獲得を重視（それに近い＝1）	−0.526	.259*	−0.267	0.279	−0.764	.275**
大学院生の多くが自主的勉強会に参加（4段階）	0.967	.165***	0.663	.180***	0.882	.172***
学問的な研究に熱心な大学院生が多い（4段階）			1.786	.233***		
モラトリアムの場にしている大学院生が多い（4段階）					−1.093	.188***
閾値1	−2.432	.500***	1.306	.693***	−5.523	0.759
閾値2	0.817	.371*	5.034	.687***	−1.935	0.609
閾値3	4.778	.507***	9.752	.912***	2.366	0.643
−2対数尤度	110.452***		169.231***		186.948***	
Nagelkerke R2乗	0.163		0.375		0.288	
N	289		288		286	

分だ」という回答のように順序はあるけれども量を意味するわけではない質的変数である。こうした場合に用いる回帰分析が順序ロジスティック回帰分析である。

　表3-1は「問題を考える能力」を目的変数とした順序ロジスティック回帰分析の結果を三つのモデルで示したものであり，すなわち，その能力を規定する要因を表している。最下段の行の Nagelkerke R2乗はそれぞれのモデルの当てはまりの度合いを示す指標で，この数値が1に近いほど説明変数が目的変数をよく説明できていることを示す。

　モデル1の列を見てみよう。このモデルは，知識A，知識B，研究熱心の3項目が「問題を考える能力」に関係しているかどうかを確認するものである。実際に関係していたのは，表中のS.E.（標準誤差）の欄に星印（アスタリスク）がついている知識B，研究熱心の2項目である。このアスタリスクは有意確率を表していて，それが5％を下回っている場合に，その説明変数は

目的変数に対して関係していると捉えられる。一般的に，アスタリスク一つで5％水準，二つで1％水準，三つでの0.1％水準で関係していると判断されていて，星印が多いほどその関係が偶然によって生じたとは考えにくいことを意味している。そして，表中の係数とは説明変数が目的変数に及ぼす影響の向きと大きさのことである。すなわち，星印が一つついている知識Bに関して，職場で役立つ高度な専門的知識を重視していると回答するほど（ここでは，その回答に数値の1を与えている），係数の符号がマイナスであることから「問題を考える能力」が涵養できないとみなされている。反対に，アカデミックな知識を重視するほど，「問題を考える能力」が高くなるのである。また，星印が三つついている勉強会に関して，そうだと肯定的に回答するほど，係数の符号がプラスであることから「問題を考える能力」への回答が高くなる。

　モデル2はモデル1で用いた3項目の説明変数に，研究熱心の項目を追加したものである。このモデルの場合，星印が消えている知識Bは関係していないとみなされる。他方，星印がついている勉強会，研究熱心については影響があり，すなわち，勉強会の項目に肯定的であるほど，また，研究に熱心な大学院生がいるほど，「問題を考える能力」が獲得されるとみなされている。

　モデル3はモデル1で用いた3項目の説明変数に，モラトリアムの項目を追加したものである。モデル1と同じように，職場で役立つ高度な専門的知識を重視していると回答するほど「問題を考える能力」への回答は低く，勉強会の項目に肯定的に回答するほど「問題を考える能力」への回答が高い。そして，モラトリアムについては，係数の符号がマイナスであることから，そうした大学院生が多いほど，「問題を考える能力」への回答が低くなる。

　以上の結果をまとめてみると，「アカデミックな知識獲得の重視」は，モデル1とモデル3で有意であり，「大学院生の多くが自主的勉強会に参加」することは，すべてのモデルで有意である。さらに，「モラトリアムの場にしている大学院生」が多い場合であっても，そのことは同様に主張できる。「問題を考える能力」は大学院修了後に働く職場でも直接的に活用できるスキルであることが想定されるが，それを伸ばすためにアカデミックな知識を獲得することに意味があるとみなされているのである。

4. 要約と今後の課題

　ここまでの分析結果をまとめよう。【修士のみ】では，【専門職】や【博士まで】と比較して，その教育においては伝統的な教育方法と学生の進路に合わせた汎用的・職業的な知識の教授との間で揺らいでいるようであった。そこで学習する学生に対しては，モラトリアムが多い，基礎学力が不足しているなどネガティブな評価が強い傾向も顕著であり，したがって，修了者の能力の獲得に関してもおしなべて評価が低かった。しかしながら，労働市場からの評価に関しては，各種の能力を獲得した学生に対して高い評価がなされているという判断があることが明らかになった。そこで，【修士のみ】で能力を獲得する学生とは，どのような特徴をもつ学生であり，そうした学生にどのような教育をした結果であるのかを検討してみたところ，大学院教育の著しい効果はあまり見出すことができない。ただ，【修士のみ】ではむしろ重視されてこなかったであろう，専門分野の最先端の知識を教えることや，アカデミックな知識を教えることで，ネガティブ評価をされる学生でも学問的知識や問題を考える能力の獲得に結びついている傾向を見出すことができた。

　ただし，この結果は教員による回答によって導き出されたという限界をもっている。教員が〈高い資質をもつ大学院生が，最適な教育を行う大学院での学習・研究によって相応しい能力を身につけて，労働市場がそれを高く評価する〉というモデルではなく，〈それほど高くはない資質の大学院生であっても，伝統的な教育を受けることによって一定の能力を身につけて，労働市場がそれを高く評価する〉という図式を支持しているにすぎない。この認識が妥当であるかどうかについては，大学院生と大学院修了者，大学院修了者を雇用する企業による認識を明らかにする必要がある。仮に，妥当ではないということになれば，こうした教員の認識がトリレンマの状況を維持している理由の一つであるのだろう。それらについて総合的に分析することが残された課題である。

注

1） 回答者は背景に関する設問に対して，「1. かなりいる」，「2. 少しいる」，「3. いない」のうち該当するもの一つを選んでいる。

2） 回答者は資質に関する設問に対して，「1. まったくいない」，「2. あまりいない」，「3. ある程度多い」，「4. とても多い」のうち該当するもの一つを選んでいる。

3） 回答者は能力獲得に関する設問に対して，「1. まったく十分ではない」，「2. あまり十分ではない」，「3. ある程度十分だ」，「4. 十分だ」のうち該当するもの一つを選んでいる。

4） 回答者は民間企業や官公庁からの評価に関する設問に対して，「1. まったくそう思わない」，「2. あまりそう思わない」，「3. ある程度そう思う」，「4. とてもそう思う」のうち該当するもの一つを選んでいる。

5） 回答者は就職先に関する設問に対して，「1. まったくあてはまらない」，「2. あまりあてはまらない」，「3. ある程度あてはまる」，「4. とてもあてはまる」のうち該当するもの一つを選んでいる。

6） 回答者は自主的な勉強会への参加に関する設問に対して，「1. まったくあてはまらない」，「2. あまりあてはまらない」，「3. ある程度あてはまる」，「4. とてもあてはまる」のうち該当するもの一つを選んでいる。

引用・参考文献

アカリク，2010，『大学院生，ポストドクターのための就職活動マニュアル』亜紀書房.

榎木英介，2010，『博士漂流時代―「余った博士」はどうなるか？』ディスカヴァー・トゥエンティーワン.

藤村正司・李敏，2013，「教員と院生から見た大学院教育の現実と課題―インプット・スループット・アウトプット」広島大学高等教育研究開発センター『大学院教育の改革』.

濱中淳子，2009，『大学院改革の社会学―工学系の教育機能を検証する』東洋館出版社.

国立教育政策研究所・日本物理学会キャリア支援センター編，2009，『ポストドクター問題―科学技術人材のキャリア形成と展望』世界思想社.

文部科学省，2011，「各大学院における『大学院教育振興施策要綱』に関する取組の調査結果について（平成21年度）」.

文部科学省，2014，「各大学院における『大学院教育振興施策要綱』に関する取組の調査結果について（平成24年度）」.

岡﨑匡史，2013，『文系大学院生サバイバル』ディスカヴァー・トゥエンティーワン.

佐藤裕・三浦美樹・青木深，2014，『人文・社会科学系大学院生のキャリアを切り拓く―〈研究と就職〉をつなぐ実践』大月書店.

第4章 組織内弁護士の活躍と法曹養成の未来

田中正弘

1. 法科大学院の登場と衰退

　我が国における法曹（法律実務を担う裁判官，検察官，弁護士の総称）の養成は現在，法科大学院を中心に行われている。法曹を志す者は，法科大学院に進学し，その修了後に（新）司法試験に合格し，そして司法修習を終える必要がある。2004年4月の法科大学院の登場以来，法科大学院修了後に司法試験に合格した者は，計22,745人（2018年9月1日現在）となり，その結果，法曹として活躍している者（40,066人）の約半分は法科大学院出身者となった。このことは，14年の間に法曹人口が倍増したことを意味し，法科大学院の登場が法曹の量的拡大に貢献したことの証拠といえる。

　しかし，残念ながら，法科大学院の登場は"成功"であったと評価する意見は，特にマスメディアの報道において，あまりみられない。例えば，朝日新聞と日本経済新聞の紙面には，法科大学院の衰退を誇張するようなネガティブな記事が多くみられる。記事の内容は概ね三種類に分けられる。その一つは，法科大学院の募集停止・廃校に関するものである。それらの記事に付されたタイトルは，「法科大学院　存続へ必死」（日本経済新聞2014年9月6日大阪朝刊），「法科大学院，サバイバル　強制閉校」（朝日新聞2015年5月29日朝刊），「法科大学院，半数が撤退」（日本経済新聞2017年8月31日朝刊）など，悲壮感の漂うものばかりである。特に日本経済新聞の記事「法科大学院，半数が撤退」は，法科大学院の「乱立が教育機能の低下を」招いたと断言しており，半数（74校中35校）が撤退したのは自業自得といわんばかりの書きぶりとなっている。

ネガティブな記事の二種類目は，司法試験の合格率の低迷に関するものである。合格率が著しく低い法科大学院の存在を揶揄する記事は，法科大学院の修了者が受験するようになった 2006 年以来，毎年紙面を賑わせている。一例として，「法科大学院，明と暗　新司法試験，合格発表」（朝日新聞 2006 年 9 月 22 日朝刊）は，合格者が 0 人であった法科大学院の闇に言及している。2012 年からは，予備試験（法科大学院を修了しなくても司法試験の受験資格を得られるバイパスルート）の合格者が司法試験を受験するようになったため，法科大学院修了者より予備試験合格者の合格率のほうが高いことをセンセーショナルに報じる記事（日本経済新聞 2012 年 9 月 12 日朝刊「司法試験合格率 25%　都市部に集中，なお低水準」など）が掲載されるようになった。日本経済新聞朝刊の記事「法科大学院離れ続く　予備試験組，最多の 290 人」（2017 年 9 月 13 日）は，学生が法科大学院への進学を敬遠する理由として，「経済的な負担を考えるとリスクは大きい」などの意見を紹介している。

　三種類目のネガティブな記事は，弁護士の就職難に関するものである。就職難の状況を一人の弁護士の人生でつづる記事，「弁護士になったけど」（朝日新聞 2010 年 7 月 19 日朝刊）は，以下の書き出しで始まる。

　　　昼，東京地裁そばの日比谷公園。スーツを着た 30 代の男性がベンチに座り，かばんからおにぎりを取り出した。食費節約のため，毎朝，実家の母親に二つ握ってもらう。気ぜわしくぱくつくと，家のお茶を入れてきたペットボトルを傾け，胃に流し込む。
　　　襟元には，ひまわりのバッジ。弁護士だ。「昼食ぐらい，レストランで食べたいですねぇ」。10 分ほどで食事を終え，法廷に向かった。

　この男性の年収は 300〜400 万円程度で，その約半分は事務所費や弁護士会費などの経費で消えていくとのことである。弁護士になるために費やした時間とお金を考えると，この年収ではなんとも気の毒である。同様の記事は枚挙にいとまがない。「『弁護士バブル』で鐘が鳴る」（日本経済新聞 2014 年 12 月 12 日朝刊）は，仕事先を見つけられない新米弁護士が毎年 200 人程度いることを，「弁護士バブル」と嘲弄しているのである。また，「新人弁護士　かすむ未来」（日本経済新聞 2015 年 5 月 29 日朝刊）は，法科大学院の学費を賄う奨学金や司法修習中の生活費の借り入れの返済に苦しむ新米弁護士の苦境を

描写している。

　法科大学院に関する新聞記事の中には，ポジティブなものも少数ながらある。その代表例が「組織内弁護士[1]」（in-house lawyer）の増加を肯定的に描くものである（例えば，「企業内弁護士10年で10倍に」日本経済新聞2018年6月4日朝刊）。組織内弁護士は官公庁や企業に常勤職として雇われている弁護士のことで，従来型の弁護士（弁護士事務所に雇用されている，または事務所を自ら経営している弁護士）とは，区別されることが多い。この区別は，一昔前には「差別」に近い響きがあった。例えば，組織内弁護士の過去の印象は，組織内弁護士である芦原の言葉を借りれば，「大手法律事務所の負け組」（芦原 2008：i）であった。つまり，何らかの理由で事務所に居づらくなった弁護士が流れ着く先というような負のイメージがあったのである。加えて，その人数もきわめて少なく，2001年度の時点で「企業内弁護士」（民間企業に勤める弁護士のことで，官公庁に勤める弁護士は除く）は，66人しかいなかった（日本組織内弁護士協会HP）。

　しかし，10年後の2011年度を迎える頃には，組織内弁護士に対する負のイメージは確実に改善されており，かつ，企業内弁護士の人数も587人（9倍弱）へと急増している。その後も増加の流れは全く止まることなく，2015年度に企業内弁護士は1,442人となった（日本組織内弁護士協会HP）。弁護士全体に占める企業内弁護士の割合も，2001年度にはわずか0.36％（弁護士18,243人，企業内弁護士66人）であったが，2015年度の割合は3.96％（弁護士36,415人，企業内弁護士1,442人）まで上昇している。ちなみに，官公庁などの任期付公務員となった弁護士の人数も微増を続けた結果，2015年度に187人に達している（日本弁護士連合会 2015：147）。とはいえ，組織内（企業内）弁護士は，日本では未だにマイナーな存在といえる。

　あえて本章は，このマイナーな存在に光を当ててみたい。なぜなら，法曹の職域の拡大は法科大学院の制度を発足させる（法曹養成制度を改革する）重要な理由の一つとされていたからである。言い換えれば，組織内弁護士の活躍は，法曹養成制度の改革の成果でもある。法科大学院の存在そのものに疑問符がつく時流（和田 2013など）のなかで，組織内弁護士の多様な活躍を描写することや，法科大学院が組織内弁護士の養成に注力する必要性を問うことには，意義があると思われる。よって，本章は，第2節で組織内弁護士が増加してきた背景を記述し，第3節では組織内弁護士を女性が働きやすい職

種として考察する。そして，第4節で組織内弁護士に期待される知識や技能などについて略述したうえで，第5節の議論「法科大学院が組織内弁護士の養成にも力を注ぐ必要性」を展開する。最終節では，本章のまとめを提示する。こうした事例を検討することは，本書の課題であるトリレンマを解消する一つの方策になると考える。

2. 組織内弁護士増加の背景

　20年以上前の日本に，組織内弁護士はほとんど存在しなかった。弁護士が弁護士事務所以外の組織の常勤職として活動することに，制度的・理念的な制約を設けていたためである。具体的には，「弁護士は在野の法曹という意識が非常に強かったため，旧弁護士法30条は，弁護士が公務員に就任することを原則禁止するとともに，弁護士が企業に雇用されるには所属弁護士会の許可を必要とする許可制を採用した」（梅田 2014：22）という制約である。

　弁護士は在野の法曹であるべきという理念は，「弁護士の独立性」を「法律上の独立性」（雇用という法律上の上下関係や主従関係はあってはならない）とみなすことを意味する。この見解は，大陸法系の司法制度を用いている国々（ドイツ，フランス，イタリアなど）で支持されている。事実，これらの国の弁護士が企業に雇用されると，弁護士という肩書きを使えなかったり，弁護士としての特権を消失したりするのである。その一方で，アメリカやイギリスのように英米法（コモン・ロー）系の司法制度を採用している国々では，弁護士の独立性を「専門家としての独立性」（法律上の地位・立場にかかわらず，専門家として法的な判断を法と良心に従って行わなければならない）とみなしている。このため，弁護士が営利企業などの社員として働くことに何ら制約がないのである（梅田 2014）。

　日本では，旧弁護士法30条によって，弁護士の官公庁への就職を禁止していたものの，許可さえ受ければ弁護士のまま民間企業で働けたことから，大陸法系と英米法系の中間に位置するような制度となっていた。この制度に風穴を開けたのは，企業内弁護士を積極的に雇用した外資系（特に英米の）企業の日本現地法人の存在であった。2001年9月の時点で企業内弁護士を最も多く雇用していた上位10社は，**表4-1**の通りである。

　表4-1のように，2001年9月の時点で，企業内弁護士を最も多く雇用した

上位 10 社は，アルプス電気を除き，すべて外資系企業であった。これらの外資系企業は，「リーガル部門で働くものは基本的に法曹資格を有しているのが当然と認識」（梅田 2004：17）していたし，「同程度のキャリアを持った弁護士が法律事務所で業務を行った場合にどの程度の年収になるかという点を考慮して，提示する報酬額を決めて」（日本組織内弁護士協会 2004a：1）いたことから，心理面だけでなく，給与面での障壁もなかった。

　対照的に，当時の日系企業は弁護士を常勤の社員として雇用した経験に乏しく，弁護士にどのような業務を担ってもらえるのかという具体的なイメージがもてないため，給与面で厚遇してまで弁護士を常勤で雇用するインセン

表 4-1　企業内弁護士を最も多く雇用した上位 10 社（2001 年 9 月，2009 年 6 月，2015 年 6 月）

2001 年 9 月 採用企業 39 社，採用人数 66 人			2009 年 6 月 採用企業 209 社，採用人数 354 人			2015 年 6 月 採用企業 742 社，採用人数 1,442 人		
順位	企業名	人数	順位	企業名	人数	順位	企業名	人数
1	メリルリンチ日本証券	8	1	第一生命保険	8	1	三菱商事	17
2	ゴールドマン・サックス証券	6	1	日本アイ・ビー・エム	8	1	ヤフー	17
2	日本アイ・ビー・エム	6	1	パナソニック	8	3	三井住友銀行	16
2	モルガン・スタンレー証券	6	1	三菱商事	8	4	ゆうちょ銀行	15
5	USB ウォーバーグ証券	3	5	ゴールドマン・サックス証券	7	5	野村證券	14
6	アルプス電気	2	5	モルガン・スタンレー証券	7	5	三井物産	14
6	マイクロソフト	2	7	日本 GE	6	7	三菱東京 UFJ 銀行	13
6	日興ソロモン・スミス・バーニー証券	2	7	日本放送協会	6	8	伊藤忠商事	11
9	アメリカンファミリー生命保険	1	7	三井住友銀行	6	8	SMBC 日興證券	11
9	オートデスクほか 29 社	1	7	メリルリンチ日本証券	6	8	丸紅	11

出典：日本組織内弁護士協会（2015）「企業内弁護士を多く抱える企業上位 20 社（2001 年～2015 年）」（2019 年版は https://jila.jp/wp/wp-content/themes/jila/pdf/company.pdf, 2020.5.29）を参照し，筆者作成

ティブが働かなかった（日本弁護士連合会弁護士業務改革委員会 2009）。ところが，2009 年 6 月の時点で，日系企業である第一生命保険など 3 社が企業内弁護士の雇用数で初めて同率一位（**表 4-1**）になるのである。そして，現在（2015 年 6 月）は，上位 10 社はすべて日系企業（**表 4-1**）で占められている。この劇的な変化は，①企業を取り巻く環境の変化，②弁護士法の改正，および③法曹養成制度の改革によってもたらされたと考えられる。

　①企業を取り巻く環境が変化し，事前規制型の社会から事後規制型の社会へと移行した。事後規制型の社会では，規制緩和によって企業の業務拡大が容易になる一方で，法令違反に対する行政処分などの法的リスク（ビジネスリスク）が高まることから，コンプライアンス（法令遵守）の強化が企業の永続性という観点で不可欠となる。よって，企業の法務部に，「すでに法律を体系的に修得し，法科大学院や司法修習，あるいは実務を通して裁判実務や契約実務などの経験や知識を有している弁護士を採用する動きがにわかに広がって」（田中 2013：31）きた。

　②弁護士法第 30 条第 1 項〜第 3 項の改正（2004 年 4 月 1 日）によって，弁護士の公務就任の制限（常勤公務員との兼業の原則禁止および兼職中の弁護士業務の禁止）が撤廃され，かつ，弁護士の営利業務（民間企業へ）の従事が許可制から届出制へと変更されたために，法曹有資格者が官公庁や民間企業で弁護士として働く制度的な壁が薄くなった。

　③法曹養成制度の改革（2004 年 4 月 1 日）に基づいて，法科大学院が新たに設立され，法曹有資格者の大量養成が可能になったので，「法律事務所以外で自身が身に付けた知識や能力を活用したいと考えるもの（の絶対数）が増えた」（田中 2013：31-2）と考えられる。

　上記三つの環境変化に伴い組織内弁護士は着実に増加し続けているが，著しい地域偏在（東京一極集中）が生じている点に注意したい。弁護士会を 8 地域ブロックに分けると，2015 年 6 月の時点で，北海道弁連に登録している企業内弁護士はわずかに 3 人しかいない。同じく東北弁連 5 人，中部弁連 38 人，近畿弁連 138 人，中国弁連 15 人，四国弁連 4 人，九州弁連 8 人である。ところが，関東弁連に 1,231 人もいるのである。関東弁連の中でも，いわゆる東京三会（東京・第一東京・第二東京）だけで計 1,193 人もいるので，東京集中の割合は 82.7％（1,442 人中 1,193 人）となる（日本組織内弁護士協会 HP）。弁護士全体を俯瞰すると，東京集中の割合は 46.4％（36,415 人中 16,894 人）

になるので，企業内弁護士の東京集中が極端であることがわかる。この集中は，企業内弁護士の雇用先が，現時点では東京に本社（法務部は通常本社内にある）を構えられるような大企業に限られていることを示唆している。

　日本組織内弁護士協会が 2015 年 2 月に実施した企業内弁護士に対するアンケート調査（有効回答数 346）の結果によると，企業内弁護士の年齢の割合は，30 歳未満が 13.6%，30 歳〜34 歳が 39.9%，35 歳〜39 歳が 21.1%，40 歳〜44 歳が 15.0%，45 歳以上が 10.4%であった。30 代の若い人が多いのは，日系企業が司法修習直後の弁護士事務所未経験者を好んで採用する傾向があるからだ（梅田 2004）といわれる。ちなみに，この調査は年収に関しても尋ねている。その結果によると，250 万円〜500 万円未満が 12.1%，500 万円〜750 万円未満が 29.2%，750 万円〜1,000 万円未満が 25.7%，1,000 万円〜1,250 万円未満が 9.8%，1,250 万円以上が 23.1%となった。5,000 万円以上稼いでいる人が 2%いるものの，1,000 万円以下の人のほうが多いことがわかる。

　企業内弁護士の男女比に着目すると，2014 年 12 月の時点で男性 60.1%（786 人），女性 39.9%（521 人）となる（日本組織内弁護士協会 HP）。弁護士全体では，2015 年 3 月で，男性 81.8%（29,797 人），女性 18.2%（6,618 人），企業内弁護士のボリュームゾーンである 30 代でも，男性 75.9%（9,415 人），女性 24.1%（2,982 人）となるので，女性の割合は，組織内弁護士のほうが高い。この結果は，女性にとって組織内弁護士は事務所弁護士よりも働きやすい環境にあることが，多大に影響していると思われる。そこで，第 3 節では組織内弁護士を女性が働きやすい職種として考察してみたい。

3. 女性が働きやすい職種としての組織内弁護士

　我が国の女性にとって，弁護士も含めた法曹界への道は，歴史的に苦難の旅路であった。1893 年に施行された弁護士法では，「弁護士タラント欲スル者ハ……男子タルコト」と規定されていたために，女性には弁護士になる資格がなかった。この弁護士法が改正されたのは 1933 年のことで，改正後の弁護士法では，「男子タルコト」が「成年者タルコト」へと書き換えられている。この改正弁護士法は 1936 年に施行されているものの，この年の高等文官試験司法科試験に女性の合格者はなく，2 年後の 1938 年まで待たねばな

らなかった（角田 2007）。

　1938 年の高等文官試験司法科試験に合格した女性は，久米愛，中田（旧姓田中）正子，三淵（旧姓武藤）嘉子の 3 名であった。この 3 名はいずれも明治大学を卒業している。この結果は偶然ではない。明治大学は，女性の弁護士への道がまだ閉ざされていた 1929 年に，女性弁護士の養成などを目的として，専門部女子部（法科・商科）を設立していたのである。ちなみに，久米，中田，三淵の 3 名に限らず，戦前の女性弁護士は全員，明治大学の卒業生であった（角田 2007）。

　1949 年に司法試験法が施行されると，弁護士だけでなく，裁判官や検察官になる道も，女性に開かれた。しかし，女性の法曹（特に弁護士）が急に増えることはなかった。女性弁護士の人数は，1960 年に 42 人（男性 6,279 人，女性の割合 0.66％），1970 年に 180 人（男性 8,298 人，女性の割合 2.12％），1980 年に 420 人（男性 11,021 人，女性の割合 3.67％）でしかなく，女性の社会進出が進んだ 1990 年でも，女性弁護士の人数は 766 人（男性 13,034 人，女性の割合 5.88％）にとどまっていた（日本弁護士連合会 2015）。

　女性弁護士が増えなかった要因の一つに，弁護士の過酷な職場環境がある。一週間の労働時間は，月月火水木金金の 9 時〜 5 時（午前 9 時から午前 5 時）ともいわれ，一般的に，「大手の法律事務所は忙しいので，プライベートを犠牲にしなければならない」（西田 2007：65）。女性であっても独身であれば，過酷な職場環境にも対応できるだろうが，夫が専業主夫になってくれないかぎり，家庭との両立は厳しいだろう。もしそうならば，多くの女性弁護士は結婚や出産をあきらめざるを得なかったのではなかろうか。職種は異なるが，研究職では，「男性研究者の 60％以上が子どもを持っているのに，女性研究者の 40％弱しか子どもを持っていない」（室伏 2015：12）という 2001 年度に実施された調査報告がある。産休育休制度のない弁護士事務所が多い現状を鑑みると，子どものいる女性弁護士の割合はもっと少ないと予想できる。これでは，弁護士は若い女性のロールモデルになりにくい。

　大手の弁護士事務所を除いて，「イソ弁」（居候弁護士のことで，事務所に雇用された新米弁護士を意味する。最近はアソシエイト弁護士とも呼ばれる）は通常個人事業主扱いのため，社会保険料や弁護士会費を自己負担するだけでなく，労働法の保護も受けられない。したがって，その地位の保証はない（西田 2007）。先記したように，産休育休制度ですら整っていない。対照的に，

企業内弁護士は労働法の保護の下で地位を保証され，社会保険料や弁護士会費を会社が負担してくれるうえに，産休育休制度を活用できる可能性が高い。このありがたみを，三菱商事の企業内弁護士となった関亦言子は，実体験を踏まえて以下のように説明している。

　　私は出産直前まで働くつもりでしたが，残念ながら，切迫早産のために急遽出産 3 ヶ月前に病院に運び込まれ，そのまま連日 24 時間点滴を打たれる生活に入ってしまいました。
　　一般の弁護士事務所では，基本的に仕事は個々の弁護士さんが独立して行っています。したがって，担当弁護士が突然予定の何ヶ月も前に出勤できなくなったとしたら，事務所の業務は混乱すると思います。また，一般的に弁護士事務所は企業よりも所属員が少ないため，出産・育児サポートが制度化されていなかったり，制度があっても利用した方が少ない（あるいはない）かと思います。
　　この点，会社では，常日頃から，担当者の変更がありうることを前提に，組織的に業務が行われています。また，出産・育児期間のサポート制度が整備されており，実際の利用者も多々ありました。そのため，私の突然の入院の際も，他の担当者の方々が，スムーズに業務を引き継いでくださり，私は自分の体調維持のみに注力できました。
　　もちろん，会社に勤務する女性インハウスローヤーにも，さまざまな課題があると思います。たとえば，私の場合，仕事と家庭の両立が何とかできているのも，会社のサポートに加え，夫が会社を辞めて専業主夫になってくれていることによるところが大きいのです。しかし，私にとっては，仕事自体や専門性を磨くことにのみ注力でき（女性蔑視等のわずらわしさから離れることができ），かつ子供を産み育てる場合のキャリアプランが立てやすかったという意味では，インハウスローヤーという職業は非常に良い選択肢であったと思っています（関亦 2004：145-6）。

　ワークライフバランスを重視して企業内弁護士を選択したという人は，男性にも多い。日本組織内弁護士協会が企業内弁護士を対象に 2015 年 2 月に行ったアンケート調査（有効回答数 346 人）によると，「あなたが現在の勤務先を選んだのはなぜですか（複数回答可）」という問いに対して，「ワークラ

表 4-2　あなたが現在の勤務先を選んだのはなぜですか（複数回答可）

選択肢	人数	割合
ワークライフバランスを確保したかったから	183	52.9%
現場に近いところで仕事がしたかったから	168	48.6%
その会社で働きたかったから	108	31.2%
その業界で働きたかったから	101	29.2%
収入を安定させたかったから	105	30.3%
提示された報酬が高額だったから	28	8.1%
所属事務所から出向を命じられたから	5	1.4%
ほかに就職先がなかったから	43	12.4%

出典：日本組織内弁護士協会（2015）「企業内弁護士に関するアンケート集計結果」

表 4-3　あなたの 1 日の平均的な勤務時間は何時間ぐらいですか

選択肢	人数	割合
8 時間未満	26	7.5%
8 時間〜9 時間未満	114	32.9%
9 時間〜10 時間未満	120	34.7%
10 時間〜12 時間未満	56	16.2%
12 時間〜14 時間未満	30	8.7%
14 時間以上	0	0%

出典：日本組織内弁護士協会（2015）「企業内弁護士に関するアンケート集計結果」

表 4-4　あなたは土日祝日に勤務することがありますか

選択肢	人数	割合
ほとんどない	279	80.6%
月に 1〜2 日程度	49	14.2%
月に 3〜5 日程度	16	4.6%
土日祝日もほとんど出勤している	2	0.6%

出典：日本組織内弁護士協会（2015）「企業内弁護士に関するアンケート集計結果」

イフバランスを確保したかったから」を選択した人は 183 人（52.9%）で最も多かった。それ以外の選択肢の結果は，**表 4-2** の通りである。

　企業内弁護士という職種は，高額な収入より「安定した生活」を重視する人に選ばれている傾向が見てとれる。ちなみに，日本組織内弁護士協会の調査は，企業内弁護士の勤務時間と土日の就業についても尋ねている。その結果は**表 4-3** および**表 4-4** の通りである。

　一般的な会社員と大差ない就業時間であることがわかる。ただし，組織内弁護士は事務所弁護士より気楽で，かつ求められる知識や技能が低いという意味ではもちろんない。彼らに要求される知識や技能には，組織内弁護士ならではの，特殊で高度なものが含まれている。次節において，それらを略述してみたい。

4. 組織内弁護士に求められる知識や技能

　弁護士を雇用した企業の法務部は，企業内弁護士に対して一般的に高い評価をしている。例えば，YKK の法務・知財部長である湯本克也は，企業内弁護士への率直な印象を尋ねられた際に，「弁護士資格を持っていることから，相当勉強してきており，文章作成能力から物事の分析能力など，大変高い能力を持っていると感じています。ですから，4 年制大学を卒業して，これから法務部員として一から育成する社員に比べれば，即戦力の面で格段の違いがあります」（湯本・藤本 2012：90）と回答している。

　企業内弁護士は高度な法的素養があるため，法務部の仕事の呑み込みが早いという意見は，企業内弁護士を大量に採用した実績のある企業への訪問調査でも確認できた。一例として，野村證券の法務部門の複数の幹部が「弁護士の人はキャッチアップするスピードが速い」，「新しく採用した弁護士の方は，吸収する能力が高いです。法律的な素養がありますので，物を読むように指示したときのスピードはさすがに速い」（野村證券株式会社訪問調査：2015 年 9 月 29 日）と評価している。同じような視点で，ヤフーのカンパニー法務本部長の藤吉寛久は，企業内弁護士の「一人前になる立ち上がりの角度というのは高い」（ヤフー株式会社訪問調査：2015 年 11 月 5 日）と表現している。それから，三井住友銀行の法務部グループ長である長谷川卓は，「事実関係の整理や事態の把握能力，もちろん法的知識など，そういった素養をす

でに兼ね備えて入社してくるので，「上司として，やりやすいな」というのは正直あります」（株式会社三井住友銀行訪問調査：2015年10月15日）と述べている。

　企業を対象にしたアンケート調査（日本弁護士連合会情報統計室 2014：4-5）によると，企業内弁護士に期待する能力は，法的思考力，法律知識，状況判断能力，リスク判断能力，管理能力などで，それらの能力に対する企業の満足度も高いことが示されている。加えて，汎用的技能であるコミュニケーション能力への期待も強い。三菱商事の法務部長であった大村多聞は，企業内弁護士を目指す人に，下記のように助言している。

　　　企業の問題解決を図るための「法律専門技能」とは，単なる法律知識ではありません。法律知識は，他者とコミュニケーションがとれて，対象分野の理解ができ，問題を正確に特定できて，初めて活かされるものです。すなわち，問題解決のための「法律専門技能」として，①コミュニケーション能力と，②対象分野・関連分野の知識・理解力が，③法律知識の先に来ることをよく理解していただきたい（大村 2004：164-5）。

　YKK の湯本も，「円滑なコミュニケーションができることは不可欠ですね。コミュニケーション能力や協調性といった，企業の一般人として求められる能力がなく，「自分は法律家なので，法律家としての仕事しかしない」という姿勢ですと，仕事に選り好みが生じてしまうので，やはり採用はできません」という感想を述べている。また，入社をご遠慮願いたいタイプを尋ねられると，「学者タイプやアドバイザータイプと言われる方々でしょうね」と答えている。その理由として，「彼らは，法律的な知識は持っているため，問題の指摘はできますが，企業に求められるのは，その問題をどう解決するかという，もう一歩突っ込んだ段階です。問題解決が図れなければ，企業の法務担当者として，期待された仕事をやったことにはなりません」と説明している（湯本・藤本 2012：92）。

　企業における法的な問題解決には二つのアプローチがある。一つは「守り」の問題解決で，もう一つは「攻め」の問題解決である。守りの問題解決とは，企業の営利活動がコンプライアンスに反していないかを点検する予防法務や，問題が生じてからの臨床法務などである。この守りに対して，攻め

の問題解決とは，企業が利益を得るためにどれだけの法的リスクを許容できるかを提示することである。言い換えれば，法的なグレーゾーンを見出すことを要求されるかもしれないということである。この点に関して，コマツの経営管理部長（法務管掌）である稲垣泰弘は，藤本和也の質問「法務というのはみずからが提案をしていく部門なのではないか」に答える形で，以下のように指摘している。

　　　コマツの法務部で言いますと，問題が起きたときにきちんと対応するという守りの法務はもちろん，攻めの法務という意味においても，会社が実現しようとしているプロジェクトやディールをいかに迅速に，かつリスクが少ない形で実現していくところにどれだけ貢献できるか，そこへの期待は非常に大きいです（藤本・稲垣・本間・茅野 2015：77）。

　企業内弁護士は，企業の利益のために法的なグレーゾーンを見出すことを求められるが，企業の利益を優先して，法的なダークゾーンを見逃すことはもちろん許されない。すなわち，「専門家としての独立性」を保つための高い職業倫理を要求される。なお，弁護士職務基本規定の第 50 条と第 51 条は組織内弁護士の倫理的な規律[2]を定めている。この第 51 条は，「組織内弁護士は，その担当する職務に関し，その組織に属する者が業務上法令に違反する行為を行い，又は行おうとしていることを知ったときは，その者，自らが所属する部署の長又はその組織の長，取締役会若しくは理事会その他の上級機関に対する説明又は勧告その他のその組織内における適切な措置をとらなければならない」というもので，この第 51 条に違反すれば懲戒処分の対象となる（本間 2015）。

　それから，企業活動の国際化に伴い，企業内弁護士は海外での事業展開や外国企業の買収などに関わる多様な法的サポートを期待されるようになった。よって，外国語（特に英語）の運用能力を問われることが多い。事実，ひまわり求人ナビ（2015 年 12 月 26 日）に掲載されている求人情報によると，「TOEIC850 点以上が望ましい」（コマツ），「英語での法律業務に支障のないこと」（ソフトバンク）などの要件が付されている。

　官公庁に勤める組織内弁護士には，企業内弁護士とは異なる能力が求められる。例えば，明石市役所の組織内弁護士である荻野泰三によると，「法制

執務は条例を実際に作る仕事のことですが，弁護士は条例を解釈する仕事には慣れているのですけれども，逆に作ることに一般的にあまり長けていない」（明石市役所訪問調査：2015年10月14日）ところがある。特に，官庁に勤めている弁護士の場合は，法令改正を中心とした政策に携わることが多い。よって，官公庁に勤める組織内弁護士は，条例・規則の起案・改正を行う技能の修得を期待されていることになる[3]。

　さらに，官公庁に勤める組織内弁護士は，ほかの弁護士と異なり，相談を受けた後の受任ができないため，相談の内容に応じて，ほかの弁護士，または司法書士，行政書士，公認会計士，税理士などの適切な法律の専門家を紹介するという，「つなぐ」技能を求められる。また，明石市役所のように，組織内弁護士が実施する訪問相談に「社会福祉士や臨床心理士も同行して福祉ニーズや心のケアにも対応するという「専門職総合相談」の形を」（泉ほか2014：46）採用している官公庁では，異業種協働のスキルも必要になる。

　それでは，上記に示したような知識や技能を身につけた組織内弁護士を養成するために，法科大学院はどのようなカリキュラムを提供し，いかなるキャリア支援をすべきだろうか，次節で議論を展開してみたい。

5.　法科大学院における組織内弁護士の養成

　法科大学院の発足を提唱した司法制度改革審議会（2001）は，法曹人口の大幅な増加と法曹（特に弁護士）の職域拡大を，法曹養成制度を改革する理由にしていた。つまり，司法試験という点の選抜では，質を保ちつつ多様な法曹を大量に養成することは難しいと考え，法学教育・司法試験・司法修習を連携させた法曹養成のプロセスの中核をなすものとして，法科大学院の設置を主唱したのである。加えて，弁護士の活動領域を官公庁や民間企業にも広げるために，旧弁護士法30条の改正を求めている。よって，法科大学院は，法曹の職域拡大（組織内弁護士の養成）を包含したカリキュラムや就職支援サービスを提供すべきだ，という期待が込められていることになる。

　法科大学院のカリキュラムは，大きく四つの科目群（法律基本科目群，実務基礎科目群，基礎法学・隣接科目群，展開・先端科目群）に分けられている。法律基本科目群は，公法・民法・刑法など，司法試験の科目名と一致する重要な内容が含まれており，その後の進路にかかわらず，すべての法曹にとって

重要な科目群となっている。実務基礎科目群は，訴訟実務の基礎を学ぶ科目と，法曹倫理を養う科目の二つに分けられる。なお，高い法曹倫理観は，先述したように，組織内弁護士に求められる必須の能力とみなされている。基礎法学・隣接科目群は，法律の理解を深める教養的な科目が多く，アメリカ法などの外国法も含まれる。

　展開・先端科目群は，倒産法，租税法，経済法，知的財産法，労働法，環境法，金融商品取引法などの科目で主に構成されている。特定の展開・先端科目を深く学ぶことは，企業内弁護士を目指す学生にとって，有意義であると思われる。ところが，弁護士を採用する側の法務部は，それらの専門科目を集中的に狭く学ぶより，基礎科目を分散的に広く学ぶことを期待しているように思われる。なぜなら，知財法や金商法などの特別法は頻繁に改正されることから，知識の陳腐化が速いためである。言い換えれば，法務部は，業務関連の専門的な知識より，法的な基礎学力と新しいことを貪欲に学び続ける基礎体力を法科大学院で修得してほしいと考えている。この見解は，訪問調査（野村證券，三井住友銀行，ヤフー）でも異口同音にうかがえたし，日本弁護士連合会の企業へのアンケート調査（日本弁護士連合会情報統計室 2014）の結果でも確認できる。

　とはいえ，展開・先端科目群を通した学修は，学生のその後の進路に大きな影響を与えることも予想される。例えば，企業内弁護士である花岡洋子は，ヤフーを就職先として選んだ理由として，下記のように，法科大学院の講義の影響を挙げている。

　　「エンターテインメントと法」という授業がたまたまありまして，そこでやはりメディアの話ですとか，ヤフーで取り扱っている事業などに法律がどう関わっているのかという話を聞けたのは，その後にヤフーを受けるきっかけになったので，「ああ，こういう分野があるんだ」というのを知れたのがよかったなと思っています（ヤフー株式会社訪問調査：2015 年 11 月 5 日）。

　そのうえで，花岡は，企業法務の経験者が法科大学院の教員として教壇に立つことが，企業内弁護士を目指す学生にとってのロールモデルになると指摘している（ヤフー株式会社訪問調査：2015 年 11 月 5 日）。この点は法科大学

院も承知しており，宮澤（2004）によると，法科大学院の多くが実際に，企業法務経験者を専任教員として採用している。

　企業法務を扱う実務家教員が地域に根ざした展開・先端科目を開講することは，地元企業への就職を考えている学生に大きな影響を与えることだろう。例えば，近畿大学法科大学院修了後に近畿大学の企業内弁護士となった国本聡子は，中小企業の多い東大阪地域での貢献を念頭に置いた特別演習で，「企業のあるべき姿を見据えてさまざまな企画を立てる重要性を（学び，そして現在の役職では）不祥事に際して，事実を公表する場合，いつ，どのような方法で公表するか，判断を迫られることも多いが，この特別演習で学んだ社会に求められる対応のあり方を念頭に業務にあたっている」（国本 2012：53）とのことである。

　野村證券の企業内弁護士の一人は，法科大学院の教育を受けたメリットの一つとして，「教員と学生が意見を交わしながら講義を進めていく双方向授業や，自主ゼミにおいて仲間に何度も自説を説明説得した経験が，リサーチ結果や法的アドバイスを伝えるうえで活きている」（野村證券株式会社訪問調査：2015 年 9 月 29 日）と述べている。組織内弁護士を志望する学生が法科大学院の教育を受ける利点は教育内容だけとは限らない。法科大学院で培った人的ネットワークの重要性を挙げる人が多いからである。例えば，静岡大学法科大学院を修了し，静岡県庁に勤めている河合隆晴は，「法科大学院の先生方との人脈というのも業務上重要である」と指摘し，その理由を以下のように述べている。

　　　地方自治体では，各種審議会，審査会，委員会等において外部の専門家に委員をお願いしており，委員には，弁護士や大学教授が多く委嘱され，静岡大学法科大学院の先生方も静岡県をはじめ，県内各市町の委員として活躍されている。
　　　著者（河合）が昨年（2011 年）度かかわった審査会においても，法科大学院でお世話になった複数の先生が委員をされていた。静岡大学法科大学院の場合，学生の数が少ないため，学生と先生方との距離が近く，お互いのことをよく知っていることもあり，非常に業務がやりやすく感じた（河合 2012：63）。

同様の観点で，アルプス電気の本多弘平は，「法科大学院には幅広い年齢層・バックグラウンドを有する人材が集結し，その中で，今も仕事の内外を問わず，議論し支え合い助け合える，生涯の恩師や友人とよべる仲間を作ることができた。（中略）その意味において，法科大学院は，何物にも代えがたい財産を得ることができる場として機能した」（本多 2012：54-5）と感想を述べている。

　本多（2012）は，法科大学院への期待として，修了者の活躍分野を拡充させ，かつ彼らの就職サポートを充実させるべきだと問うている。本章も，法科大学院が自ら，弁護士の職域拡大のために，ロビー活動などを積極的に行うべきだと考えている。加えて，営利企業には，弁護士を雇うコストに見合うメリットが十分にあることを提示していくべきだろう。また，修了者に対する就職支援は，法科大学院に限らず，日本の大学全体の課題になっているので，法科大学院が率先して，解決に取り組むべき課題であろう（Tanaka 2016）。

6.　まとめ

　我が国では，弁護士過剰論や法科大学院過剰論が強く唱えられている。例えば，弁護士の鈴木秀幸は，「弁護士大量増員による過当競争政策が，弁護士の専門的，倫理的，教養的な質の劣化及び弁護士の経済的基盤の脆弱化を進める」（鈴木 2012b：122）と警鐘を鳴らしている。また，法科大学院は，お金と時間を浪費するだけの「無駄で無理な制度」（鈴木 2012b：265）だと断言している。そして，弁護士過剰論や法科大学院過剰論の論拠として，鈴木・武本・鈴木（2012）は，弁護士全体の需要が供給を大幅に下回っていることを詳細に示している。事実，全裁判所の新受事件数が 2003 年度に平成のピークを迎えてから漸減してきたため，2003 年度に 6,115,202 件であったものが，2014 年度は 3,494,001 件（57.1%）まで減っている（裁判所 2015）。

　鈴木ほか（2012）は，日本の組織内弁護士の需要が増え続けていくこともないと主張している。というのも，日本弁護士連合会が企業を対象として 2009 年 11 月に行ったアンケート調査（送付 5,125 社，回答 1,196 社）において，企業内弁護士のいない企業の 97.8% が採用に消極的であったり，地方自治体を対象とした同種のアンケート調査（2010 年 4 月実施）でも，組織内弁護士

のいない自治体の94.5%が採用に否定的であったりしたためである。ただし，すでに弁護士を常勤職員として採用した企業や自治体の多くが今後も採用を続けていきたいと回答していることは，引用されていない。

　日本組織内弁護士の座談会において日興コーディアルグループの竹内朗は，「企業の方は一人インハウスを採用すると，よさが分かるからか抵抗がなくなるからか，そのあと二人目三人目と採用していく傾向がある」（日本組織内弁護士協会 2004b：5）という指摘をした。同様に，三井住友銀行の企業内弁護士である木村健太郎は，地方銀行が企業内弁護士を雇うようになったのは，「メガバンクや信託銀行，旧長信銀などが採っているというのを見つつ，うちも採ってみようかということで間口が広がっていくことは，確実にある気がします」（三井住友銀行訪問調査：2015 年 10 月 15 日）と述べ，同業企業の横のつながりの効果を強調している。また，同銀行人事部長代理である星明宏は，企業内弁護士の採用の広がりは「コンプライアンスの浸透と，ある程度リンクしているのではないでしょうか」（三井住友銀行訪問調査：2015 年 10 月 15 日）という見解を示している。実際に，権利の売買などが絡む，コンプライアンスに敏感な業界（商社，金融，証券，製造，IT，メディアなど）で，企業内弁護士を雇う動きが顕著にみられる。

　先記した日本弁護士連合会のアンケート調査（2009 年 11 月）は，企業内弁護士の採用に消極的な企業に，その理由（複数回答可）を尋ねているが，「顧問弁護士で十分」（73.5%），「既存のセクションで十分」（13.6%）など，現状満足型の回答が多数を占めた。しかし，これらの回答は，企業内弁護士の活動に満足しなかったという経験にもとづくものではなく，企業内弁護士にどのような業務を担ってもらえるのかという具体的なイメージがわかないことに要因があると思われる。この点について，日本弁護士連合会は以下のように分析している。

　　企業内弁護士を採用している企業が高い満足度を示しているのは，単に弁護士の能力が高いというだけでなく，企業の内部に弁護士がいることの効用を実感しているからではなかろうか。そうであるとすれば，その効用を具体的に抽出して伝えていくことが，「現状満足型」の解消につながるのではないかと思われる（日本弁護士連合会 2010）。

弁護士が組織の中に常駐していることの効用を喧伝するのは，専門職団体のみの義務ではなかろう。法科大学院も積極的に関わるべきことだと思う。仮に法科大学院が弁護士の職域拡大に死力を尽くす気がないのであれば，従来型弁護士の需要は供給を下回っているので法科大学院は明らかに過剰であるという攻撃に対して，座して死を待つようなものである。

　専門職大学院を設置すれば，修了者への需要が即座に生まれるというのは幻想であろう。「総体としてみたとき，教育システムと職業システムの接続は決してスムーズではない」（吉田・橋本 2010：ii）ためである。また，専門職大学院の教育成果と労働市場における業績評価のつながりも弱い。事実，「法科大学院時代の成績は所得と仕事満足度に対して有意義な効果をもたらしていなかった」（小山 2016：46）という調査結果もある。加えて，大手の弁護士事務所には，法科大学院の修了者よりも予備試験の合格者を好んで採用する傾向がみられる[4]（ジュリナビ 2017）。予備試験の合格者のほうが，司法試験の点数が高く，かつ年齢的に若いことが多いためだが，法科大学院の教育が現場の信頼を得られていない証拠ともいえる。

　残念ながら，法科大学院の教育は，高い社会的評価を得られていない。したがって，法科大学院が法曹の質的向上にどれだけ貢献できたかは現時点で判断が難しい。ただし，法科大学院が法曹の量的拡大に貢献したことは，間違いのない事実である。そして，その結果，法曹の職域拡大（具体的に，組織内弁護士の増加）が生じている。企業内弁護士が日本の社会に多大に貢献していくであろうこと，および，女性の法曹界への進出場所となっていることは，法科大学院制度誕生の成果として，高く評価すべきであろう。

注
1）　弁護士事務所以外の組織で働く弁護士のことを従来は「企業内弁護士」と呼んでいたが，官公庁で働く弁護士が増えてきたために，彼らも含めて「組織内弁護士」という用語が好んで使われるようになった。本章はこの流れに原則従っている。ただし，企業に勤める弁護士のみを表す場合は，企業内弁護士という用語を適宜用いている。
2）　本間（2015：339-385）は，組織内弁護士のみに特別な倫理規律を定めることは問題であると指摘している。興味深い議論ではあるが，本章の主題とずれることから，本章では取り扱わない。
3）　三井住友銀行の木村（2015：66-67）は，関連する民法（債権法・相続法）改正に，企業内弁護士としてどのように関わったかを描写しているが，それらの活動は「一

般的でない」と断りを入れている。
4） 西村あさひ，アンダーソン・毛利・友常，森・濱田・松本，長島・大野・常松，TMI 総合の 5 大事務所は，予備試験に合格した若い男性を積極的に採用している。対照的に，企業は法科大学院を修了した若い女性を積極的に採用している（ジュリナビ 2017）。この差は，本章の論点において重要である。

引用・参考文献

芦原一郎，2008，『社内弁護士という選択—インハウスカウンセルの実際の仕事を描いた 15 講』商事法務.

藤本和也・稲垣泰弘・本間正浩・茅野みつる，2015，「岐路に立つ企業内弁護士（上）—法務に求められる役割から見えるもの」『ビジネス法務』15(6)：73-83.

本多弘平，2012，「企業法務担当者が考察する法科大学院の成果と期待」『ロースクール研究』20：54-7.

本間正浩，2015，「弁護士業務基本規定 51 条の実務上の問題点」森勇編『リーガルマーケットの展開と弁護士の職業像』中央大学出版部：339-85.

泉房穂・井上由理・大島正太郎・山岸良太・矢吹公敏，2014，「新たな領域における弁護士活動の意義と期待—弁護士・弁護士会に寄せられる期待」『自由と正義』65(8)：44-53.

ジュリナビ，2017，「69 期司法修習終了者の就職状況調査」（https://www.jurinavi.com/market/shuushuusei/shinro/index.php?id=149，2020.5.29）.

河合隆晴，2012，「地方自治体業務の特性を踏まえた法科大学院における成果の活用」『ロースクール研究』20：61-3.

木村健太郎，2015，「社内弁護士として『一般的でない』ものと格闘する—銀行の法務部で民法（債権法・相続法）改正や弁護士紹介に関わる」『自由と正義』66(11)：66-7.

小山治，2016，「法科大学院には所得と仕事満足度を高める教育効果はあるのか—新旧司法試験合格者である弁護士に対する質問紙調査」『大学評価・学位研究』17：37-49.

国本聡子，2012，「企業内弁護士の立場から法科大学院での学習成果を検証する」『ロースクール研究』20：51-4.

宮澤節生，2004，「法科大学院からみたインハウスローヤー」インハウスローヤーズネットワーク編『インハウスローヤーの時代』日本評論社：167-93.

室伏きみ子，2015，「お茶の水女子大学における『女性の活躍支援策』」『IDE　現代の高等教育』576：11-5.

日本組織内弁護士協会，2004a，「インハウスローヤー座談会　第 6 回　インハウスローヤーの報酬」（https://jila.jp/wp/wp-content/themes/jila/pdf/in-housemeeting006.pdf，2020.5.29）.

日本組織内弁護士協会，2004b，「インハウスローヤー座談会　第 7 回　法曹人口の急増とインハウスローヤーへの影響」（https://jila.jp/wp/wp-content/themes/jila/pdf/in-housemeeting007.pdf，2020.5.29）.

日本弁護士連合会，2015，「弁護士白書 2015 年版」.

日本弁護士連合会，2010，「企業内弁護士の採用に関するアンケート分析結果」（http://www.nichibenren.or.jp/library/ja/jfba_info/publication/data/kigiyouankeitobunseki.pdf，2020.5.29）.

日本弁護士連合会情報統計室，2014，『企業における弁護士の採用状況に関するアンケート調査　調査結果』.

日本弁護士連合会弁護士業務改革委員会，2009，『企業内弁護士』商事法務.

西田章，2007，『弁護士の就職と転職―弁護士ヘッドハンターが語る 25 の経験則』商事法務.

大村多聞，2004，「企業側からみたインハウスローヤー」インハウスローヤーズネットワーク編『インハウスローヤーの時代』日本評論社：148-66.

裁判所，2015，「裁判所データブック 2015」（http://www.courts.go.jp/about/databook2015/index.html，2015.10.9）.

関亦言子，2004，「女性の職業としてのインハウスローヤー」インハウスローヤーズネットワーク編『インハウスローヤーの時代』日本評論社：145-6.

司法制度改革審議会，2001，「司法制度改革審議会意見書― 21 世紀の日本を支える司法制度（平成 13 年 6 月 12 日）」.

鈴木秀幸，2012a，「司法のあり方と適正な弁護士人口政策」鈴木秀幸・武本夕香子・鈴木博之・打田正俊・松浦武編『司法改革の失敗―弁護士過剰の弊害と法科大学院の破綻』花伝社：20-174.

鈴木秀幸，2012b，「法学教育，司法試験，法曹養成，法務専門家養成のあり方」，鈴木秀幸・武本夕香子・鈴木博之・打田正俊・松浦武編『司法改革の失敗―弁護士過剰の弊害と法科大学院の破綻』花伝社：262-86.

鈴木秀幸・武本夕香子・鈴木博之，2012，「弁護士の実際の需要（分野別）」鈴木秀幸・武本夕香子・鈴木博之・打田正俊・松浦武編『司法改革の失敗―弁護士過剰の弊害と法科大学院の破綻』花伝社：236-59.

Tanaka, Masahiro, 2016, "Japanese Law Schools in Crisis: A Study on the Employability of Law School Graduates", *Asian Journal of Legal Education*, 3(1): 38-54.

田中努，2013，「企業内弁護士の企業における役割と課題」『法曹養成と臨床教育』6：30-9.

角田由紀子，2007，「『男子タルコト』に決別して」日本弁護士連合会両性の平等に関する委員会編『女子弁護士の歩み― 3 人から 3000 人へ』明石書店：17-20.

梅田康宏，2004，「『インハウスローヤーの時代』の幕開け」インハウスローヤーズネットワーク編『インハウスローヤーの時代』日本評論社：10-24.

梅田康宏，2014，「労働者としての弁護士」『日本労働研究雑誌』56(4)：22-5.

山本雅子，2012，「法科大学院は私の弁護士人生の基礎」『ロースクール研究』20：44-7.

吉田文・橋本鉱市，2010，『航行をはじめた専門職大学院』東信堂.

湯本克也・藤本和也，2012，「企業内弁護士に対する法務部長の本音」『ビジネス法務』12(6)：88-95.

和田吉弘，2013，『法曹養成制度の問題点と解決策―私の意見』花伝社.

第Ⅱ部

第5章 企業の文系大学院修了者の採用行動

濱中淳子

1. 改革が評価されないのはなぜか

　昨今の高等教育改革をめぐっては，批判的な見解が示されることが少なくない。そして，しばしば指摘されることの一つに「グランドデザインが描かれていないなかでの改革であり，アドホックな色調が濃い」というものがある。大学に変化が求められているのはたしかだろう。しかし，見通しもないままに単発的な改革を積み重ねていけば，混乱が生じるだけである。

　本書で取り上げている大学院も，まさに混迷のなかにあるといってよい。1987年に発足した大学審議会とその基本的姿勢を受け継いだ中央教育審議会は，大学院改革を最重要課題として位置付け，積極的に答申や報告を出してきた。2000年代以降に限っても，専門職大学院の創設が提唱された「大学院における高度専門職業人養成について」（2002年8月5日答申），大学院教育の実質化を強く訴えた「新時代の大学院教育―国際的に魅力ある大学院教育の構築に向けて」（2005年9月5日答申），そして国際社会でリーダーシップを発揮する高度な人材を養成するための方策を示した「グローバル化社会の大学院教育―世界の多様な分野で大学院修了者が活躍するために」（2011年1月31日答申）といったように，次々と答申が出されている。そしてこれら一連の改革によってたどりついた先が，天野（2004，2011，2013）が鋭く指摘する「修士課程と博士課程，一般の大学院と専門職大学院，さらに言えば学部教育と大学院教育との複雑で混乱した関係」である。従来の制度枠組みに手を加えることなく，様々な役割機能を付け加えた結果，大学院は大学関係者から見てもよくわからないものになってしまった。「制度を再構築すべ

きだ」という天野の主張に賛同する者は多いはずだ。

　ただ，大学院改革を丁寧に見直すと，それが必ずしも闇雲に進められてきたわけではないことも見えてくる。すなわち，改革のための施策はいずれも，研究機関として捉えられることが一般的だった大学院を教育機関へと生まれ変わらせることを目的として定めていた。知識や情報，技術の創造や活用が発展の基盤となる社会が訪れ，同時にグローバル化の波が押し寄せている。国際的に見ても，大学院は拡充の方向で動いている。いまこそ我が国における大学院の人材養成機能を強化すべきではないか。いわば「教育機関化政策」とでも呼べる現在までの改革は，第一に「量的拡大」，第二に「専門職業人の養成」，第三に「コースワークの充実をはじめとする組織的な教育への誘導」といった柱を軸に進められた。

　では，こうした教育機関化政策がとられるなか，大学院の修了者は有能な人材としてみなされるようになっているのか。残念ながらデータから見えてくるのは，関係者の落胆を招くような状況である。文部科学省「学校基本調査報告書」（平成26年度版）によれば，進学も正規就職もしなかった大学院修了者の比率は，工学系修士課程こそ6.4％と小さい値を示すが，文系修士で3〜5割ほど，文系博士では6〜8割ほど，工学系でも博士になると4割以上と，かなり高い値が確認される。安定雇用に就かなかった者の数という点で見れば，状況はむしろ90年代より悪化しており，株式会社マイナビによる調査「企業新卒採用予定調査」（2013年卒）の結果でも，大学院生を積極的に採用しようとする企業がきわめて少ない実態が明らかにされている[1]。「大学院で提供される教育内容と現場で求められている知が乖離している」という指摘を聞く機会も，未だ多い。

　見方を変えれば，ここ二十数年の大学院改革は，この状況を打破しようとする文部科学省側の不断の努力だったのだろう。矢野（2001）は1990年代以降の教育改革を振り返って，「文部省の矢継ぎ早の「何でもあり」の改革は，ほとんど忠実に「世論」，言い換えれば，「世間の文部省批判」に一生懸命，涙ぐましく，応えているかのようである」と述べている。どうにかして大学院を教育機関として受け入れられるようにしたい。一連の改革は，素直で勤勉な関係者たちが，なかなか報われない大学院の状況や社会からの批判を気にしながら繰り広げてきた試行錯誤の歴史である。

　しかし，だとすればこそ，次のような素朴な疑問が湧いてくる——社会の

側の大学院を見る目は，どれほど妥当なのか。

　たしかに大学院教育の内容に問題があるのであれば，修了者の評価が高まることはない。けれども他方で，もし，社会の側に見る目がなかったとしても，それは同様の結果がもたらされるはずだ。いくら文部科学省や大学関係者が改革に尽力しようと，大学院教育とその修了者が注目を浴びることはなく，不毛な取り組みが繰り返されるだけである。

　社会の判断を疑問視するという大胆な問いにたどりついたのは，大学院修了者を評価するいくつかの企業の声に出会っていることによる。日頃から機会があれば企業の人事課の話を聞くように心掛けているが，わずかなケースではあるものの，中には「大学院まで出た人は，仕事でも活躍することが多い」と言う者がいる。同様の指摘は，リクルートワークス研究所の機関誌『Works』126号（2014年10-11月号）でも見ることができる。特集「博士を雇えない企業の病」では，大学院修了者の活用に意欲的な企業へのインタビュー記録として，「働きながら学習し，最先端の技術を獲得して，実装につなげる能力」，「本質的に優れたコミュニケーション力」，「考え抜くことを大事にするかまえ」といった点で博士を評価する声が紹介されている。加えて，大学院教育が有意義な学習の場になっている様相を実証的に示してきた筆者自身の経験もある（濱中 2009, 2013, 2014）。果たしてどのような企業関係者が，大学院修了者を求めるのか。大学院が教育機関としてなかなか認められないのは，社会の多くの人が修了者を評価できるようになるための条件を備えていないからだというところが大きいのではないか。その答えを私たちなりに探りたいと考え，2014年の秋，新卒採用の面接経験者に対する質問紙調査を実施した。

　本章が取り組みたいのは，この調査データの分析から大学院が置かれている立ち位置を改めて検討し，そこから政策の課題を抽出することである。調査では「勤務先の特性」や「求めている人材像」，「回答者自身の面接経験ならびに学校経験」といった項目を設定し，ここ5年間に事務系・技術系総合職の採用面接を担当したことがある企業人2,470人を対象に実施した[2]。以下，その結果を詳しく述べていくが，結論を少し先取りすれば，ポイントとなるキーワードは「経験」である。面接担当者自身の経験と人材への見方は明らかにリンクしている。大学院教育を受けた者を人材として評価しているのは，どのような経験をしている人なのか。議論の足掛かりとして，審議会などで

示されている改革ロジックをベースにした分析から始めることにしよう。

2. グローバル化の波は人材需要をどう変えるか

　答申などでは，マクロな社会経済的変化に対応するべく，大学院における人材養成機能を強化する必要があるとされている。では，そもそもこうした変化の影響を強く受けている企業の関係者は，どのような人材を欲しているのだろうか。まず，この点について，最近の改革でとりわけ強調されている「グローバル化」に焦点をあてて確かめれば，事業のグローバル展開に力を入れる企業の関係者には，ある特有の傾向がみられることがうかがえる。

　図 5-1 は，勤務先のグローバル展開への力の入れ方の別に，歓迎する人材タイプの回答分布を示したものである。三つの観点から対照的な二つの人材像を提示し，望ましいと考えるタイプを 4 段階尺度から選ぶかたちで回答してもらったが，ここからは，グローバル展開に力を入れている企業の者ほど，抜本的な改革（画期的な技術革新）に貢献でき，論理的に相手を説得すること

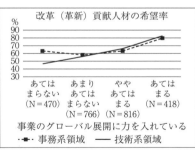

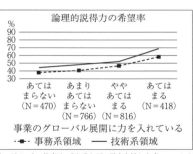

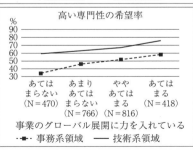

注：グラフ中の比率は，それぞれ下に示す人材タイプについて，B よりも A のほうが「歓迎する人材」だと回答した者の比率である。
　ここでは，歓迎する人材の回答分布を 2 段階にまとめ直した値を示している。そのままの回答を用いても，傾向に大きな違いはない。
【改革（革新）貢献人材の希望率】
A) 仕事のやり方について，抜本的な改革を提案できる人材（技術系：画期的な技術革新に貢献できる人材）
B) ルーティンとなっている仕事を正確にこなす人材（技術系：すでに扱っている製品をミスなく製造することができる人材）
【論理的説得力の希望率】（事務系・技術系同項目）
A) 論理的に相手を説得することができる人材
B) 空気を読んで，円滑な人間関係を築くことができる人材
【高い専門性の希望率】（事務系・技術系同項目）
A) すでに高い専門性を獲得している人材
B) 下手に専門性を獲得していない「白無垢の花嫁」状態の人材

図 5-1　人材の希望率（勤務先のグローバル展開状況別）

を得意とする専門人材を好んでいることが読み取れる[3]。中根が日本の組織を「場」を大事にするタテ社会として特徴づけたのは半世紀も前のことだが（中根 1967），諸外国を相手に勝負を挑むことは，場の論理を超えた強さを備える人材を求めることにつながるらしい。

　ただ，大学院改革にとって大事な意味をもつのは，こうした人材需要の傾向が必ずしも修了者の市場評価を高めることに結びついていないという事実である。

　調査では，事務系および技術系の総合職として雇いたいと思う人が多いかどうかを，「東大や京大，早慶など，トップ大学の学生」，「修士課程の学生」，「博士課程の学生」，「日本の大学に留学した外国人」の別に 5 段階尺度（わからない＝ 0，少ない＝ 1 …多い＝ 4 ）で答えてもらっている。「修士課程の学生」と「博士課程の学生」の部分は，事務系総合職については文系の学生，技術系総合職については理系の学生を想定して回答してもらった。**表 5-1** は，この問いへの回答と**図 5-1** で用いた項目への回答との相関係数を示したものである。

　結果から明らかなのは，企業のグローバル展開への意欲やそれに伴う人材需要のありようは，むしろトップ大学の学生や留学生への関心と高い相関を示し，逆に大学院生，とりわけ文系の大学院生の評価にはほとんどつながっていないということである。一部技術系の専門性などについては大学院生が評価されているようにも見えるが，すでに企業との太いパイプがある理系修士課程の学生のほうが，博士課程学生より注目されているという逆転現象も起きている。また，理系大学院の学生に，トップ大学の学生を凌ぐような期待が寄せられているわけでもない。

　現状の大学院教育では，事業のグローバル展開を担う人材の需要に結びつかないということなのか。ただ，分析をさらに進めると，同じグローバル化の波でも，「諸外国の企業における高学歴化がプレッシャーになっている」というレベルにまでなれば，人材への見方がシフトしうることも見えてくる（**図 5-2**）[4]。「プレッシャーになっている」という企業の関係者ほど「大学院生に雇いたいと思う人が多い」と答えており，概して敬遠されやすい博士課程学生についても，プレッシャーを感じている者であれば，58.9％が理系博士課程の学生について，52.3％が文系博士課程の学生について，「雇いたいと思う人が多い」と回答している。

表 5-1　相関係数表

「企業先のグローバル展開状況」および「歓迎人材観」×「人材としての学生の評価」

		事務系総合職として雇いたい人が多いかどうか (わからない＝0，少ない＝1…多い＝4)			
		東大や京大, 早慶など トップ大学の学生	文系修士課程 の学生	文系博士課程 の学生	日本の大学に 留学した外国人
グローバル展開に力を 入れている		0.258**	0.110**	0.157**	0.290**
歓迎人材	ルーティン＝1… 抜本的な改革＝4	0.110**	−0.005	−0.046	0.017
	空気を読む＝1… 論理的説得＝4	0.198**	0.041	0.059*	0.099**
	白無垢＝1… 高い専門性＝4	0.100**	0.043	0.085**	0.009

		技術系総合職として雇いたい人が多いかどうか (わからない＝0，少ない＝1…多い＝4)			
		東大や京大, 早慶など トップ大学の学生	理系修士課程 の学生	理系博士課程 の学生	日本の大学に 留学した外国人
グローバル展開に力を 入れている		0.265**	0.228**	0.201**	0.296**
歓迎人材	ミスなく製造＝1… 技術革新＝4	0.095**	0.096**	0.105**	0.089**
	空気を読む＝1… 論理的説得＝4	0.167**	0.164**	0.128**	0.122**
	白無垢＝1… 高い専門性＝4	0.102**	0.145**	0.131**	0.060*

注：** ＜ .01　* ＜ .05

ある製薬会社の人事課インタビューでは，次のような語りが見られた。

　グローバル化が大きく進展した時代に，欧米の取引先からは，こちらが学士だと，「あなた誰？」と反応されてしまいます。こちらが博士でない，人体の話をしているときにこちらが医師でないと言った途端，相手にどんな顔をされるか。……もう時代が変わってきて，昔は学士しか採らなかったのに，修士，博士のスタッフを採ろうとしています。それ

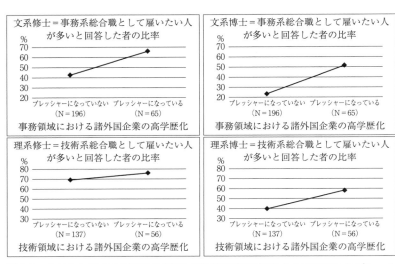

図 5-2 人材としての大学院生の評価（諸外国の高学歴化から受けているプレッシャーの状況別）

注：雇いたいと思う人が多いというのは、「わからない＝ 0，少ない＝ 1 …多い＝ 4」の選択肢のうち、「3」と「4」を足し合わせたものである。**図 5-3，5-4** も同様。

　にいまは、とにかく社員に博士号を取らせようと、会社がお金を出して社員を社会人大学院に行かせています。

　　　　　　　　　　　　　　　　（2012 年夏のインタビュー調査より一部抜粋）

　大学院修了者の価値を実感するには、観念レベルではなく、肌で感じるような具体的な経験が必要だということなのだろう。グローバル化のなかで学歴構成のギャップを痛感する経験が人材観を変える。そしてこの「経験」を軸足に据えれば、大学院修了者たちが社会で受け入れられにくい実態について、次のような仮説が設定されよう。すなわち、諸外国の高学歴化をプレッシャーとして感じている者が 3 割未満というように（事務系：65 / 261 ＝ 24.9％，技術系：56 / 193 ＝ 29.0％）、修了者に関心をもつような経験をしている者の数が、日本ではまだ少ないということなのではないだろうか。経験がどのような意味をもつのか。その経験を有する者の数がどれほど少ないか。以下、さらに異なる二つの観点から説明することにしたい。

3. 面接経験量という制約とレジャーランド時代の負債

3.1 知らないタイプを評価することの難しさ

　あえて指摘するまでもなく，大学院をめぐる最も直接的な経験というのは，学生になって教育を受けることである。問いを設定し，集めたデータを分析したうえで考察を加える。研究室のメンバーで協力し合いながら実験を繰り返す。こうした大学院教育にどのような付加価値があるかは，教育を受けた者こそがよく知っている。では，大学院を修了した採用面接担当者は，大学院生たちを人材としてどのようにみなしているのだろうか。このことを確認するために，回答者の最終学歴の別に，人材としての大学院生への見方を確認した（図5-3）。

　大学院卒の採用面接担当者であっても，専攻が理系であれば，文系大学院生は評価しないといった文理の垣根は存在する。しかし，結果を見る限り，

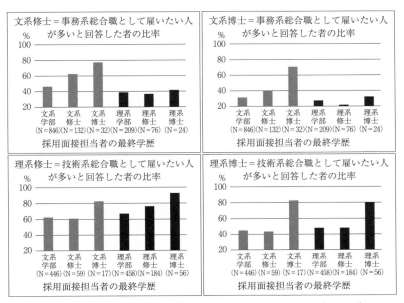

図5-3　人材としての大学院生の評価（採用面接担当者の最終学歴別）

大学院を修了した経験がある採用面接担当者は，基本的に大学院生を使える人材としてみなしているようだ。例えば「事務系総合職として雇いたいと思う人材が文系修士課程の学生に多い」という者は，文系学部卒で46.8％，文系修士卒で62.9％，文系博士卒で78.1％と，値は順調に伸びている。

　これを単なる自己肯定の結果だと見ることもできよう。教育の効用を知る者の判断というより，自分自身がやってきたことに間違いはなかったと信じる気持ちが，同志の評価を押し上げている可能性は否めない。しかしながらここで同時に見てもらいたいのが，**表5-2** の結果である。人材としての学生の評価（5段階尺度）を被説明変数とする重回帰分析を行った結果の一例であり[5]，回答者自身の最終学歴によるプラスの効果とは別に，採用面接の場でそれぞれのタイプの学生に会う経験の積み重ねが，そのタイプの学生への評価を向上させていることがわかる。文系修士の学生を数多く面接してきた者は文系修士の学生に雇いたいと思う人が多いという。理系博士の学生を多く面接してきた者は，理系博士の学生に雇いたいと思う人が多いという。ここで強調しておきたいのは，もし本当に大学院生に人材としての価値がないのであれば，多くを面接しても評価は高まらないということだ。しかしながら，現実はそうなっていない。このことを踏まえれば，大学院批判がその修了者をよく知らない者たちから発せられている蓋然性は小さくないように思われる[6]。

　興味深いのは，以上の因果が，トップ大学の学生への見方にもあてはまるということである。総合職として雇いたい学生がトップ大学に多いと回答する者は，事務系・技術系問わず，トップ大学の学生を多く面接してきた者である。採用市場で有利とみなされることが多いトップ大学の学生だが，「頭でっかちで，使いにくい」というイメージも流布している。結局のところ，人というのは，よく知らない人を評価することはできないのだろう。下手をすれば，偏見に近いステレオタイプをそのままあてはめた判断をしてしまう。そして大学院にとって不幸なのは，大学院生ならびに修了者の数が未だきわめて少ないということだ。本調査データでも，面接で文系修士課程学生を担当したことがないという者の比率は31.6％，文系博士課程学生の場合は53.4％。理系では，修士課程学生の場合こそ19.1％と小さいが，博士課程だとその値は39.6％にのぼる。

　面接経験量の問題だという見通しがたったとき，同様の枠組みで女子の動

表 5-2　人材としての学生の評価を規定する要因

(参考)

		事務系総合職として雇いたい人		技術系総合職として雇いたい人		事務系総合職として雇いたい人	技術系総合職として雇いたい人
		文系修士に多い	文系博士に多い	理系修士に多い	理系博士に多い	トップ大学に多い	トップ大学に多い
企業規模		0.005	0.023	0.131**	0.060*	0.180**	0.214**
外資系・合併企業ダミー		0.013	0.044	0.002	0.008	0.018	0.056*
最終学歴 基準：文系学部卒	文系修士卒ダミー	0.085**	0.022	0.007	0.030		
	文系博士卒ダミー	0.065*	0.074**	0.022	0.048		
	理系学部卒ダミー	−0.045	−0.050*	0.061*	0.041		
	理系修士卒ダミー	−0.020	−0.022	0.086**	0.024		
	理系博士卒ダミー	−0.006	−0.013	0.115**	0.107**		
事務系総合職 面接学生数	文系修士	0.395**					
	文系博士		0.451**				
	トップ大学学生					0.356**	
技術系総合職 面接学生数	理系修士			0.342**			
	理系博士				0.423**		
	トップ大学学生						0.354**
調整済み決定係数		0.181	0.225	0.184	0.215	0.208	0.236

注：** < .01* < .05，被説明変数は「多い」と思うほど高得点，数値は標準偏回帰係数

向を捉え直すことができるのではないかと思われた。すなわち，多くの企業が女子の積極的活用を打ち出すようになりつつある背景には，「量」の問題が絡んでいる。1990 年代以降，女子の大学進学率は急速に伸び，それに伴い企業の採用面接を受ける女子が増えた。そのことによって，企業の側もようやく女子という人材の価値に気づき始めたということではなかろうか。男女雇用機会均等法が制定されたのは 1985 年のことだが，実態として女子を見る企業のまなざしが変わったのは，制度制定後というよりは，大卒女子が増えてからである。

　ただ，大学院生の問題に議論を戻せば，大学院の量的拡大は，女子の状況とは異なり，すでに頭打ち状態にある。だとすれば，当分の間，状況が変わることもないだろう。大学院修了者がもつ知識能力に触れる者が少ないまま，時間は過ぎていくものと考えられる。

3.2　採用面接担当者自身の学習経験が与える影響

　大学院生の採用に消極的な人事課がしばしば言及することに，いま一つ「大学院で学んできたことを役立てるポストがない」というものがある。そしてこうした説明は，とりわけ文系についてなされることが多い。文系で研

究してきたことが事務や営業，企画などで活かされるとは考えにくい。歴史や文学などに詳しくなっても，現場には関係ない。せっかく熱心に学んできても，それを活かすことができないとなれば，それは大学院修了者にとってもつらいことであり，それゆえ文系大学院生の積極的な採用に踏み切れないという。

一見，もっともな言い分であるようにも思われるが，次のような疑問も浮かんでくる。大学院における学習で得られるのは，何も専門知識だけではない。文系領域であったとしても，一つのテーマを追究することは，問いの立て方やデータの収集方法，具体的な分析手法などについても学ぶことを意味する。その技術は企業における仕事とかけ離れたものではなく，歓迎されることのようにすら思われる。なぜ，そこが評価されないのか。

この点について大きな示唆を与えてくれるのが，**図5-4** である。調査では，採用面接担当者自身の大学時代における学習達成感についても4段階尺度（全く感じなかった＝1…おおいに感じた＝4）で回答してもらっている。この結果は，回答者から文系大卒以上を取り出し，その学習達成感の別に文系修士ならびに文系博士への評価を示したものだ。達成感がある者ほど，大学院生に人材としての価値を見出していることがわかるだろう。学習してきた者は，学習にこだわった者の強みがわかる。逆にいえば，学習しなかった者は大学院での学習に意義を見出さない。かなりリアルな姿であるように思う。

裏付けとして**表5-3** の結果も有益だ。調査では，面接現場において，大学（院）時代の過ごし方のどの領域の話に時間をかけているのか，その時間配

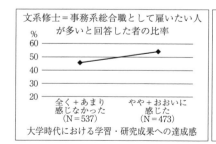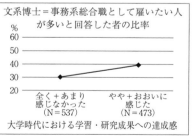

図5-4　人材としての文系大学院生の評価（大学時代における学習・研究成果への達成感別，事務系総合職）
　　　注：採用面接担当者のうち，文系大卒者のみ抽出して分析した結果である。

表 5-3　面接現場での話題（大学時代における学習・研究成果への達成感別）

		大学時代における学習・研究成果への達成感 （文系大卒者）				F 値
		全く 感じなかった （N = 88）	あまり 感じなかった （N = 449）	やや感じた （N = 381）	おおいに 感じた （N = 92）	
学習（研究）	平均値	2.97	3.44	3.73	3.92	4.963**
	標準偏差	2.09	1.94	2.04	2.19	
サークル 体育会	平均値	2.83	2.48	2.33	2.29	3.696*
	標準偏差	1.53	1.24	1.37	1.69	
アルバイト	平均値	1.93	2.02	1.90	1.68	1.807
	標準偏差	1.22	1.31	1.35	1.41	
旅行や読書 などの趣味	平均値	1.52	1.62	1.65	1.55	0.362
	標準偏差	1.38	1.15	1.21	1.08	
その他	平均値	0.75	0.43	0.39	0.54	2.508
	標準偏差	1.61	1.18	1.01	1.13	

注：** < .01　* < .05

分についても答えてもらった。具体的には，1）学習（研究），2）サークル・体育会，3）アルバイト，4）旅行や読書などの趣味，5）その他，の別に，トータルが 10 になるように比率を書いてもらっている。**表 5-3** は，**図 5-4** と同様，文系大卒以上の採用面接担当者を取り出し，学習達成感の別にその回答の平均値と標準偏差，ならびに分散分析の結果を示したものである。学習達成感が強い者ほど学習のことを聞き，逆に弱い者はサークル・体育会を中心に，別の話題に時間を割いていることがわかる。サークル・体育会といった活動に大学時代の意義があると判断しているのか，学習のことが問えないだけなのか。いずれにしても，採用面接担当者自身の経験が人材評価のありようを左右する側面はたしかにある。

　そして，評価する側の学習経験の影響という視点に依拠したとき，社会で働いている者の多く——とりわけ文系出身者——が，「レジャーランド化」と揶揄された時代に学生時代を過ごしていたという事実が，文系大学院生にとっての壁になっているという推測にたどりつく。実際，採用面接担当者（大卒以上）の学習状況を確かめれば，文系出身者で学習達成感を覚えた者は46.5％と半数をきっており[7]，実験や研究室などでの活動をこなす必要があった理系出身者の 65.1％に比べて 2 割近くも小さい。4 段階尺度で最も強い

選択肢「おおいに感じた」に限れば，理系は 16.9%であるのに対し，文系はわずか 8.7%。さらに調査データからは，文系出身者が，サークル・体育会やアルバイト，そして趣味に勤しんでいた様相もうかがえる。「意欲的だった」と回答する者の比率を順に示せば，サークル・体育会＝文系 55.5%・理系 44.6%，アルバイト＝文系 63.8%・理系 53.5%，旅行や読書などの趣味＝文系 70.4%・理系 63.1%となっている（すべて 1％水準で有意）。

　しかしながら 1990 年代以降の大学改革と教員の努力が実っているのだろうか，状況は変わりつつあるようだ。学習達成感を覚えた文系出身者の比率を世代別に見ると，30 代以上のどの世代でも 4 〜 5 割という値が確認されるなか，20 代だけは 60.7%という高い値を示す。明るい兆しではあるが，現在の 20 代が企業の意思を決定できる立場になるまでには，まだ数十年の年月を要する。レジャーランド時代の負債は未だ残っており，そしてしばらく返せそうにない。

4. おわりに——追体験という情報の可能性

　社会の側の大学院を見る目は妥当なのか。本章では，このような思い切った問いをたて，採用面接に携わってきた者の経験と意識を分析してきた。結論として見えてきたのは，事業のグローバル展開のなかで学歴格差に直面する経験，大学院生の面接経験，あるいは評価者本人の大学時代における学習経験が乏しければ，人材としての大学院生の価値に気づくことは難しく，さらに日本においてそのような経験を有している者は少ないという実態である。結局のところ，人というのは，自分自身の経験をベースにすることでしか他人を判断することができない。だからこそ，大学院生は社会で評価されない。大学院生の採用市場が機能していないのは，「経験」という情報の蓄積があまりに不足しているからでもある。

　そして，以上の知見を出発点に改革への示唆を議論するとなれば，すでに言及されてきたものとは若干違うものが提示されることになろう。大学院改革をめぐっては，これまでも多くの研究者や有識者がなすべきことを唱えてきた。冒頭で触れた天野による「制度の再構築」もその一つであり，ほかにも大学院改革の相互交流や透明化，柔軟な評価が不可欠だという金子（2013），あるいは大学院生への経済的支援を整備する必要性を説いた小林（2009）と

いった指摘がある。どれも的確な論点であることには違いないが，本章から
は，もし仮にこうした提案によって大学院教育が充実したとしても，大学院
生をめぐる情報が流布しなければ，現在の隘路から脱することは難しいので
はないかという別次元の問いが示される。

　そしてこうした局面にたったとき，議論を先に進める重要な手掛かりとし
て，ジェフリー・ムーアの有名な著書『キャズム』を挙げることができる
（Moore 1991 = 2002）。ムーアがこの著書のなかで論じたのは，ハイテク製品
を成功に導くマーケティング手法だが，顧客の開拓を扱った議論は，大学院
修了者の採用市場をいかに形成していくかといった点で参考になる。

　ムーアの具体的な議論はこうだ──製品をいかに売るかにあたっては，テ
クノロジーのライフサイクルを意識しなければならない（図5-5）。新しいテ
クノロジーは，はじめ技術オタクである「イノベーター」に受け入れられ，
やがて他社に先んじた変革をねらう「アーリー・アドプター」によって支持
される。その後，生産性を改善する手段に関心がある実利主義的な「アーリ
ー・マジョリティー」まで製品が届けば，保守的な「レイト・マジョリティ
ー」も購入に動く。そして肝要なのは，各層のあいだには溝があり，首尾よ
くその溝を超えなければならないということである。

　ムーアは，「アーリー・アドプター」と「アーリー・マジョリティー」のあ
いだの溝（キャズム）を超えることが最も難関だとし，そこに力点を置いた
論を展開しているが，日本の大学院修了者に関しては，ごく一部の「イノベ
ーター」に受け入れられているにすぎないというのが現状に近いだろう。で
は，まず「アーリー・アドプター」にまで受け入れられるにはどうすればい
いか。ムーアがこの溝を超えるために考慮すべきだというポイントは二つあ
る。一つは「アーリー・アドプター」がビジネスにもたらす飛躍に価値を見
出しているということ，いま一つは「アーリー・アドプター」は「イノベー
ター」からの情報をもとに，新しい価値を知るということである。

　ハイテク製品のマーケティングの議論を，教育や人材養成，採用の問題に
直接適用できるわけではない。しかしながら，例えばムーアが述べるポイン
トに引きつけたときに抽出される「すでに大学院修了者という人材の価値を
知っている企業に働きかけ，ビジネスにおける修了者の貢献事例を発信して
もらう」という試みに，現状打破の可能性を見ることができるのではなかろ
うか[8]。現に第一線で活躍する企業のインタビュー調査では，他社の動向に

図 5-5　ジェフリー・ムーアのテクノロジー・ライフサイクル

強い関心を示す人事課の姿を見ることが多い。意欲的な企業は基本的に他社の動き方を判断の拠り所にし，「追体験」によって経験不足を補い，様々な決定を下している。大学院の苦境の一部が採用面接担当者の経験不足によってもたらされているのであれば，追体験の普及に一定の効果を期待することができるかもしれない。

　断っておくが，大学院をめぐる情報の流布について，政府や関係者が無関心だったといいたいわけではない。2011 年 1 月 31 日の中央教育審議会答申「グローバル化社会の大学院教育」では，大学院教育の可視化が求められ，2006 年度には「科学技術関係人材のキャリアパス多様化促進事業」で，若手研究者の情報を企業に伝えるための取り組みが推奨された。天野が主張する制度の再構築も，根本的なところで情報問題とつながっている。見えにくい制度の中で正しい情報は流れないからだ。

　ただ，企業人には企業人の動き方があり，社会には社会の動き方というものがある。それを知らずして改革を進めても，教育界の独り相撲になってしまうだろう。企業人や社会の声に敏感でありながら，動き方には鈍感だというのも不思議な話である。

　大学院のあり方を常に見直すことが大事であることはいうまでもない。しかしながらそれを超えたところに隠れている本質的な問題を吟味することにも，今後の大学院改革の課題があるのではないか。本章はその一例のつもりだが，今後，広い視野からの検討がさらに蓄積されることに期待したい。

　なお，本章は「大学院改革の隘路―批判の背後にある企業人の未経験」（『高等教育研究』18：69-86）を一部修正し，再録したものである。

注

1） 具体的な結果を示せば，大学（理系）の採用を増やすとしている企業は 19.1%，大学（文系）を増やすとしている企業は 17.1% であるのに対し，大学院（理系）を増やすという企業は 11.4%，大学院（文系）を増やすという企業にいたっては，8.5% にすぎない。増減どころか「採用なし」とする企業は，大学（理系）3.1%，大学（文系）7.3% であるのに対し，大学院（理系）15.4%，大学院（文系）だと 24.9% にものぼる。

2） この調査は，科学研究費補助金基盤研究（B）「社会人大学院修了者はなぜ評価されないのか―院生・大学院教育・労働市場のトリレンマ」（2013～15 年度，研究代表者：吉田文）の一環として行ったものである。調査会社インテージのモニターからここ 5 年間で総合職の採用面接を担当した経験がある者を抽出し，WEB で実施した。人事課以外の部署の者も面接に携わるケースが多いため，営業や総務といった部署の者も多く回答していることには注意されたい。なお，2,470 人の回答者のうち，事務系総合職の採用面接のみを担当したことがある者は 939 人，技術系総合職の採用面接のみを担当したことがある者は 894 人，両方を担当したことがある者は 637 人だった。

3） 図 5-1 で示した三つの結果について独立性の検定を行ったところ，1% 水準で有意という結果になった。なお，先にここで断っておけば，図 5-3 ならびに図 5-4 に関しても同様の検定結果が得られている。図 5-2 については，文系修士と文系博士（上段二つのグラフ）は 1% 水準で有意。理系博士が 5% 水準で有意だったが，理系修士に有意性は認められなかった。

4） このプレッシャーに関する質問は，採用面接担当者のうち，今後の採用戦略の事情に精通していると考えられる人事課配属者にのみ回答してもらった。該当者は 2,470 人のうち 324 人であり，全体の 13.1% だった。

5） 説明変数の作成方法は次の通りである。

【企業規模】 1～10 人 = 1，11～30 人 = 2，31～100 人 = 3，101～300 人 = 4，301～500 人 = 5，501～1,000 人 = 6，1,001～5,000 人 = 7，5,001～10,000 人 = 8，10,001 人以上 = 9

【外資系・合併企業ダミー】日系の企業を基準にしたダミー変数

【最終学歴】文系学部卒を基準にしたダミー変数

【面接学生数】担当したことがない = 1，1～10 人 = 2，11～30 人 = 3，31～100 人 = 4，101 人以上 = 5

6） 被説明変数で用いた人材としての学生評価の回答のうち，「0 = わからない」を除く 4 段階の回答「1 = 少ない…4 = 多い」のみを用いた重回帰分析も行ったが，得られる結果に大きな相違点は認められなかった。

7） 図 5-4 や表 5-3 から算出される比率は 46.8%（473/1010）であるが，これらの図表は事務系総合職の採用面接に携わった者に限定しているためであり，文系出身者全体では 46.5% となる。

8） 貢献事例というのは，本章の第 1 節で紹介した大学院修了者を評価する声，あるいは私たちが大手銀行の人事課から得た次の回答の根拠となっている具体的な事例

のことをイメージしている。

　　　銀行というのは，たくさんの部門がありますので，専門性より汎用性が求められるということが多々あります。院生さんは，勉強してきたアプローチも多彩ですから，それを活かして力強くやっているように見えます。……銀行の本部，本部がいいという意味ではないのですが，専門的なところでやってきた知識やアプローチの方法を活かして，中核的なところでしっかり活躍しているなという印象が強いのも院生さんのほうかな，という気がします。

（2014 年夏のインタビュー調査より一部抜粋）

引用・参考文献

天野郁夫，2004，「専門職業教育と大学院政策」『大学財務経営研究』 1：3-49.

天野郁夫，2011，「大学院答申を読む」『IDE 現代の高等教育』532：8-14.

天野郁夫，2013，『大学改革を問い直す』慶應義塾大学出版会.

濱中淳子，2009，『大学院改革の社会学—工学系の教育機能を検証する』東洋館出版社.

濱中淳子，2013，『検証・学歴の効用』勁草書房.

濱中淳子，2014，「マネジメント経験が活きる経営系」吉田文編著『「再」取得学歴を問う—専門職大学院の教育と学習』東信堂：131-43.

金子元久，2013，「大学院の現実」『IDE 現代の高等教育』552：4-11.

小林雅之，2009，「大学院生の経済的支援」『IDE 現代の高等教育』512：16-21.

Moore, Geoffrey. A., 1991, *Crossing the Chasm: Marketing and Selling High-Tech Products Mainstream Customers*, HarperBusiness（＝2002，川又政治訳，『キャズム—ハイテクをブレイクさせる「超」マーケティング理論』翔泳社）.

中根千枝，1967，『タテ社会の人間関係—単一社会の理論』講談社現代新書.

矢野眞和，2001，『教育社会の設計』東京大学出版会.

第6章　文系大学院修士課程修了者の採用の論理
その幻想と現実

吉田　文

1.　問題の設定

　本章は，理系の大学院修士課程修了者の評価が労働市場において定着しているのに対し，文系の大学院修士課程修了者は，なぜ，ネガティブな評価がなされるのか，その理由を日本有数の大企業の人事担当執行役員に対するインタビューをもとに明らかにすることを目的とする。

　まず，企業の学歴別採用数を確認しておこう。『就職四季報』（2021年版）には，2020年度のデータとして1,303社の学歴別文理別の採用数が男女別に掲載されている。それをまとめたのが，**表6-1** である。『就職四季報』に掲載されている企業は有力企業が大半を占めているが，そこでは，大卒者の場合は，男女とも文系が多く理系が少ないが，大学院修了者の場合は，男女とも文系が圧倒的に少ないことは一目瞭然である。また，男性の理系に関しては，大卒者よりも大学院修了者が多いことも明らかである。文系の場合は採用のカテゴリーでいえば事務職に相当し，理系の大半が技術職とすれば，日本の有力企業の学歴構成は，事務職は大卒者，技術職は男女合計すると大卒者と大学院修了者とが半々で構成されている。

　修士課程の学生数で見たとき，工学系：社会科学系は，ほぼ1：2であったが，有力企業の，大学院修了者の採用数で見ると，男女合計した文系：理系は，1：17にもなる。文系の大学院修了者がいかに企業に採用されていないかを明瞭に示す値である。

　なぜ，これほどまでに文系の大学院修了者が，労働市場で認知されていないのだろうか。それを明らかにすることが本章の目的である。

表 6-1　2020 年度企業の男女別学歴別文理別採用人数（人）

	文系大卒	理系大卒	文系大学院修了	理系大学院修了
男性	19,879	11,994	418	14,046
女性	17,221	4,447	422	2,758

出典：東洋経済新報社（2019）『就職四季報 2021 年版』より筆者作成

　この問いに対して，吉田編（2014）は，大学院と学生と企業の三者をこの問題に関するアクターとし，三者で形成される三角形の隣接する二つの角（三者のうちの二者）の関係をそれぞれ検討することを分析の枠組みとして提起し，それぞれの関係に存在する齟齬が，文系大学院修士課程修了者の企業における採用の定着を阻んでいるのではないかと仮説的に論じている。その論稿においては学生と企業との関係について，学生側に着目した分析を行っており，そこでは，就業経験のある経営系大学院修士課程の修了者の意識や行動についてのインタビューから，彼／彼女らは強い学習意欲のもとで勉学に励み，大学院教育の効用を認識しているものの，その学習内容や成果をダイレクトに仕事に結び付けて考えようとする意識が弱いことを明らかにした。そうした修了者の意識や行動は，企業から見た場合に，従業員が大学院で何を学習しどのような力をつけたのかが見えないことにもつながり，それが，文系大学院修士課程修了者の企業での評価を上げない原因の一つではないかと論じている。

　他方で，企業の側の文系大学院修士課程修了者に対する評価を分析した研究としては，出相（2005），濱中（2014，2015），吉田（2015）がある。これらは，いずれも大学院修了者に対して企業が否定的な評価をしていることを明らかにしていることに特徴がある。出相は，人事担当の管理職へのインタビューを通して，企業が，大学院での学習が仕事にいかなる効果をもたらすか不明であるうえ，社内の評価は仕事上の成果で行うため，大学院修了のみでは評価の対象にならないという論理が存在していることを明らかにしている。

　濱中（2014）は，経営系専門職大学院修了者と企業の人事担当者との双方へのインタビューを用いて，大学院修了者は大学院において専門的知識の獲得とともに批判力を高めるが，企業は，その批判力に対して素直さを失った人材とみなして採用を敬遠すると指摘している。

　また，濱中（2015）は，企業の採用面接担当者へのアンケート調査から，

表 6-2　企業の文系大学院修士課程修了者の採用に関する見解

先行研究	出相（2005）	濱中（2014）	濱中（2015）	吉田（2015）
大学院修了者に対する企業の評価	大学院の学習は仕事の成果と別	修了者の批判力がネック	文系修了者に否定的	多様性に否定的（含，文系修了者）
企業・採用者の特性			学習・面接経験の少ない者	外資系企業と比較した日本企業

担当者自身の大学時代の学習経験の度合いや面接経験の多寡が，文系大学院修士課程修了者への評価に影響を及ぼしていることを明らかにしている。すなわち，大学時代に意欲的に学習をした担当者，面接経験の多い担当者は，文系大学院修士課程修了者への評価が高く，これらの経験のある者が増えることで，文系大学院修士課程修了者の評価は上がるのではないかと示唆している。

　吉田（2015）は，濱中（2015）と同じデータを用いて，企業のグローバル展開の程度と求める人材との関連を分析し，日本企業は（グローバル展開しているとする日本企業でも）外資系企業と比較して，女性，大学院修了者，外国人といったマイノリティに対する採用意欲が低いこと，とりわけ事務系職種においては，これらマイノリティの属性のうち，大学院修了者への要望の度合いが低いことを明らかにしている。

　これらの研究をまとめると，学生の特質から論じたものには吉田（2012）があり，それ以外は**表6-2**に見るように，企業からの評価を主に分析し，そのうち出相（2005），濱中（2014）は，大学院で獲得した知識や能力に着目した研究，濱中（2015）や吉田（2015）は，企業の特性の違いに着目した研究ということができる。

　これらの研究は，企業の大学院修了者に対する評価，企業や採用者の特性による評価の差異は明らかにしているものの，そもそも企業における仕事の論理，特に事務系職種の仕事の遂行方法との関係から見た大学院修了者に対する評価という視点を欠如している。企業は採用にあたって，文系の場合，大卒者を大学院修了者よりも，理系の場合は，大卒者よりも大学院修了者を求める傾向があるのは，大卒者や大学院修了者の特性の違いのみにもとづく判断というよりは，企業内部における事務系，技術系，それぞれの仕事の遂行方法があり，その点に照らして大学院修了者を評価しているのではないか。

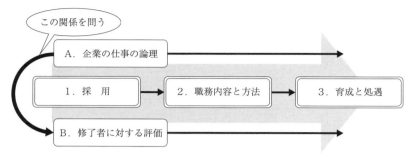

図 6-1　分析の枠組み

仕事の論理との関係を解き明かすことで，なぜ，文系大学院修士課程修了者に対して批判的評価がなされるのか，その理由をより深く掘り下げることができると考える。

　ここでいう仕事の論理とは，具体的には，どのような方針で採用を決定し，どのような職務をどのように配分していくか，企業への新規参入者をどのようにして仕事ができる社員に育成していくか，社員の処遇の方針は何かといった事柄を指す。このように考え，本章では，**図 6-1** の枠組みに依拠して分析を行う。**図 6-1** は，A．企業の仕事の論理と，B．採用担当者の文系大学院修士課程修了者への評価の両面から，1．採用時，2．採用者の職務内容と職務の配分方法，3．採用者の育成や処遇の三つの場面に分け，それぞれの場面ごとに検討する。また，必要に応じて，理系大学院修士課程修了者や技術職との対比を行いつつ，文系大学院修士課程修了者の積極的な採用が行われない，その原因を構造的に明らかにする。

　この課題に対し，本章では 2014 年 7 月〜10 月に日本有数の大企業 9 社の執行役員人事部長または人事部長に対して実施したインタビューを分析データとして用いる。インタビューに応じていただいた企業は**表 6-3** に示したように，業種はメーカーから金融まで多岐にわたる。インタビューにあたっては，依頼した執行役員人事部長，人事部長に加えて，人事担当の社員が同席したケースがあり，回答者は 9 名を超えているが，同企業内の複数名の回答は 1 企業の回答として扱う。それは，執行役員人事部長，人事部長が企業の採用・処遇を決定する責任者であり，その回答は企業の方針とみなすことができるうえ，同席した社員もそれと異なる個人的見解を述べてはいないため

表6-3　インタビューイーの業種・職位・採用者数

業種	職位	文系大卒	理系大卒	文系大学院修了	理系大学院修了	
建設	人事部長	43	85	0	119	
機械	執行役員人事労政部長	28	19	0	139	＊1
化学	執行役員人事部長	31	13	0	151	
食品1	執行役員人事部長	27	5	0	12	
食品2	人事部長	26	2	0	15	
銀行	採用グループ長	記載なし				
証券	人材開発部長	285	26	8	20	
保険	執行役員人事部長兼営業人事部長	133	10	3	12	＊2
空運	執行役員人事部長	45	33	3	41	

採用者数出典：東洋経済新報社（2019）『就職四季報』（2021年版）
＊1　2019年度データ　＊2　2018年度データ

である。たかだか9社へのインタビューであるが，後述するように回答の内容は，業種による若干の差異はあるものの，その差異を超える驚くほどの共通性がある。したがって，彼らの回答は業種を超える日本の大企業の総意と見ることができるように思われる。

　表6-3には，『就職四季報2021年版』に掲載されている，各企業の学歴別文理別の2020年度（2018年度，2019年度が各1社）の採用数をまとめた。これを見ても，文系大卒者と理系大学院修了者の採用が多く，特に建設，機械，化学といったメーカーはその傾向が顕著である。また，どの企業においても，文系大学院修了者の採用がきわめてまれであることも明白である。

　以下，分析枠組みに従い，1. 採用時における，文系大学院修士課程修了者の採用方針と大学院修了者に対する評価の関係，2. 仕事の内容や方法に関する，企業の仕事の進め方と文系大学院修士課程修了者に対する見方の関係，3. 企業内訓練やその後の処遇における，企業の慣行と文系大学院修士課程修了者に対する処遇との関係を問い，日本においては，なぜ文系大学院修士課程修了者が労働市場で評価されないのか，その理由を構造的に解き明かす。

2. 採用

2.1 採用の方針——学歴は特別な意味をもたない

多くの日本企業は大卒者の採用に関して事務系職種と技術系職種とに分けているが，そこで大卒者と大学院修了者とを別枠にした採用は行っていない。インタビューを行った9社すべてが，下記のように学歴によって異なる採用をするという区別もなければ，学歴によって採用の有無を決定するような差別もない採用方針であることを強調している。

> 　学卒と大学院卒の採用コンセプトは，基本的には全く同じで，大学院だから，こういうルートがあるとか，こういう面接が1回少ないとか，そういったことはなくて，全く同じようなプロセスになっております。（建設）（下線筆者，以下同様）

> 　同じ間口で受けていただければ，もう面接過程で差別，区別することなく選考しているような状況です。（食品2）

> 　来た方がたまたま大学院卒だったときに，別に，だからどうというわけではなくて，それはもう，同じレベルで見て採っているという感じです。（化学）

それにもかかわらず，結果的には，技術系職種には理系大学院修了者が多く，事務系職種には大学院修了者は少ない。もちろん，そこには両者の就職志望者の多寡が大きな要因として存在するが，それだけではない。技術系職種では職種別採用を行っている企業も多く，その場合には研究室の推薦が利用され，それが修士課程修了者が多くなる場合がある。
　ただ，これは以前あった研究室の教員の口利きのような推薦で採用が決まる方式ではない。現在は，学校推薦制度と呼称される推薦制度があるが，それは以下のようなものである。

明確に必要のある技術屋さんのニーズを見せて，そこに応募してもら
っているので，基本的には学生がこの仕事を弊社でやりたいから，ここ
を受けますという人が受けに来るわけです。それに対して選考して，な
おかつその選考に併せて学校の推薦も必要ですというふうにいいいます
ので，推薦が最初じゃないんですね。ご本人の希望であり，ご本人の能
力であり，加えて学校推薦という，そういう構造でやっています。(機
械)

　公式には，選考の途上に大学からの推薦を受けるという仕組みである。し
かし，リクルーター(すでに多くが大学院修了者)が大学院の研究室を訪問し
て応募を呼び掛けていること，学校を通じての推薦とはいえ，そこにこれま
での企業と研究室の教員とのプライベートな，しかしある年月にわたって構
築してきた確固とした関係が背後にあることを考えると，無下には推薦を断
れない状況があるようだ。

　　先輩が自分の研究室等に，出身研究室等に行ったりすることもござい
ますので，やっぱりそこからの応募が多うございますよね。(中略)推薦
ですか。7割から8割ぐらい。私は本当に自由応募にしたいんですけれ
ども，先生方がうるさいんですよ。これで推薦をして採らなかったら，
何で採らないんだということで。(機械)

　また，大学院修了者が大卒者よりも先に就職活動をスタートさせるために，
結果的に大学院修了者の採用が多くなるという説明もなされる。

　　実は院生の(筆者注：就活開始の)スピードが速いんですね。先に動い
たりしています。ということもあって，院生の方で埋まってしまうとい
うのが実態ですね。(食品1)

　これも，上述のリクルーターの研究室訪問や研究室の推薦とも関わっての
ことかもしれない。こうした説明は，どちらも，技術系職種として大学院修
了者をあえて採用したいわけではないことを説明するための言説である。
　さらに興味深いのは，技術系職種においても，必ずしも大学院修了者を選

好しているわけではなく大卒者がよいという方針をもつ企業があることだ。上記の食品会社の大学院修了者の就職活動のスタートが早いからという説明の前には、下記のような企業の方針があったことが述べられている。

　　　エンジニアリング系のほうは、若干、<u>大卒の方でもいいということも</u><u>あって</u>、（筆者注：採用に）動いたこともあるんですが……。（食品1）

　大卒者を採用したいが、それが実現できず、大学院修了者主体の採用となっているというのだ。それと同様に、大学院修了者よりも大卒者を採用したいと明言する企業もある。

　　　理系では、土木学科、建築学科がかなり多いんですけれども、そういったところでは、<u>学卒を採用したいんだけれども</u>、就職活動をするほとんどの学生が大学院卒ですから、結果として大学院卒の割合が多くなっているという状況です。（建設）

　なぜ、大学院修了者ではなく大卒者がよいのか。それは、以下のような理由がある。

　　　大学で施工管理の勉強って、あまりやらないんです。（中略）施工管理をするような人たちについていうと、<u>なるべく早く実務経験をして、</u><u>OJTのなかで実地に覚えてもらうということのほうがいい。なまじっ</u><u>か頭でっかちになってもしょうがないんで。</u>（建設）

　　　そういった経験工学の土木系・建築施工系というものでは大学卒が多いですし、他方で設計であるとか数理・開発と専門的な知識が必要なところは、ほとんど院卒。全員院卒です。（建設）

　土木や建築施工といった職種では、企業の側は大学院修了者ではなく大卒者を求めているが、応募者の大半が大学院修了者になっているという状況により、止むを得ず大学院修了者を採用しているというのである。ここで大卒者と大学院修了者を対比する論理が、企業内の実務経験・OJTと専門的知

識を教える大学院教育である。ある職種においては，前者が後者より勝り，後者は「頭でっかち」で大卒者よりも使えない者とみなされている。

　さて，他方で事務系職種の場合，そもそも多くの企業が職種別採用を行っていない。事務系職種では学部不問として採用するのが一般的だが，それでも従来は法学部，経済学部といった社会科学系学部が主流であった。しかし，近年の大学の学部名の多様化も加速して，事務系職種で採用される者の出身学部が多様化し，ますます学部不問の傾向が増しているという。

　　（筆者注：事務系職種の採用は）経済，法学部が多いですけれども，意外なことにそれ以外の学部も，最近，国際教養学部とか，いろいろ多様な学部が，逆に昔みたいに文学部，経済学部，法学部というような形ではなくて，各大学いろいろな学部ができていらっしゃるので，我々も学部のくくりというのが難しくなってきているような状況でして。（保険）

　　今，盛んに世間でいわれている教養，教養という部分を教養学部系の学生を何人もお採りしているんです。（空運）

　大卒者に対してその専門を問わない事務系職種において，あえて文系大学院修士課程修了者を採用する必要性を見出せないのが，日本企業である。

　　これまでもそうですし，特に今後修士の方をあえて，あえてというのか，積極的にというか，そこから入っていくということは，ちょっと今は余りないのかなというふうに考えています。（機械）

　表6-3で見たように，機械系のこの会社では，2019年度に理系大学院修士課程修了者は約139人採用しているが，文系大学院修士課程修了者は採用していない。そのなかで，事務系職種に採用される大学院修了者には，いくつかの留意すべき特徴がある。一つは，事務系職種に採用された大学院修了者は，必ずしも文系の大学院修士課程修了者とは限らないということである。事務系職種に，理系の大学院修士課程修了者が応募するケースがあるという。

　　（筆者注：事務系職種に大学院修了者で採用されたのは）過去5年では2

人です。この表の中では合計4名となっているんですが，これは何かというと，このうち2人は，理系の院を出たけれども，文系就職をしたということで。（建設）

　ちなみに，この企業では，過去5年間の事務系職種への大卒者の採用者は488名である。もう一例，理系の大学院修了者が営業職を希望して事務系職種へ応募しているケースを示そう。

　　獣医学とか医学部とかそういうところから，「営業をやりたい」って入ってきてくれる人とかも出てきているので，そこら辺は近年の，ここ5，6年ぐらいでしょうかね，本当に多様化が進んでいるなかで，手を挙げる種類の，大学院まで行って勉強していただいた方が，全くご自身の専門性を措いたなかでうちの事務系を志望してくれるという人の率が増えている。（食品2）

　事務系職種の場合，そもそも学部不問であるため，理系出身者であることは問われない。ましてや，技術系職種に大学院修了者は多いため，さほど違和感をもって見られることはないのだろう。
　もう一つが，日本の大学院を修了した外国人の採用である。留学生は学部よりも大学院に多く，その結果，事務系職種で大学院修了者が採用されるというケースである。

　　大体2割ぐらいを目途に海外から日本に来ている学生を採らせていただいていまして，いわゆる外国籍の方，そういう方々が意外にやっぱり日本の大学院を出られている方が多くて，特に中国の方，韓国の方，そういう方々が文系の大学院であったりすることはあります。（中略）しかし，日本の高校を出て，日本の大学で大学院まで行っている数というのは本当少ないです。（中略）たまたま人事に一人，法学部の大学院卒がいますけれども，珍しいです。（空運）

　事務系職種において大学院修了者を採用する方針がないなかで採用された大学院修了者とは，修士号をもつ者だから採用したわけではなく，応募者が

たまたま大学院修了者であったり，外国人だから採用したが，その者が修士号を取得していたといったように，学歴は単に付随したにすぎないものとされているのである。

2.2　採用で求める要素——コミュニケーション能力と学校歴

　こうした採用の方針のもと，どのようにして選考を進めていくのか。特に面接の場面において，その方法や学生に期待する能力に関して，学歴や専門による差異はないのだろうか。これまでにもいくつかの研究で指摘されている。岩脇（2006）は，企業の採用担当者へのインタビューにもとづき，大卒者・文系の総合職の採用に関し，特定の職務の遂行に役立つ能力ではなく，あらゆる職務に必要な基礎的な能力の高さが重視されることを明らかにしている。

　それは，採用の論理にしたがえば，「人物本位」という言葉に翻訳される[1]。インタビュー対象企業のうち，保険，食品２，空運，証券，機械がこの言葉を用い，同様の意味で「人物」を用いたのは建設である。その「人物」とは，面接を繰り返すことで見極められていく。最低でも３〜４回，多ければ５〜６回，１回に30分程度をかけての面接を経て採用が決定するが，そこで「人物」と思われるのはどのような者なのか。異口同音に，一緒に仕事をしたい人物と思えるか否かが重要なポイントだという回答が返ってくる。

　　　一緒に働いて，自分の部下にしたいかどうかっていう観点と，自分がお客様だとして，このセールスから金融商品を買うかどうか，そういう観点っていうのが含まれていますね。（証券）

　　　やはり求める学生像といいますか，将来，一緒に社会人として，後輩として入ってきてほしい学生というのは，やっぱりレベルの高い人を。（保険）

　　　一緒に働いているイメージをもちながら，どういう感じで，どういう方向に伸びていきそうかというのを見ながら面接しています。（化学）

　一緒に働きたいか否かというのは，いってみればフィーリングが合うとい

うことであり，それは恐らくどこかで同質性を感じているからこその判断となっているように思う[2]。

　では，一緒に働きたいか否かを，面接の場面においてどのようなところを見て評価するのかとたずねると，すべての企業が，近年巷間でいわれる「コミュニケーション能力」を挙げることに驚く。そのいくつかを列挙することで，「コミュニケーション能力」とは何か，それはほかのどのような能力特性と対比されているかを検討しよう。

　まず，コミュニケーション能力の重要性は，その業種の特性から説明される場合が多い。

　　　やっぱり基本的に面接ではできるだけ対話をするようにして，ちゃんとコミュニケーション能力があるかどうか，基本的には接客業なので，やっぱりお客様をきちんとお運びする仕事なので，そういうコミュニケーション能力があるかということと，あと自分の芯があるかないかとか，何か自信もって自分が言えることがあるかとか，その辺を見ていることが多いので，何を学んできたかを説明しなさいという面接はしていないので。（空運）

　　　銀行というのは，お客様商売ですし，お客様というのは，もちろん外にいらっしゃいますし，人とのコミュニケーションみたいなものって，やはりビジネスを生み出していくうえでものすごく大切だと思いますし，人間って，人と人とのなかで生きていくものですから，そういうふうなコミュニケーションみたいなところですね。（銀行）

　確かに，対人での顧客サービスが仕事の内容である以上，コミュニケーション能力は重要だろう。しかし，業種にかかわらず職務遂行上の必要性からも指摘されている。日本の多くの企業は個々人のジョブを明確に定めることなくチームで仕事をするとはいわれてきたが，それを円滑に進めるためにも必要なのである。

　　　われわれはどうしてもチームで動くもんですから，コミュニケーション能力が低かったりとか，独り善がりだったりとか，そういう人間は，

基本的にその中にはいないということになっています。（証券）

　コミュニケーション能力があるかというような，我々，情の部分というふうに呼んでいるんですけれども，そういったところ，それは必ずしも周りとうまくやっていくということだけじゃなくて，やっぱり主体性をもって，主導性をもっている部分と，周りともうまくやっていくか，両方の部分だと思うんですけれども，コミュニケーション力および表現する情の部分と，それからもう一つはやっぱり意欲，モチベーションみたいなところです。（保険）

　主体性をもちつつ周囲と協調していくことが何よりも大事であり，それは「情の部分」とされている。この企業では，「情の部分」とともに「知の部分」が重要であり，それは「物事をどれぐらい考えることができるかどうか」だと説明している。いわば，論理的思考力のようなものであって，大学における専門知識ではないことが強調される。大学における知識は，むしろコミュニケーション能力と対比されて，重要度が低い扱いを受ける。

　特に事務系の場合はコミュニケーション能力が一番重要で，それは，成績では測れません。そこをどうやって見るかが，非常に苦労するところです。部活をしていたとか，そういうのを通じて把握しようとしています。（化学）

　コミュニケーション能力，環境適応力，論理的思考力，こういったものがあって，あとは，本人のやる気さえあれば，特に学歴は問わないと思っています。（建設）

　僕は面接で見ているのは，コミュニケーション力とストレス耐性ですね。もうその二つさえあれば何とかなりますよ。基礎学力はあるという前提で見ますから。（機械）

「成績」，「学歴」は，コミュニケーション能力と対比され，それよりも劣るものという位置付けをもつ。化学メーカーでは，コミュニケーション能力は成

績では測れないとし，それを見るために部活の様子から見極めようとしている。建設メーカーは，コミュニケーション能力があれば学歴は問わないという。機械メーカーは，基礎学力を前提としてコミュニケーション能力があればよいというが，この基礎学力については別なところで「専門知識というよりは，基礎学力というのがやっぱり要る」と語っているところから，コミュニケーション能力には「専門知識」が対比されていることがわかる。大学の成績，専門知識，学歴は，コミュニケーション能力と対立する概念なのである。

　このコミュニケーション能力を測定する手段が，採用面接時における定番ながらの下記の質問である。

　　「学生時代に何を成し遂げましたか」という質問というのは，まさにそれですよね。だから，仕事を任せたときにやりきれるかどうかっていう，一言で言うともしかしたらそこを見ているのかもしれないですね。（食品2）

　　学生時代頑張ってきたことと，ご自身がどういう役割でどういうポジションで，どれぐらいの期間，単に頑張っただけでなく，どれぐらいの期間やられたんですかと，どういう目的意識をもってやったのかというような（中略），必ず困難にぶつかったところ，どのようにそのことを乗り越えてきたのかというのを（中略）聞かせていただくことによって本質が見えてくるかなという形です。（保険）

　学生時代に力を入れたことについて求めている回答は，文系の場合，学業ではない。それを理系との対比で端的に語っているのが，以下である。

　　やはり注目しているポイントは若干異なっていまして，学卒，特に文系の場合は，例えば，面接でよくある質問としては，「クラブ活動は何をしていましたか」とか，「どんなサークル活動をしていましたか」とか，そういった本人のバイタリティーであるとか，コミュニケーションとか，そういったところにポテンシャルがあるかどうかということを重視して選考を行っているんですが，理系の場合は，それももちろん大事なんで

すけれども，それに加えて，どんな勉強をしてきたかであるとか，そういったことを質問することが多いです。さらに，大学院卒の場合は，それに加えて，プラス２年勉強しているわけですから，どういった勉強をしてきて，それをどういうふうに当社で活かしたいのかという質問をすることが多いです。（建設）

もう一例，技術系では成績を見るが事務系では見ない，事務系の評価のポイントは学業ではないというケースを，筆者とのやり取りを含めて示そう。

　　（筆者注：事務系は）面接のときに，それ（筆者注：大学時代の成績）は見ていません。技術系の人は見ています。

　　筆者：成績よりも部活動とかボランティア活動を重視するということもないですか。

　　あります。先ほども申し上げたように，「勉強をやってきました」というのでも構いません。「勉強はやっていません。成績は，たいしたことはありません。でも，僕は学校でこれをやってきました」と，何をやってきたのかをきちんと言えて，その裏付けが，われわれが面接のときに確認できるというのが大事だと思います。ですから，全教科，全部優とか秀が並んでいても，それが悪いわけではありません。「僕は，勉強を頑張りました」というのでも構わないと思います。（化学）

理系は大卒者でも大学院修了者でも学業成績を聞くようだが，文系は学業であってもよいが，それ以外の学生生活時の諸活動から，「人物」を見出そうとしている。事務系職種では専門教育は全く重視していないと，断言しているのが以下の回答である。

　　（筆者注：事務系職種の場合）大学での専門教育，正直言って，我々，選考にあたってもほとんど見ていない。全然重視していないというのが実態なんです。もちろん専門，勉強するなかでどういうふうに自分が成長したのか，どういうところに苦労して乗り越えてきたのか，そういうの

は大事にしたいなというふうに思うんです。すごい興味があるところなんですけれども，例えば経済学を専攻して，ここまで専門性きわめましたとかと言われても，そうですかというところになってしまうのが本音ですかね。（空運）

　ここで興味深いのは，大学での学業に関してはあからさまに否定してはいないが，そこで見ようとするのは，専門的な知識の獲得の程度ではなく，学業をするなかで「どういうふうに自分が成長したのか，どういうところに苦労して乗り越えてきたのか」を評価すると回答していることである。学業の成果としての専門的知識の獲得の程度ではなく，そこに至るプロセスや努力の程度なのである。それは，企業にほぼ共通の論理のようだ。

　　自分が所属したところで優秀な論文を書いたとかというよりも，例えばチームで論文書いたというなかで，その人自身がどのような形で論文作成にかかわったのかとか，もしくは，恐らく壁にぶつかることもあるんでしょうけれども，そのときにどういう役割をその人自身が果たしたのかとか，そういったところを少ない時間ですけれども聞かせていただく。（保険）

　ここでも，論文の出来よりも，論文作成の過程においてとった行動が評価のポイントだという。成果は評価されないが，成果を目指してのプロセスが評価の対象になるというのは，実は，学業を見ているのではなく，別のものを見ようとしているからである。それは，論文作成をチーム活動と捉えていることからわかる。先に，チームで仕事をするのでコミュニケーション能力が大事だと語られていたが，チームで論文作成すると仮定し，チーム内の本人の役割を聞こうというのは，そこでコミュニケーション能力を見ようとしていることの表れである。したがって，専門性を究めたかも，論文が優秀か否かも，無関係なのである。
　採用にあたって学歴は無関係，専門性も不要，それらはコミュニケーション能力よりも重要度が低いと捉えられているなかで，学力は不問なのだろうか。機械メーカーの「専門知識というよりは，基礎学力というのがやっぱり要る」という言葉にあったように，基礎学力は必要なようである。では，そ

の基礎学力を何でもって判別しているかといえば，端的に言って大学名である。

　　大学名でいうと幅広い大学から採用させていただいているという状況でして，<u>東大とか一橋，早稲田，慶応，東工大とか，関西でいうと京大，阪大，神戸みたいな大学</u>ももちろんありますし。(保険)

　　<u>有名大学とか国公立の難関大学を，私は入学できて，ちゃんと卒業してきたという点は余り軽視しなくていいと思っているんですね。</u>やっぱりそれなりにきちっと公平な機会で入学試験を勝ち抜いて勉強してきたという実績は，だから，突然，私は東大に負けませんと誰かが言ったとしても，じゃ，どこで負けないのというのを言ってくれないと，ただの何というか PR だけですから。(機械)

　本調査でインタビューした大企業では，毎年，高偏差値大学からの採用者は多い。幅広く採用していると言いつつ，旧帝系の国立大学を中心に私立では早慶しか大学名が出てこないことに，きわめて限られた大学からしか採用をしていないことが見てとれる。したがって，それらの高偏差値大学へ入学したことが，「基礎学力」の証明であり，それがあれば大学4年間の学業という付加価値はあまり重要ではない，さらにいえば不要だと見ているのである。上記の回答にあるように，大学入学試験は，高校教育までの学習成果を公平に示す機会であり，採用にあたって東大不合格者が東大合格者よりも能力があることを比較衡量して示すことができる指標がないことも確かである。事務系職種の採用においては，大学受験の偏差値がスクリーニングの一つの指標であり，採用者はそこに訓練可能性を見出しているのである。吉田編(2014) は，文系の大学院修了者が企業から評価されないのは，大学の偏差値を採用基準として重視し，大学4年間の学習成果を評価しないからだとして，それを「偏差値スクリーニング仮説」と命名しているが，上記の回答はまさにそれを実証するものである。

2.3　文系大学院修士課程修了者に対する評価

　大卒者中心の事務系職種であり，採用にあたって，大学の専門教育よりは，

それ以外の学生生活の状況から採用の可否を判断しているのであれば，2年間多く学業を継続した文系の大学院修了者に対して，学業の成果が問われることはないと考えることができる。それどころか，学業を継続してきたことに対して，むしろネガティブな評価がなされることが多い。

　　確かに，文系の面接で院卒の人が来ますよね。やっぱり話をしていて，「どうして大学院に行ったの？」というところは，どうしても面接で質問も出ますし，なかなかここから離れないですね。(中略)「研究者になりたかったんじゃないの？」っていう，やっぱり素直にそう思うところがありますよね。(建設)

　　だから，やっぱり志向として単なるメーカーなんかに行くのは自分はどうかと思っている世界があるんじゃないかなと思って。そういうそこまでお勉強された方は。(機械)

　なぜ，企業を志望してきたのか，本気で仕事をしたいとは思っていないのではないかと，疑心暗鬼になっていることが見える。企業には，文系で大学院進学する者とは研究者を目指す者で，修士課程修了で企業に就職という進路選択をしない者という固定観念があるようだ。こうした固定観念があるがゆえに，採用担当者には，大学院における専門分野の学習は，企業が求める能力の獲得を阻害する要因に映るようだ。

　　文系については，やっぱり対応力・適応力だとは思うんですよ。許容量，許容力の問題っていう感じでしょうかね。面接をしたなかで，(筆者注：文系大学院修了者は)どうしたって人より勉強したっていう自負がある。それ自体はいいんですけれども，自分の専門分野に答えをもっていこうとする子がいるんですよね。そうではなくて，そういう幅の広さっていうか，「そういう考え方もありますね」っていうことを素直に認められるかとか。(建設)

　　(筆者注：文系修士課程での学習は)武器としてもっていていただくというのは十分なんですけど，逆に，その武器がある人には，違うことも

できますかという話があるなかで，あまりにもそこに専門分野をのみ志したいという人がいる場合は，ちょっとご遠慮いただくことも多いというのはありますね。はい。(中略)「これでやりたいです」というオンリーですと，逆に武器，そこに思いがあまりにも強すぎると武器というより反作用が起きてしまう可能性というのは，弊社の場合はあります。(食品2)

論理的思考能力だけがある意味のコンピテンシー部分で高い人と，ストレス耐性なり柔軟性みたいな部分が一緒に高ければいいんですけど，結構相反していたりすることもあったりしますね。あまりにもよく考えるがゆえに柔軟性がなくなってしまっている，考えないと動けないみたいなところもあったりして。(食品2)

採用者の頭の中には，大学院修了課程で専門性を深めた者＝対応力・ストレス耐性・柔軟性の欠如した者という図式があり，企業で仕事をするうえでは後者の資質が重要であるため，前者の採用には積極的になれないという回答である。専門性を深めた者が不要なのではなく，専門性を深めた者は企業が必要とする諸能力をもたない者とみなしているのであるが，この関係性がこれまでの採用経験にもとづく実感なのだろうか。それとも，あまり見たことのない文系大学院修了者に対する固定観念に導かれた回答なのだろうか。

こうした専門性を深めたことに対するネガティブな評価とは逆に，大学院で学習しても専門的知識や能力は向上しないとみなして同様にネガティブな評価を与える，以下のような回答もある。

事務系の場合，例えばその2年間で今おっしゃっていた能力が飛躍的に高まっているかというと，私は，あまりそうは思っていません。ですから，専門性もそうだし，ではその2年間で今言ったようなこと(筆者注：個人の意見をより魅力的に発信できるようになること)がどれだけプラスアルファされているかというと，事務系の場合，訴えかけとしてはあまり感じません。(化学)

両者の見方は対極である。そのことは，文系の大学院修了者に対する評価

がイメージにすぎないことを示しているように思う。どちらも文系大学院とは，研究者を目指す者の場であり企業とは無縁の場という前提があり，それをもとにし，一方では，専門性を深めると思考が狭くなる，他方では，思ったほどに専門性を深めていないというイメージでもって，文系大学院修了者を評価している。そもそも，**表6-3**に示したように文系大学院修了者の採用はきわめて少なく，人事担当者が日常的に文系大学院修了者を見ているとは思われない。また，自身の学生時代においても文系の大学院や大学院生は身近ではなかった。そうしたなかでの文系大学院やその修了者に対するある種過剰な思い込みが，こうした幻想言説を生み出しているのであろう。

　不思議なことに，こうした言説は，理系の大学院修了者に対しては適用されない。大卒者でもよいと考える企業においても，大学院修了者は企業が求める能力を欠いているとも，専門的能力が獲得できていないともいわれることはない。企業内に理系の大学院修士課程修了者が一定量存在するようになって，理系の大学院や大学院修了者に対する幻想は十分に払拭されているのだろう。

3. 職務内容と職務配分の方法

3.1　職務内容——活かす場のない専門的知識

　しかしながら，文系大学院修了者に対する企業の需要が高まらないのは，文系大学院修了者に対する幻想だけに起因するものではない。むしろ，技術系職種と異なる事務系職種における企業内の職務内容や職務の配分方法との関連を考慮する必要がある。以下に見るように，事務系職種は多能工的な働き方をするため，専門家は不要というケース，企業内で実務経験がないとMBAの専門を活かせないとするケース，いずれも大学院での専門的知識は，すぐには活かせないという点で共通している。

　　それぞれの職能がはっきりしたような組織があるとして，それに比べ
　ると，日本の場合は，（筆者注：事務系職種は）<u>一人の人が多能工で働く</u>
　<u>わけですから，こっちのほうがお得だと思うんですね。ここのところを，</u>
　<u>会社に入って仕上げていけば，教育していけばいいので。</u>さっきの，本

人がもっている，例えば，会計でも広告でも何でもいいですけれども，そういう専門知識だけを活かしたいのであれば，ちゃんと研究した人を採ってきたほうがいいかもしれませんけど，本当の専門家って，実は，普通の会社，うちも含めてですけど，それほど必要としていないんですよね。（建設）

　MBA の勉強をしたといっても，それはそれで役には立ちますけれども，入ってすぐに役に立つかというと，やはり，例えば営業の経験をしないと事業のことはわからない。工場で１回経験しないと，わからない。海外でやってみないとわからないというように，実務をある程度やらないと，学んできたことを活かせるような仕事に，まず就けないというのがあると思います。（化学）

　事務系職種で専門的な知識が必要とされるのは，下記のようにごく限られた領域のみである。

　例えば法務とか経理とかでいきますと，経済学とか法学で院まで進んでというような専門性の高い方を採って配属するというのがぱっと思いつく感じなんですけれども，営業マンはそこまでの専門知識が要らないですし。（機械）

　院卒を採ろうとする事務系というのはどういうことになるかというと極端にいうと私どもには二通りありまして，一つは技術営業ってあるんですね。バイオテクノロジーとか醸造していて加工用販売だとか得意先にところに行くときそのほうが有利なところがあるので，院生を取って知識をもって自分の研究していて，しかも自分は営業をやりたいという人は中にはいますから，そういう人をやはり採っていくというかたちを取っていく部分と，もう一つは例えば法務，例えば経理，例えばマーケティング，こういうところで院生のやっぱり専門性が活かせるような採用をするというときにはその 20 人のうちの若干名ですけど盛り込んで一人，二人をその辺の専門がちょっとある人をもってくるということはあります。ですから，それぐらいですね，やっぱりね。事務系の院生が

欲しい，というニーズの部分というのはそういうところのピンポイント
になってくるところで，一般のところはやっぱり学部生を育てたいと思
ってるんですよね。（食品１）

　法務と経理は専門的知識が必要ということだが，これはほとんどの企業か
ら得られた回答である。また，技術営業というのは，技術的知識が必要なや
や特殊な営業であり，ここには理系の大学院修了者が充てられることが多い。
それ以外の事務系職種の仕事には，大学院レベルの専門知識は不要という回
答も，ほとんどの企業に共通している。

3.2　職務配分の方法──新卒からのジョブローテーション

　では，どのようにして仕事に必要な知識を身につけていくのか。日本企業
の特に事務系職種の場合は，ジョブローテーションシステムが採用され，社
内の多様な職種を経験することで，仕事の進め方に対する広い視野をもつこ
とができるからだといわれてきた[3]。インタビューした企業においても，依
然としてこれが基本的な職務配分の方法であり，その方法にほとんど何ら疑
問を抱いていないことがわかる。

　　事務系というのは営業とか，あとは人事，総務，広報とかですね。シ
　ステムとかそういうところになるわけですが，特に営業中心なんですよ，
　うちはまずは。配属を営業にしてからやはりどこに行くにしてもある程
　度は育っていくためのキャリアを積ませるという考え方が強いです。そ
　っちの中心になるとやっぱり大卒がどうしても。やっぱりキャリアパス
　をしていくということになると大卒のほうがちょっと使い勝手がいいん
　ですよね，正直言って。（食品１）

　　入ってきた人間はある程度，人間というか人を見て，後から専門性を
　決めています，適性とかを含めながら。我々はどっちかというと可能性
　は後に出てくると見ているので，後でコースが分かれるので，最初から
　財務の専門家にしようと思って採る方法もあると思うんですけれども，
　余りそういうのはやっていないです。（筆者注：担当の仕事は）ある程度
　ローテーションしています。（中略）入ってから適材適所という言い方，

おかしいですけれども。(空運)

　　この仕事で誰かがというのが決まっていれば，修士卒の人もポンとできるかもしれませんが，経験を積みながら仕事を覚えていくとなると，修士卒で入っても，まずはこれができなければということになりますので，必ずしも最初は，修士で勉強してきたことがすぐに活きる仕事ではないことが多いのではないかと思います。大変だとは思います。(化学)

　このように，事務系職種は，一つには専門的知識が不要な仕事だとみなされているがために，もう一つはジョブローテーションシステムによるOJTこそが事務系職種の職務遂行能力を高める方法だとされている状況においては，同年齢で2年後に大学院修了者で採用するよりも，「大卒のほうがちょっと使い勝手がいい」と大卒者で採用し，育成したほうが，社内では使える者になるというのが大方の企業の判断である。職務遂行能力を高めるためには，社内で「経験を積む」ことが大学院での学習に勝るとされているのである。この論理は，中途採用が拡大しないことにもつながっている。

　　ローテーションを中心に考えてる会社なので専門性をもった人をこううまくそこで活かすことができていないのと，その後ローテーションにかけられなくなる怖さ。やっぱりそこがやっぱり今までの経験則で出てきちゃうのでちょっと中途とか採りにくくなっちゃってますね。(食品1)

　新卒一括採用による社内での育成を基本にする限り，ここからはずれる事務系職種の大学院修了者や中途採用者は，その基本ラインに乗らないがゆえに望まれない者としての烙印を押されることになる。

3.3　文系大学院修了者の職務遂行能力
——「扱いづらい」という幻想

　文系の大学院の専門的知識は仕事に不要という論理は，さらに，文系大学院修了者の職務遂行能力に対するネガティブな評価にまで広がる。

修士を出てきたからといって，その2年間の経験が会社で2年過ごした人の経験に優位性があるかというと，必ずしもそうではないです。やはり，仕事で身につけたことのほうがむしろ意義があるというか，会社の中では役に立つことになっているのではないかと思います。(化学)

　(筆者注：文系大学院修了者が大卒と異なっているところとして)年齢以外の部分での，そうですよね。必ずやあるとは思うんですけども，明確にできるほどのエビデンスがわれわれにはないですね。(食品2)

　2年間専門でやったといったって毛が生えた程度で実学じゃ使えないよという声を他社の人事部の人たちから聞いたりしますから，その辺のレベル感みたいなものも，修士と学部の差みたいなのがわかりにくくなっているのかもしれません。だったら若いほうが使い勝手がいいだろうとかね。(食品1)

　このように企業内での仕事の論理からすると，大学院修了者だからといって職務遂行能力があるわけではないという評価がなされる。しかしながら，注意が必要なのは，波線を引いた部分である。「明確にできるほどのエビデンスがわれわれにはない」，「という声を他社の人事部の人たちから聞いたりします」といずれも伝聞として回答していることである。大学院教育における専門的知識の獲得の程度に対するイメージもそうであったが，文系大学院修了者は職務遂行能力がないという評価は，それ以上に，自身の見聞のないままに語られているのである。
　職務遂行能力がないだけでなく，大学院修了者であるがゆえのプライドの高さがネックになっていると指摘される場合も多い。

　専門性はおっしゃった通りプライドがあるでしょうから，わざわざ行ったんだと。そのプライドを満たすだけのローテーションというのは多分難しいでしょうね。我々人事の立場からすれば文句を言わないで職種をまたいでもらうということも十分必要なわけですから，そういう意味で下手にプライドをもってこの職種じゃないといやだとかこの仕事じゃないと自分の力を発揮できないというふうに最初から決められることは

ちょっと困っちゃうんですよね。（食品1）

　（筆者注：大学院修了者に関して）<u>一番やりにくいのは，この研究をしている私はこういうところでこそ活かされるみたいな話になって，そこ</u>に行かないとディスカレッジしてしまって，本来の力を発揮していただけない人というのが，一番難しいと思います。<u>そういう人はなかなかご縁がないというか採用していないので。</u>（銀行）

　しかしながら，これも自身の経験に裏打ちされているとは限らない。「そういう人はなかなかご縁がない」という回答にあるように，実際に大学院修了者のプライドの高さに困惑するほどの経験があるわけではないようだ。文系大学院修了者は職務遂行能力が不足しているばかりか，それにもかかわらず高いプライドがネックになっているという評価も，様々な固定観念にもとづく幻想のようである。

4.　育成と処遇

4.1　企業内教育——自社育成システムへの自信

　日本企業における長期雇用を前提とした企業内訓練は，そこにかける体力が落ちているといわれる近年でも，これらの大企業では手厚くなされている。2014年に日本生涯学習総合研究所が実施した199社の企業を対象にした「『企業における人材育成』に関する実態調査」の階層別研修の実施状況を見ても，新入社員教育（97.5％），新入社員フォロー教育（72.4％），中堅社員教育（60.8％），初級管理者教育（係長，主任，主査など）（62.3％），中級管理者教育（課長，マネージャー職）（69.8％）が実施しており，従業員規模1,000人以上になると，その比率はさらに高くなっている。このように，採用者を手厚く育成するシステムを企業内にもっていることが日本企業の特徴である。

　とりわけ20代は人材育成という意味では結構，かなりやってはいます。もちろん仕事を覚えるためのスキル教育といいますか，それもやるんですけれども，それとは別に，人の教育，リーダーシップだとか組織を束

ねていく，まとめていくための教育だとか，そういった，とりわけ総合職については，年次ですと入社3年目だとか2年目だとか，1年目，3年目，5年目，7年目と，結構細かい感じでやっています。そのなかで人材教育と併せて，例えばロジカルシンキングだとか，交渉力だとか，そんなのも交ぜながら結構20代はとりわけ力を入れているという感じです。（空運）

　8年間は若手社員として育成をしていきましょうという流れでキャリアディベロップメントプログラムというので異動，これは8年間のなかで2カ所経験しましょうと。それからあと研修。研修はやはり階層別研修みたいな形でその都度，その都度，必要な研修をやっていくのと同時に7年目のときにはキャリア研修を入れて今までを振り返って将来自分ではどういうふうになりたいか，どういう能力をつけていきたいか，ということを研修でやったうえで面接という形で面接は部門長じゃないところでいろんな人たちが入って将来自分はこういうことをやりたいけどもどういう勉強をしたらいいのかとか，こういうところに行きたいという人は例えば海外事業部長がその場にいればアピールする場であったりとかということで，異動と研修と面接の3本柱でやっているのは8年間のプログラムです。（食品1）

　入社4，5年目と，1年目，2年目，3年目でそれぞれステージを設けて，どういう能力が必要とされているのかっていうのを言語化しました。3年目で指導できる立場になりなさいということで，できれば，3年目か4年目でインストラクターを経験して，人を育成するっていう，人が人を作るっていう，そういうイメージをしっかりと今後も継続できるっていう役割です。（証券）

　このように多くの企業が独自の研修制度を設け，その企業の論理において仕事ができる人間に育成しようとしている。大卒で入社して7〜8年かけてようやく独り立ちでき，一人前とみなされるような育成システムがある。どの企業でも，入社年次にしたがって細分化された研修内容があり，それらが総体としてシステマチックに構築されており，その方式による育成システム

に自信をもっている[6]。これだけ長期間の企業内教育システムからすれば，大学院の2年間教育期間はあまりにも短く，しかも，企業からすれば，実務との関係が不明瞭な専門知識を教育する場に対して，意味を認めることにはならないのだろう。

4.2 学歴の再取得と研修——MBAの効用は人脈作り

こうした研修やOJTがあり，それが従業員の育成システムとしてベストと認識する企業が多いなか，大卒で入社後に大学院へ行き（派遣と自費との両方を含む），修士の学位を取得したことに対しては，どのように評価されるのだろうか。最近少なくなったとはいえ，欧米のMBAの取得のための派遣制度をもっている企業は多く，最近では日本の専門職大学院への派遣制度をもつ企業もある。しかし，下記のように，MBAを取得してきたからといって実務に直接活きるわけではないというのが多くの企業の見方である。

　　（筆者注：MBAを取得した）だからといって，学んできた専門性，学問が活かされるかというと，なかなかそうはいきません。でも，そこまで求めているというよりも，むしろベーシックなところはある程度一定レベルがあれば，あとはプラスアルファがどれだけあるのか，伸びしろがどのくらいあるのかが問題だと思います。（空運）

それでは，なぜMBAへの派遣制度を設けているかといえば，下記の回答のように，本人のモチベーションを引き出そうとすることに意義を認めているケースがある。

　　MBAをとったから，例えば海外グループ会社でそれがすぐに花開くとも思っていませんし，どっちかというと，やっぱりOJTかなというふうに思っていますので。ただ先ほど言った定量評価のなかで，社員にキャリア形成意識を自分自身にもってもらうというなかの一つのオプションとして，留学機会だとかそういうものを見せてあげて，ぜひそれにチャレンジして留学してMBAをとってきましたという人には，アドバンテージのポイントを上げるとかというふうにして，本人のやる気を出してキャリア形成してもらうというような仕組みにはしていきたいと思

っているんですけれども。（機械）

　それ以外に，職務遂行能力の向上とは別なところに意義を認めているケースもある。

　　　筆者：企業派遣という形でMBAに毎年５，６人の方が行っていらっしゃるということですけれども，その効果といいますか，会社としてそれはいいことだという評価になるか，そのあたりどういうお考えになりますでしょうか。

　　　やっぱり人脈作りは目に見えて，その後，本人にとっても結局長い，５年後，10年後含めて明確なものができると思うんです。そういう意味での効果というのは当然あるんではないかなと思います。（保険）

　学歴の再取得は，ダイレクトに職務遂行能力の向上に結び付くものではないが，本人のモチベーションを高め，中長期的に仕事の人脈作りに役立つかもしれないことに効果を認めているのである。いわば，見返りをあまり期待しない投資として学歴再取得を位置付けているといってよいだろう。大卒者を基準にし，そのOJTによる育成システムが網の目のように作られているなか，MBAの取得も企業内の育成システムには及ばないとする企業の価値観が見て取れる。

　ただ，こうした学歴の再取得に関しては，ネガティブな評価がなされないことを付記しておきたい。文系大学院修了者の採用および職務遂行に関しては，ネガティブな評価が付されていたことと比較すると，学歴再取得が仕事に直結しないとは言いつつ，それによって企業が求める能力が欠如するとも，プライドが高く仕事ができないとも言われることはない。それは，大卒者として採用し，企業内教育を経ていることで，企業が求める能力や職務遂行能力がある者とお墨付きを与えているからだろう。

　採用時にMBAを取得している者に対して，同様の評価がなされることは恐らくないだろう。例えば，「3.1　職務内容」にある化学メーカーの，MBAは「入ってすぐに役に立つかというと，やはり，例えば営業の経験をしないと事業のことはわからない」という回答は，採用時にMBAを取得している

者を想定している。採用時に MBA を取得している場合は役に立たないが，採用後に MBA を取得するのであれば意味があると，両者を明確に区別している。

　また，海外で異文化体験をさせるという意味で，MBA よりも効果があるという研修制度をもつ企業もある。この企業では，入社 4 年目の社員が，研修テーマを自分で決め，行先はその企業の海外支店のあるどこかに，1 年間送る海外研修制度を設けている。海外支店は拠点にするだけで，全く自由に自分で決めた研修テーマを追究する。もともとは MBA 取得のための派遣制度があったが，近年では，この海外研修制度による派遣のほうが多くなっている。MBA とこの制度を比較した以下の回答を示そう。

> 　ひょっとしたらそうかもしれないな（筆者注：MBA よりも研修のほうが効果がある）というのは，今，ちょっと感じています。（中略）現地でのこのバイタリティーっていうか，物おじせずに前に進む力っていうか，切り開いていく力っていうのは引けを取らなくて，そこが企業カラーなのかなというふうには感じているんです。（中略）自然に競い合っていて，競争意識も芽生えていて，人からも見られていると。われわれは，行く前に，「おまえら，仕事もしないで，現場の人たちが稼いでいるお金で行かせてもらうんだからな」というのを刷り込むわけです。そうすると，結構やっぱりパワーを発揮します。（証券）

　確たる回答ではないものの，MBA よりも海外研修制度のほうが効果があるかもしれないというのである。その根拠は，「現地でのこのバイタリティー」，「物おじせずに前に進む力」，「切り開いていく力」の獲得において，MBA よりも優れていると評価しているのである。MBA で学ぶ専門的知識よりも，バイタリティーを高めるほうが，この企業にとっては望ましいという判断である。ディシプリンにもとづく専門的知識は，ここでも効用が薄いようである。

4.3　育成システムから見た文系大学院修了者の評価
——文系大学院修了者は不合理な存在？

　こうした緻密な企業内育成システムは入社年次ごとに構築されているため，

同一時期に入社すると学歴に関係なく訓練することになる。すなわち，文系大学院修了者も同期で入社した大卒と同じ訓練を受けるのである。この仕組みのため，文系大学院修了者に対するさらなるネガティブな評価がなされるのである。

　　（筆者注：文系大学院修了者は）ただ単に2年間分給料が高いんですよ。2年分高いだけだけどスタートは全く一緒に営業からさせられるわけですよね。そうすると，自分で2年間やってきたものって，申し訳ないんだけどそれって全く意味がなくて，スタートラインが全く会社の中で一緒だというスタンスになるので。そうすると（筆者注：大学院修士課程で）2年間やっても教育訓練費がかかる，しかも給料は，2年分高いわけですよ。（食品1）

　大学院修了者の初任給は，2年前に入社した者，すなわち大学卒業年次が同じ者に準じるため，同期入社の大卒者よりやや高い。しかし，同期入社した者に対しては，学歴にかかわらず同じ育成システムを適用する。そのことを，高い給料を支払ったうえに，訓練費用が安くなるわけではないことを不合理だと指摘するのである。年齢給と入社年次にもとづく訓練システムは，それから外れる者を想定していない。したがって，それから外れる者が出た場合には，問題の矛先は企業が構築しているシステムの問題性ではなく，不合理な存在であるシステムから外れる者に対して向けられるのである。
　2年間の教育期間の成果を認めていないため，その分訓練費用が廉価に抑えられるという考え方が採られることはない。それは次の理由からである。

　　大学で何を習ってきているかが把握しきれていないので，基本的に新入社員，皆同じようにビジネスファンダメンタルを新入社員教育，受け入れ先の教育，もしくは通信教育含めて，リベラルアーツも含めてフォローしていくのです。そのなかで学び直すという人間もいたりするので，大学院で経験していなくても，会社に入ってから勉強する人間はだんだん追いつくと思うんです。それが20代の後半とか30ぐらいになったときに差がなくなっている人もいますし，さらに大学院生で伸びている方もいたりするので，そういう意味ではやっぱり会社に入ってからある程

度もう一回やっているところもあります。（空運）

　大学教育で何を身につけているかわからない。したがって，学歴にかかわらず，自社で一から訓練し直さねばならないと，考えているのである。企業からすると，学部段階，修士段階にかかわらず，大学教育そのものに対する信頼度は高くない。それは企業の採用システム，育成システムに対する誇りの裏返しかもしれない。

　その一例として，修士号を取得して入社した者と，入社後に修士号を再取得した者とどちらが伸びるかという筆者の問いに対する回答を示そう。

　　（筆者注：修士号を）<u>途中で取った人間のほうが伸びてるかもしれませんね，やっぱり。</u>というのは自分で意識して行く，ないしは会社が選抜して送り込んでて自分もそれなりに意識してますから会社に遣わされたんだ，会社のお金で行ってきたんだと。例えば２年間，会社の仕事をしないでいくわけですから，迷惑をかけたんだ，ということの頑張り具合というのは，やっぱり今ふと思って見ると，あいつもそうだしこいつもそうだなと今思いますね。<u>修士で入ってきた人間というのはそれなりのサジェスチョンしながら動機付けして入ってはいますが，それは仕事とすれば学部生とそんなに変わらない。事務系の場合はですね。</u>（食品１）

　同じ修士号取得者であれば，大学院修了者を採用するよりも，大卒者を採用してから派遣して修士号を取得させたほうが「伸びている」，すなわち職務遂行能力が向上しているという評価である。その理由としては，会社から派遣されたことが本人のやる気を伸ばすということが挙げられているが，実は，それ以上に，企業の自社の育成システムの対する信頼度の高さが表れているように思う。すなわち，「修士で入ってきた人間（中略）は仕事とすれば学部生とそんなに変わらない。事務系の場合はですね」という回答にあるように，企業が採用し研修を与え社内で仕事をさせ，そのなかで企業が目星をつけた者ということに対しての自信の表れである。おそらく，確たるエビデンスがあるわけではない。筆者の問いかけに対して，「今ふと思って見ると」という程度のことなのである。

　しかしながら，企業内の育成システムがそれほど有効だという認識は，次

の回答に結び付く。

　本当に全部キャリア採用にして優秀者が採れるかという確率にかける
か，それよりも白紙で白いキャンバスの人を採って会社なりに育成する
ほうが，実は遠回りのような近道なのかと考えるかという部分だと私は
思います。欧米の場合は，これはもう職能主義ですから，学歴とかより
も職歴の人を採る，別に年齢がどう若くても年とっていても人事部長が
できる人は 20 代で人事部長で雇えばいいわけなので，この育成の仕方
の違いだと思うんです。（機械）

　下手に色のついていない「白いキャンバス」である大卒者を採用し，社内
の育成システムで教育したほうが，結局は「近道」という認識になるのであ
る。企業内の研修制度とは，訓練費用を企業が負担していることである。こ
の訓練費用を「費用」とみなしていない。訓練費用を外部化して廉価にする
ことは考えられていない。そればかりか，訓練費用をかけるほうが効果が大
きいと考えるのが，日本の企業なのである。従業員の職務遂行能力に関して，
大学入学時の学力にポテンシャリティを見出し，大卒者を採用し，多大なる
訓練費用を支払って育成する。そうしたシステムから見れば，文系大学院修
了者は不合理な存在としての烙印を押される。その不合理な存在にどのよう
にして合理性を見出すことができるかは，少なくとも現段階では容易ではな
い。

5.　結論と考察

5.1　結論──事務系職種がもたらすネガティブ評価

　図 6-1 に示した分析の枠組みにしたがって，日本の大企業 9 社の執行役員
人事部長や人事部長に対するインタビューをもとに，文系大学院修了者は労
働市場において評価されないのか，その理由について明らかにした。従来の
研究が，その理由を大学院修了者のもつ様々な特性にその理由を見出してい
たのに対し，本研究では，企業内の仕事のやり方やその論理との関連で，こ
の問いに答えることを目指した。なぜなら，理系大学院修了者は労働市場に

おいて定着し一定の評価を得ているのに対し，文系大学院修了者はそうならないのは，大学院修了者の側の問題というよりは，企業内の事務系職種と技術系職種の仕事の違いによるところが関係していると考えたからである。

　採用，職務内容と職務配分，育成と処遇の三つの側面から分析した結果，以下のことが明らかになった。

　第一に採用の側面では，学歴による区別や差別をしないという制度的な仕組みはあるものの，文系大学院修了者を積極的に採用しようという方針はない。それは，技術系職種と異なり，事務系職種は採用にあたって学部不問とし，大学での専門や学業成績を重視せず，専門的知識よりもコミュニケーション能力などの諸能力を求めることがベースにある。そして，文系大学院修了者に対しては，大学院での学習は専門性を深めるかもしれないが，企業で求めるこれら諸能力を欠如させる，あるいは，その逆に大学院での学習は大して専門性を深めていないし，コミュニケーション能力なども身につけていないという言説が流布している。大学院における専門的知識と企業が求める諸能力の論理とが二律背反的に捉えられているのである。この評価は長年の経験に依拠した現実ではなく，ステレオタイプ的に構築された幻想と考える。なぜなら，各企業の採用データからは，どの企業にもこうした判断ができるほどの文系大学院修了者はいないからである。

　第二に職務内容と職務配分に関しては，事務系職種の場合，法務や経理などの職種を除くと特段専門性の高い職種はなく，また，グループで仕事をする体制や，多様な職種を経験するジョブローテーションをとっていることが，大学院修了者にとってネックとなる。すなわち，企業から見れば，大学院で学習した専門性を活かすような職種はない，あるいは，専門の学習は多様な実務経験をするうえでは役には立たないということになるのである。さらには，職務内容・配分システムの問題ではなく，なまじ専門的な学習をしたために専門に固執するプライドの高さが問題だと，大学院修了者の個人特性に還元されてネガティブな評価が下される。

　第三に育成と処遇に関しては，大企業の緻密な企業内教育システムと年齢給が，大学院修了者の位置付けを難しくしている。入社年次に従って長期にわたる育成システムがあり，それこそが社員を一人前にすると自認している。大学や大学院教育に対する信頼のなさも，ここから派生している。大卒者も大学院修了者も同期入社として同一の研修を受けるのだが，他方で，大学院

修了者には同期入社の大卒よりも2年分高い給与を払うことは不合理と指摘され，それならば白紙の大卒者を採用して企業内教育を行うことが近道という認識に至るのである。企業のもつ育成システムの問題が，コストがかかる文系大学院修了者という評価に跳ね返るのである。

文系大学院修了者に対する労働市場からのこのようなネガティブな評価は，文系大学院修了者のもつ個人的な特性というよりは，多分に事務系職種の仕事の仕方やその論理に起因するものであることが明らかになった。

5.2 　考察——企業のグローバル化が変化をもたらすのか

文系大学院修了者に対する労働市場の評価を，日本企業の事務系職種の仕事の仕方やその論理の構造的特性から明らかにしてきたが，これはどこまで不変の構造なのだろうか。今後，変化しうる可能性はないのだろうか。

この問題を考えるにあたって，技術系職種において大学院修士課程修了者の採用が順調に進んだのかを明らかにした小林（1989）の分析が参考になる。小林（1989）は，理工系で大学院修士課程修了者の採用が増加・定着したのは，1960年代からの工学系大学院の拡張期に，有力大学における修士課程が巨大化したことで，それまでの主たる採用源である大卒者の就職者が不足し，そこで有力大学の大卒者を採用していた企業は，有力大学以外の大卒者の採用ではなく，有力大学の大学院修士課程修了者の採用にシフトしていったからだと論じている。この議論を受けて，1990年代の社会科学系の修士課程の拡大メカニズムを分析した濱中（万見）（2002）は，1990年代の社会科学系修士課程の拡大は，修士課程を既設の有力大学に加えて，未設置の私立大学が修士課程を設置することで生じたが，それに対する労働力需要が高まらなかったことを明らかにしている。

この二つの対照的な議論からは，いずれも，労働力不足と大学院修士課程修了者の出身大学の威信が，大学院修了者の採用を増加させる鍵と分析されている。そうであるならば，社会科学系修士課程が拡大した1990年代はバブル崩壊と大卒者の増加で就職難となり，そのなかで威信の高い大学とそうでない大学とで同時に大学院拡大が進行したために，大学院修了者の社会的価値が上昇しなかったということになる。そして，この状況は現在まで継続しており，そのため事務系職種の採用の慣行に大きな変化は生じていないということができよう。そして，事務系職種には専門性を求めず，OJTを主体

として企業内で人材育成をすることが望ましいという認識が維持され続ける限り，大学院修了者を積極的に採用することもないだろう。

それでは，企業の側に変化の生じる機運や契機はないのだろうか。再び，インタビューに戻り，これまでの日本企業の典型的ケースと，それを崩す可能性のあるケースとの両者を比較しよう。まず，典型事例を示そう。

それは，欧米では MBA が事務系職種の主流であることは知ってはいるものの，日本の労働市場ではそれは機能しないというと考え方である。

　　MBA というものに対する評価をそんなにもっていないんです，悪いんですけれども。MBA というのは外国行ったらごまんといるわけですよ。その中の成功している人は一部の方だけなんですよね。だから，逆に言うと日本の労働マーケットはもっていない人はごまんといて，それに資するぐらいの人が中から一部出てくると。それは <u>MBA とっているか，とっていないかというのは関係ないという世界で</u>。（機械）

こうした考え方の根拠には，MBA を取得していても仕事ができるわけではない，言い換えれば MBA という学歴と，仕事の成果とは無関係と考える論理がある。

　　<u>うちの会社は伝統的に資格とかそういうものに対して，手当を上乗せしている歴史がないんです</u>。（中略）あくまで職務遂行する者に対して成績考課のなかでどれだけ一時金を積み増してあげるかとか。最近ちょっとプロジェクトマネージャーに対してだけは，ちょっと上積みの手当があるんですけれども，基本的に資格に対して無条件に何か払うという感覚をもっていないんですよ。（機械）

すなわち，学歴＝資格であり，社外で取得した資格に対しては職務遂行能力を認めない，職務遂行能力はあくまでも社内での成績考課という状況があるため，大学院学歴は評価対象にならないのである。

他方で，企業のグローバル化が変化をもたらすかもしれないという回答も散見される。

世界で見ると，やっぱり MBA，大学院を出ているのは当たり前っていう世界なわけです。そう考えると，うちの会社はずれているなっていうのは感じます。ですから，そこはちょっと改めていかないといけないとこなのかなっていうふうに問題意識をもっている人もいます。「日本の大学院というよりは，海外で MBA をとって帰ってくるっていうことを，もうちょっと幅広くやったほうがいいのではないか」って言う役員も，今の副社長とかもそういう考えももっています。(証券)

　　今後の課題としては，現地のスタッフの中に優秀な方がたくさんいるので，そういう人には実は MBA とかとっていない方のなかに，将来経営を任せられるような人物が出てきているので，であれば後から，箔をつけるじゃないですけれども，MBA をとってもらっていいので，例えばそのために日本の国際大学に来ませんかとか，もしくは現地でとっていただいてもいいんですけれども，そういうのをまだやっていないので，今後はやろうかということです。(空運)

　企業が海外展開をするなかで，MBA 取得が国際標準になりつつあることを見て，将来，事務系職種にも MBA が必要になるかもしれないと考えるようになり，MBA 取得者の増加が社内の話題にのぼるケースである。ただ，この場合も，どちらも大学院修了者を採用するのではなく，大卒者で採用した者に MBA を取得させることを想定していること，また，国内大学ではなく，海外大学の MBA を前提にしていることに留意すべきである。採用者を見極めて研修の位置付けをもって MBA を取得させ，そうした者への評価はそれなりになされていたことは，「4.2　学歴の再取得と研修」で検討した通りだが，それが企業の海外展開の進展に伴ってさらに拡大する余地はあるのかもしれないが，それが急速に普及していくとは思われない。こうした，いわゆる「グローバル人材」はその緊急必要性がいわれているが，企業が必ずしもそうした者を求めているとは言い難いからである（吉田　2015）。
　事務系職種に専門的知識は不要，学歴は職務遂行能力とは別という論理は強固である。その論理が，職務と学歴との関係の現実なのかもしれないし，大学院学歴取得者を事務系職種として採用した経験がないことによる幻想なのかもしれない。それを証明するためには，文系の大卒者と大学院修了者と

が，採用後にどのようなキャリアパスをたどるのか，長期にわたるパネル調
査が有効だが，大学院修了者が大卒者と比較できるほどのマスにならねばそ
れもかなわないという堂々めぐりに陥る。

注

1) 採用の基準を「人物本位」とすることは，日本に限定した事象ではない。アメリカ
においても雇用主は，とりわけ全般的な人格特性を求めるといわれている。そこに
社会階層が反映していることが研究として明らかにされ，その事象に対して不平等
の源泉として批判的なまなざしが注がれることに特徴がある（例えば，Bowls &
Gintis（1976 = 1986），Collins（1979 = 1984））。

2) 採用基準が，最終的には一緒に働きたいと思うか否かという主観にあることは，
企業の人事担当者が各所で述べている（例えば，楠木（2010），廣瀬（2015））。興味
深いのは，そこに社会階層が影響を及ぼすか否かという観点での研究は行われてい
ないうえ，そうした主観に社会的不平等が存在するといった観点も希薄である。雇
用主に，そのように思ってもらえるようなアピールの仕方を説くマニュアルが席巻
していることそのものに，社会階層の影響力はなく，学生個人の努力で自己を変容
できるという認識があることを示しているように思う。

3) 日本企業におけるジョブローテーションは，高度経済成長期に有用性が認識され，
幹部候補生の教育方法として普及したことに特色があり，欧米におけるジョブロー
テーションは，ブルーカラーが，同じ作業を繰り返すことの退屈さを避けるための
ものとは異なるという（惠志 2015）。

4) 日本生涯学習総合研究所（2014）においても，86.9％の企業が，社員教育は，個々
の社員が仕事で求められる能力（知識，スキル，姿勢）を身につけられる内容だと回
答しており，研修における自信のほどをうかがうことができる。

引用・参考文献

Bowls, Samuel. and Gintis, Herbert, 1976, "Schooling in Capitalist America: Educational
Reform and the Contradictions of Economic Life", Basic Books（= 1986, 宇沢弘文
訳『アメリカ資本主義と学校教育』Ⅰ・Ⅱ，岩波書店）.

Collins, R., 1979, "The Credential Society: An Historical Sociology of Education and
Stratification", Columbia University Press（= 1984, 新堀通也監訳『資格社会―教育
と階層の歴史社会学』有信堂）.

出相泰裕, 2005, 「職業人向け大学院における従業員の学習に対する企業の反応」『大阪
教育大学紀要　第Ⅳ部門』54(1)：145-58.

濱中（万見）淳子, 2002, 「1990年代における社会科学系修士課程のメカニズム―政策
と現実」『教育社会学研究』71：47-66.

濱中淳子, 2014, 「拡大する大学院と就職難民問題―大学院修了者は「使えない人材」な
のか」岩波書店：105-133.

濱中淳子，2015，「大学院改革の隘路――批判の背後にある企業人の未経験」『高等教育研究』18：69-86．本書第5章に「企業の文系大学院修了者の採用行動」として再録．

廣瀬泰幸，2015，『新卒採用基準―面接官はここを見ている』東洋経済新報社．

岩脇千裕，2006，「大学新卒者に求める「能力」の構造と変容―企業は「即戦力」を求めているのか」『Works Review』1：36-49．

岩脇千裕，2007，「大学新卒者採用における面接評価の構造」『日本労働研究雑誌』567：49-59．

惠志泰成，2015，「ジョブローテーションへの期待」（http://www.shogai-soken.or.jp/htmltop/toppage.files/column_150602_no6.pdf, 2016.02.08）．

小林信一，1989，「工学系大学院の発展過程と現段階」『教育社会学研究』44：132-45．

楠木新，2010，『就活の勘違い』朝日新聞出版．

日本生涯学習総合研究所，2014，「『企業における人材育成』に関する実態調査」（http://www.shogai-soken.or.jp/htmltop/toppage.files/kigyo-chosa_2014.pdf, 2016.02.08）．

吉田文，2012，「社会人の再教育と経営系専門職大学院」『日本生涯教育学会年報』33：104-15（吉田文編著，2014，『「再」取得学歴を問う―専門職大学院の教育と学習』東信堂：173-92 に所収）．

吉田文編著，2014，『「再」取得学歴を問う―大学院の教育と学習』東信堂．

吉田文，2015，「グローバル人材の育成をめぐる企業と大学とのギャップ―伝統への固執か，グローバル化への適応過程か」『移民・ディアスポラ研究』4：206-21．

第Ⅲ部

第7章 アメリカにおける文系修士課程の機能拡大

福留東土

1. 大学院教育と労働市場の関係

　本章では，アメリカ合衆国における近年の大学院教育の動向について取り上げる。中でも特に，修士課程を中心に起こっている大学院教育の専門職化について論じる。アメリカでは，これまで職業との関連が明確でなかったリベラルアーツの分野をはじめとして，専門職分野とみなされてこなかった分野において，大学院教育とそれら各分野に関連する専門的職業との関係を捉え直そうとする動きが生じている。

　アメリカの大学院教育では，一般に専門職大学院（professional schools）として位置付けられる，職業や特定の資格とのつながりが明確な分野が存在する。伝統的な専門職とされる法学，医学がその代表であり，ビジネス（経営学・商学），教育学，公共管理の分野なども職業との関連性が強い。一方で，これら以外の分野においては，大学外部の職業との関連性は一般に明確なものではなかった。だが，特定の職業や資格との関連が明確でない分野においても，各分野の教育がいかなる職業的有為性や社会との関連性をもちうるのかという観点は，その分野の教育を考えるうえで重要である。かりに，これまで職業との関連が薄いと認識されてきた分野においても，大学院教育が，その目的やカリキュラム，教育研究組織の設計の仕方によって，職業と関連する要素をもちうるのだとすれば，それは各分野の教育が職業や社会に対する拡張性をもつ可能性を示すことになる。もっともそれは，あらゆる学問分野が職業との明確な関連性をもちうるよう，現行のあり方を根本から転換させることを意味するわけではない。各分野の学問的知識を継承していく機能

を中心に置きつつ，それと並列させる形で，より広い社会的・職業的拡張性を，各専門分野がどのようにもちうるのか，という問題なのである。

　本書の分析枠組みのうち，本章では大学院と労働市場との関係に焦点を置く。両者の関係について考えるうえで日本では，大学院修了者の修了後の状況に着目した議論が多い。だが，本章では，大学院教育を通して与えられる知識内容がいかなるものであるかという観点に立った議論を行う。大学院教育と社会との関連を考えるうえで重要なことは，大学のもつ知がどのように社会とつながりうるのかを，各専門分野の文脈に立脚しつつ検討することである。元来，研究者養成を主眼にしてきた分野において，大学院の機能を多様化させつつある現代の状況は，各分野のもつ知のあり方を幅広く捉え，それらがどのように社会に貢献しうるのかに関する模索が進んでいると捉えることができる。大学知と社会知の連関構造は重層的で複雑であるが，大学院に求められるのは，自らの扱う知識の専門性を専門分野の内部で探究するとともに，社会に対するその拡張可能性を探り，それに立脚した教育を構築する姿勢をもつことである。しかし，こうした視点からの議論はこれまで行われてこなかった。この視点から大学院の問題を捉えるとすれば，重要なのは，大学側がコントロールできない労働市場での評価を待つより，大学側が主体となって自らの知と社会との接点を探り当てていくことである。

　これらのことを踏まえて本章では，アメリカの，主に修士課程段階で生じている専門職化の動向を取り上げる。はじめに，アメリカにおける修士課程の歴史的展開を追い（第2節），専門分野別に見た現状をまとめる（第3節）。続いて，自然科学および人文・社会科学の専門分野ごとに，全米的な動向について論じる（第4節）。そのうえで，人文・社会科学分野の一つの事例として歴史学を取り上げて検討を行う（第5節）。最後に，日本の大学院に対する示唆を述べる（第6節）。

2. アメリカにおける大学院修士課程の歴史的展開
——拡大を続ける修士課程

　アメリカの修士課程は，学士課程と博士課程の狭間にあって，様々に位置付けられ，多様な機能を負わされてきた。学生や教育の質に対する評価は多様であるが，そのなかで柔軟な構造を構築し，種々の新たな取り組みが展開

されてきたのも，アメリカにおける修士課程の特質である。専門職とのつながりの強い修士課程としては，ビジネスや公共政策，教員養成等が挙げられ，これらの分野では修士学位が実質的な専門職学位として位置付けられてきた。これら以外の非専門職分野では大学院教育は博士課程を中心に運営され，学術研究者の養成を主たる目的としてきた。しかし，近年ではそうした機能に加え，職業とのつながりや社会的有意性を見直し，各専門分野が広く社会や修了者の職業生活にどのような貢献をなしうるかといった議論が行われるようになっている。リベラルアーツの諸分野は，職業的・社会的有意性の観点から見て日米で課題を共有しているといえる。しかし，そうした課題を抱えつつも，それを乗り越え，新たな展開を探ろうとする動きが起こっており，そうした動向は今後の日本の大学院教育のあり方を考えていくうえで参考となりうる[1]。

　アメリカにおける大学院制度の成立は，1876年におけるジョンズ・ホプキンス大学（Johns Hopkins University）の設立に求めるのが一般的である。しかしこれは，研究者養成を中心とする博士課程が，カレッジ教育としての学士課程から独立した，明確な目的と実体をもつ教育課程として存在し始めたことを指すのであって，修士学位や博士学位の授与自体はそれ以前から行われており，アメリカにおいて修士学位は17世紀半ばから存在していた[2]。最初の修士学位はハーバード・カレッジ（Harvard College）で授与されたとされている。修士学位が授与され始めた当初，それはカレッジ卒業後数年間の研究や学修の成果に対して授与される学位として位置付いていた。イギリス植民地時代にはそうした位置付けが続いたが，この当時は明確なカリキュラムを伴った教育課程として修士課程が存在していたわけではなく，18世紀終わり頃には，修士学位はカレッジに残った者たちにほぼ無条件に授与される学位となり，次第に有名無実なものとなっていった。19世紀後半になると，各大学で教育課程としての修士課程が編成されるようになった。修士学位は，課程における修了要件を満たした者に授与されるようになり，再び学修の実態を伴った学位へと変容するようになる。その後，19世紀末にかけて主要な大学に博士課程をもった研究大学院（graduate school）が次々に設立され，それに伴い修士学位は新たな機能として博士に至る中間学位としての位置付けを有し始めるようになる。研究大学院が成立・拡大する一方で，それに前後して生じたのが専門職教育の拡大である。伝統的な専門職分野であ

る医学・法学・神学では19世紀から専門職学位としての博士学位が授与されていたが，19世紀半ばから終盤にかけて，農学，工学，経営学，教員養成等で専門職の性格をもつ修士課程が数多く開設されるようになる。とりわけ，20世紀前半は学校教育制度が広く普及した時期に当たり，初等・中等教育の教師を対象とする教員養成分野の修士学位は大きな比重を占めるようになった。こうしたなか，修士学位は次第に，大学院で最初に与えられる学位としての位置付けを確固たるものにしていく[3]。

　20世紀後半に入ると，専門職学位としての修士学位の数が大きく増加するとともに，授与される分野も多岐にわたるようになる。依然として中心を占めるのは教員養成だったが，工学，経営学，農学における学位数が増加し，公共管理や公衆衛生，社会福祉等の新興専門職分野でも修士号が授与されるようになった。同時に，量的には多くないものの，博士号の中間学位としての位置付けも継続し，博士候補者になれなかった者，博士号取得に至らなかった者に対する代替学位として修士号が授与されるケースもあった。さらに，20世紀後半には，職業的志向は明確でないが学士卒業後も継続して学修を望む者や，生涯学習の受け皿として修士課程が機能するようになった。こうして，この時期に至ると修士課程は，高等教育の大衆化，民主化，高度化などの諸動向に伴う多元的な機能を抱え込むようになる。そうしたなか，入学水準，学生層，修学年限，カリキュラム，修了要件等が機関や分野によってきわめて多様な状況が生じ，修士課程あるいは修士学位の質が問われるようになった。例えば，拡大のなかで次第に修了要件として修士論文を必須としない課程が多くなった。1960年前後からは，全米的な高等教育拡大の状況のなかで，修士課程でもさらなる拡大と多様化が進行し，修士課程の質に関する問題はこの後も存在し続けていく。だが，そうした現象は同時に，社会で生起する様々な需要に機動的に感応しうる柔軟な構造を生み出すことにもなった。特に1990年代前後から，産業界や地域社会のニーズに対応しつつ，修了者の職業的キャリアにつながる課程を構築する取り組みが強まるようになる。博士課程ほど長期の就学を必要とせず，かつ大学にとって重い財政負担なく多くの学生を呼び込める修士課程は，大学にとって経営・財務戦略上の重要性をも高めるようになる。修士学位の数は着実に増加を続け，今後もさらなる拡大が見込まれている。

3. アメリカにおける修士課程の分野別分類

　以上のような過程を経て，拡大と多様化を遂げてきたアメリカの修士課程教育であるが，社会や職業とのつながりという観点から見ると，修士課程は専門分野ごとにその特徴をいくつかに分類することが可能である。それらはほぼ以下の三つの分類にまとめられる（例えば，Glazer-Raymo 2005）。一つは，早い段階から専門職教育として位置付けられてきた分野であり，ここには修士課程の専門職教育の主要な領域である教育やビジネス，公共管理が当てはまる。これらの分野は，上で見てきたように，20世紀前半から中盤にかけて専門職教育としての位置付けを高め，20世紀後半以来拡大を遂げてきた。二つ目は，自然科学，生命科学，工学など，現在ではSTEM（Science, Technology, Engineering, and Mathematics）と総称される分野である。そして，三つ目は，上記専門職分野を除いた人文・社会科学や学際領域に位置付く分野である。これらのうち，後二者は，工学や一部自然科学分野を除いて，専門職的要素はこれまでそれほど強くなかったが，以下で見るように，近年ではこれら，いわゆるリベラルアーツに分類される分野において大学院教育と職業との関連を高める動きが強まっている。

4. 修士課程の専門職化の動向

　本節では，前節での三つの分野分類を踏まえ，リベラルアーツを中心とする修士課程において起こっている専門職化の動向について，自然科学，および人文・社会科学についてそれぞれ議論する。

4.1 自然科学分野における修士課程の専門職化——PSM

　上記STEMを中心に社会科学を含めた学際的な理系分野では，PSM（Professional Science Master's Degree，専門職科学修士）と呼ばれる動きが広がっている（高見・柴 2013）。これまで比較的職業とのつながりが強くなかった分野において，修士課程を博士の準備段階としてのみ位置付けるのではなく，修士段階の教育を通して幅広い専門職に就く者の能力を高めようとする動きである[4]。PSMはアメリカ大学院協会（Council of Graduate Schools;

CGS）による主要プロジェクトの一つに位置付けられている[5]。また，NPSMA（National Professional Science Master's Association）と呼ばれる団体がこの動きを全米的に推進する母体となっており，拠点となる大学（Keck Graduate Institute，ケック大学院大学）が存在している。ケック大学院大学に置かれるPSMの全米事務局では，PSMプログラムとしての認定を行うための基準等が整備されている。2018年現在，全米の157大学で345プログラムがPSMとしての認定を受けており，修士課程をめぐる近年の大きな動向の一つとなっている。PSMには幅広い分野が含まれるが，プログラム数が多いのは，環境学，生命工学，コンピュータ科学・情報科学，生命情報学，応用物理学，応用化学，金融数学，法科学といった分野である。

　PSMの各プログラムで重視されるのは，科学に関する諸分野の教育に加え，マネジメント，チームワーク，リーダーシップ，コミュニケーションなどの汎用的なスキルや学際的能力の涵養である。これら能力は，従来における科学の専門教育に対して，PSMのプログラムに特有の付加的要素であり，"Science Plus" と呼ばれる。すなわち，専門的能力を前提に置きつつ，それを幅広く応用するための能力が重視されており，こうした広さと深さを併せもった能力のあり方は "T-shaped" と表現される。また，インターンシップの実施や課題解決プロジェクトへの参画などを通した実践的教育が強調されており，各プログラムが産業界との連携関係を構築することが求められている。各プログラムは，産業界や地域の雇用者などから構成される助言委員会（advisory board）を編成し，プログラムのあり方について，学内者と学外者とが定期的な議論を行うことが強く推奨されている。

4.2　人文・社会科学分野における修士課程の専門職化 ——PMA

　一方，人文・社会科学，および学際分野では，PSMと同趣旨の動きが生じつつあり，一部でPMA（Professional Master's programs in humanities and social sciences，またはProfessional Master of Arts）と呼ばれている。上記CGSでは，2002年からフォード財団の支援を受けて推進プロジェクトが進められてきた。CGSではPMAに当たる分野として，公共管理，経済学，言語学，政治学，地理学，人類学，心理学，歴史学，社会学を挙げている[6]。さらに学際分野として，アメリカ研究，地域研究，ジェンダー学などが含まれる場

合もある（Glazer-Raymo 2005）。これらの分野では，教育内容や大学外諸機関との連携，学生のキャリア支援などの面で専門職化が徐々に進行している。しかし，上記の PSM と比較した場合，大きな広がりをもつ動きとはなっておらず，このことは CGS でも課題として認識されている[7]。その要因の一つとして，PSM と比べた場合，社会的需要と専門分野との関係が鮮明でなく，また大学院卒者に対応する労働市場の規模も大きくないため，PSM に見られるような独立の専門職プログラムを設置することが難しいことがある。また，こうした事情とも関係して，これら分野では学内外において十分な資金を獲得することが困難な場合が多い。これらの結果として，PMA は PSM のように専門職学位の通称としては定着していない。CGS が行った人文・社会科学系の学士卒者に対する調査によると，これらの分野で，大学で学んだ知識が職業と関連する割合は他分野に比べて有意に低い。しかし他方で，産業界や政府機関による人文・社会科学分野の大学院卒者の需要が他分野より低いわけではない。むしろ，これまで以上にそうした人材の活躍が多方面で必要であるとの声は少なくない。そのため，CGS では，大学院における社会的有意性や職業との関連を意識した教育が求められるとしている（Francis, Goodwin & Lynch 2011）。

　変化の兆しは現れている。CGS では，PMA の動向調査として，修士学位授与数の多い 68 機関を全米から選定し，言語学，歴史学，社会学，地理学，人類学，政治学，経済学，心理学，コミュニケーション，公共管理の 10 分野にわたる 385 のプログラムに関する調査を実施している。2002 年と 2007 年の二時点間における教育プログラムの性格の変化に関する調査であり，その指標とされたのは次の 10 の観点である。①スキル重視の科目（マーケティング，マネジメント，統計学など），および学際的科目の設置，②ノンアカデミックなライティング科目の設置など，ライティングやコミュニケーション能力の重視，③（修士論文の代替，あるいは追加としての）修了時プロジェクト：顧客向けの研究プロジェクト，チームでの研究プロジェクト，④外部者（産業界，政府，非営利組織）による助言委員会の設置，⑤（産業界，政府，他組織での）インターンシップの必修化，⑥実務経験をもつ教員が最低 1 名いること，⑦（インターンシップの必修化に加えて）職業スキルを高める外部活動への学生の参加機会の保証，⑧（Ph. D. ではなく）修士修了者向けの仕事・キャリアの提示／就業支援，⑨修了者調査やキャリアの追跡の実施，⑩専門職アクレ

ディテーションや資格付与を通した評価と質保証，である。これら指標について，上記10分野のすべてにおいて，5年間で大きな進展がみられた。ただし，そこでは分野間の格差が小さくない。例えば，公共管理や経済学，コミュニケーションでは多くのプログラムで上記指標が満たされているのに対し，言語学ではこれらへの対応がそれほど進んでいない。ほかの分野はこれら両極の中間に位置している。こうした調査結果を踏まえ，CGSの報告書は，人文・社会科学の分野は，古典型（classical），応用型（applied），専門職型（professional）の三つに類型化されるのが現状であるとしている（Ibid.）。

　こうした状況を踏まえ，CGSは人文・社会科学分野における大学院教育を発展させるための方策や手段をいくつか掲げている。最も重要とされているのは，外部者による助言委員会の設置である。成功しているプログラムはほとんどが幅広い構成員からなる助言委員会を設置している。ただし，どういう委員構成が望ましいかは，専門分野の特質やプログラムの置かれた状況による。そのため，自身のプログラムの現状に合わせた戦略を練ることの必要性が提言されている。また，インターンシップや雇用の機会を学生に提供することが重要であり，学生獲得のうえでもこうした外部との連携が提言されている。次に挙げられているのが教育プログラムのマーケティングである。外部に対して，どういう人材を育成するのかを明確に提示し，自身のポジショニングを考えることが重要である。他方，機関内部においては，プログラムの学際化を図り，学内者とのコミュニケーションと協働を活発化することが重要である。学際化は教育負担を高めるが，プログラムへの協働や支援を引き出すうえでは有効とされている。また，学内外に対して，PMAのプログラムとしてのユニークさを打ち出し，競争相手の動向や市場のニーズに敏感であることが求められる。人文・社会科学分野は，とりわけ大学院生に対する経済支援などの面で資源的な困難を抱えている場合が多く，それらは発展の阻害要因となりがちであることも指摘されている（Ibid.）。

5．歴史学における動向

　本節では，人文・社会科学分野の一つの事例としてリベラルアーツの一分野に位置付く歴史学を取り上げて論じていく。まず歴史学に関する最も包括的な全米学会であるアメリカ歴史学会を取り上げ，その取り組みについて論

じる。その後，個別の大学の事例を取り上げて機関レベルでの具体的な取り組みを見る。

　アメリカでは，歴史学の分野は，多くの大学において自由学芸学部[8)]の中に位置し，独立の学科（department）を編成していることが多い。研究大学においては，歴史学の大学院プログラムは博士課程を中心に運営され，授与される学位は，学術研究分野の博士学位である Ph.D. であるケースがほとんどである。一方，歴史学の修士号は，博士号に至る中間学位としての意味合いを強く帯び，博士号に対する独自の位置付け，あるいは特定の職業との関連は一般に明確なものではない。しかし，近年では，歴史を取り巻く幅広い職業に対応するための準備として歴史学の修士課程を位置付け直そうとする動きが一部で起こっている。同時に，博士課程についても，これまでのように，大学教授職の準備の課程としてだけではなく，それ以外の専門的職業に対応していく必要があるとの認識が強まっている。そうした動向の一方で，現在でも，歴史学の大学院教育の最も中核的なプログラムに位置付くのは，研究者養成のための博士課程である。また，博士学位取得後は大学教員の職を得るのが，歴史学の大学院教育を受けた者にとって最も望ましいキャリアであるとの一般的認識は，大学教員・大学院学生双方の間で大きくは変わっていない。歴史学において大学教授職以外の職業との関連を強めようとする動きは，歴史学の大学院教育を全面的に職業に対応したものに置き換えようとするものではなく，上記のような現状に対する認識を前提としつつ，漸進的に起こっている動向なのである。

5.1　アメリカ歴史学会の取り組み

　前節で見た通り，人文・社会科学系の PMA は，全体としてそれほど顕在化した動きとはなっていない。だが，人文・社会科学で大学院改革の推進力となっているのは，全米の大学団体以上に各専門分野に立脚する学会組織である。そこで，本節では，アメリカにおける歴史学の最も包括的な学会であるアメリカ歴史学会（American Historical Association；AHA）を取り上げる。歴史学は，上記 CGS の調査によれば，人文・社会科学の中でも専門職化の動向はやや低調な部類に属する。しかし，後述するように，AHA では，大学院教育の専門職への対応に向けたプロジェクトが展開されており，また歴史学では同分野に対応する専門職が比較的可視化しうる状況にある。

修士課程に関する調査研究プロジェクト

　AHA では，1960 年代から修士課程の位置付けや教育の質の多様性が指摘され，議論が行われてきたが，修士課程に焦点付けた本質的取り組みが行われ始めたのは近年になってからである。2001 年に行われた各大学の歴史学プログラムに対する調査では，大学院教育の様々な課題の一つとして，修士課程の機能や将来の方向性，修了者のキャリアの問題が提起された。また，大学院が今後，歴史に関わる様々な外部団体と連携する必要性が指摘された。こうした流れを受けて，2003 年からフォード財団の支援により 3 年にわたるプロジェクトとして学会内部に修士学位検討委員会（Committee on the Master's Degree）が設置された。修士在学生に対して修了後の進路希望調査が実施され，修士修了後に想定される職業がきわめて多岐にわたる状況が明らかとなった。それを踏まえ，修士修了後に想定される具体的進路として大きく以下の四つが設定された。①博士課程への進学，②コミュニティカレッジの教員，③中等学校教員，そして④公共部門における歴史専門職（public history：公共部門における文書館，博物館，歴史館等の専門職員や連邦政府機関の専門職員等）という四つである。こうした進路の多様性を前提に，検討委員会報告書では各大学がこれらのいずれかに重点を置いたカリキュラムを構築する必要性と可能性が議論されている（Katz 2005）。

　修士課程修了後の進路に関するプロジェクトと並行して試みられたのが，修士課程における教育を通して得られる能力の枠組みに関する検討である。修士課程の機能が多様でありうる一方で，修了後の進路にかかわらず，歴史を専攻する者として最低限求められる共通の知識や能力，態度を明らかにしようとする試みである。この取り組みの結果，修士課程における能力枠組みの試案として提示されたのが以下の五つである。①基盤としての歴史的知識，②研究能力，プレゼンテーション能力，③歴史教育に関する基礎的素養，④歴史家としての専門職アイデンティティ，⑤歴史家としての思考法の修得。もっとも，この枠組みは大学院における教育の現状を踏まえて抽出されたものではなく，歴史家として求められる能力に関する関係者間の議論の結果として導き出されたものである。その意味で，修士課程教育の将来的なあり方を検討する素材としての意味合いをもっていた（Ibid.）。

　その後，2012 年から始まり現在も継続されている歴史学のチューニング・プロジェクト（Tuning the History Discipline in the United States）では，

歴史学を専攻する者が獲得すべきスキルや能力，態度を可視化しようとする取り組みが行われている。これは，現在のところ学士課程における歴史学専攻を中心的な対象とするものであるが，歴史学を学ぶことによってどのような能力が得られる（べき）かについての参照軸を構築しようとするものである[9]。卒業・修了後のキャリアにかかわらず，歴史学の教育プログラムがいかなる能力を育成しうるのかを可視化する試みは，歴史学を学んだ人材が，どのように社会において活躍しうるのかを示すうえでも有意義な取り組みであるといえるだろう。

「歴史家のキャリアの多様性」プロジェクト

　現在，AHA ではメロン財団による財政支援を受けて「歴史家のキャリアの多様性」（Career Diversity for Historians）と呼ばれるイニシアティブが展開されている。このプロジェクトは，修士課程よりも博士課程の学生が主な対象とされているが，歴史を学んだ人々が，大学教員のキャリア以外に，歴史の専門的教育を通して仕事の質を高めうる職業が社会に広く存在するという点を基本的考え方に置いており，その点で，上で見た修士課程に関する議論に通底する内容となっている[10]。大学教授職以外の多様なキャリアにおいて歴史的素養を活かしうることを学生に理解させ，そうした職業に適応するための能力を培うプログラムの構築を目的とするイニシアティブである。AHA ではプロジェクトの取り組みとして，①学内外でのインターンシップの機会の提供，②キャリアサービスセンターとの協働プロジェクト，③歴史学の大学院生のためのワークショップなどの開催，④学生の資源としての修了者ネットワークの構築，⑤将来のキャリアパスに関する大学院生による会合の開催，という5点を挙げている。プロジェクトでは，大学外の職業で成功するための能力に関する検討が行われており，それがアカデミックな仕事を目指す場合とどのような共通性と差異性をもつのかが検討されている。また，大学と歴史関係諸機関との関係強化も目的の一つとされている。

　2012年に始まった第一フェーズでは，大学外の職業で成功するための能力に関する検討が行われ，その結果，コミュニケーション，協働，数量的分析能力，自身の知的能力に対する自信という四つの能力・態度が提示された。同時に，検討の結果，それらの能力・態度は優れた大学教員となるために必要な資質と矛盾しないことが明らかにされた。続いて，2014年から始まった

第二フェーズでは，大学と歴史関係諸機関，政府機関，教育機関などとの連携を深めることが目的とされ，大学内外において歴史に関わる人々の相互理解を促進し，学生への情報提供を強化することが目指されている[11]。

　また，上記プロジェクトを核としつつ，AHA では学会誌やウェブサイト，年次大会などを通して，歴史に関わる様々なキャリアに関する情報提供を行っており，歴史に関わるキャリアに対する認識の転換を図ろうと努めている。

5.2　機関レベルのプログラムの分析[12]
——修士課程プログラムと職業のつながり

　全米レベルの専門学会における取り組みに続いて，歴史学の大学院プログラムにおける修士課程の現状を見ていく。アメリカでは，歴史学の大学院プログラムについて，修士課程と博士課程の間の制度的・機能的関係が機関によって異なる。そのため，ここではまず，複数の事例を取り上げながら修士課程と博士課程の関係を整理する。筆者がこれまで訪問調査を行った大学，およびその際に情報を得た大学を取り上げ，さらに，上記 AHA によるキャリアの多様性プロジェクトのパイロットプログラムの対象となった４大学（シカゴ大学（University of Chicago），コロンビア大学（Columbia University），UCLA（University of California, Los Angels），ニューメキシコ大学（University of New Mexico））に対して検討を行う。本章では研究大学（research universities）のみを対象とする。私立大学としてハーバード大学（Harvard University），ジョージワシントン大学（George Washington University），スタンフォード大学（Stanford University），イェール大学（Yale University）の４大学，州立大学として，カリフォルニア大学バークレー校（University of California, Berkeley），ジョージメイソン大学（George Mason University），メリーランド大学ボルティモアカウンティ校（University of Maryland, Baltimore County），メリーランド大学カレッジパーク校（University of Maryland, College Park），マサチューセッツ大学ボストン校（University of Massachusetts, Boston），ペンシルベニア州立大学（Pennsylvania State University），サウスカロライナ大学（University of South Carolina）の７大学に，上記 AHA パイロットプログラムの４大学を加えた合計 15 大学（私立６，州立９）について，訪問調査および各機関の公式ウェブサイトを通した調査を行った。アメリカでは，研究大学といってもいくつかの定義が存在するため，上記 15 大学を研究大学としての特質に着

表 7-1　歴史学大学院プログラム分析対象 15 大学の概要

カーネギー大学分類	最も研究活動の盛んな大学		研究活動の盛んな大学
AAU 加盟状況	AAU 加盟大学	AAU 非加盟大学	
事例対象大学数	9 大学	4 大学	2 大学
博士課程のみ／独立修士課程なし	• シカゴ大学 • コロンビア大学 • ハーバード大学 • スタンフォード大学 • カリフォルニア大学バークレー校 • UCLA • ペンシルベニア州立大学		
博士課程＋修士課程	• イェール大学 • メリーランド大学カレッジパーク校	• ジョージワシントン大学 • ジョージメイソン大学 • ニューメキシコ大学 • サウスカロライナ大学	
修士課程のみ			• メリーランド大学ボルティモアカウンティ校 • マサチューセッツ大学ボストン校

目して下位分類を行った。

　一つの基準はカーネギー大学分類（Carnegie Classification）にもとづく分類である。同分類の 2015 年度版基本分類（Basic Classification）では，研究大学は「博士課程大学（Doctoral Universities）」として分類され，さらに下位分類として，「最も研究活動の盛んな大学（Highest research activity）」，「研究活動の盛んな大学（Higher research activity）」，「ある程度の研究活動を行う大学（Moderate research activity）」の三つに分類されている[13]。本章の分析対象大学は，13 大学が「最も研究活動の盛んな大学」に，2 大学が「研究活動の盛んな大学」に分類されている。

　次の基準は，最も研究活動の盛んな一部の大学のみが加盟を認められるアメリカ研究大学協会（Association of American Universities；AAU）への加盟の有無である[14]。本章の分析対象大学は 9 大学が加盟し，6 大学が非加盟となっている。これら二つの基準に従って本章の調査対象大学の概要をまとめ

たのが**表7-1**である。

　まず，これら大学の歴史学科が修士課程プログラムを提供しているか否かであるが，修士課程をもっていないのはハーバード大学，UCLA，カリフォルニア大学バークレー校，ペンシルベニア州立大学の4大学である。コロンビア大学とシカゴ大学では歴史学科単独での修士課程はないが，隣接学科との共同プログラムやテーマを特定した海外大学との共同学位プログラムがあり，学際化・国際化の取り組みが一部で進んでいることがわかる。スタンフォード大学では，MA（Master of Arts）プログラムが置かれているが，同プログラムへの入学者の多くは歴史学の学士課程との一貫プログラム（Co-terminal B. A. - M. A. degree in History）の学生であり，4年ないし5年間の就学で学士と修士を取得するプログラムである。修士論文の執筆は修了要件として課されてはいないが，入学時に修士課程プログラム計画書（Master's Program Proposal）を学生個々人が作成・提出し，指導教員の承認を受けたうえで，その計画に沿って学修を進めることが求められている。以上の7大学では，博士課程から明確に独立した形での修士課程は有していない。だが，これら大学ではいずれも，博士課程の途上において，Ph.D. の前段階としてMA を取得することは可能となっている。これらを除く以下の8大学では，独立の修士課程プログラムを運営している。

　AAU 加盟大学のうちで独立の修士課程を有しているのは，イェール大学とメリーランド大学カレッジパーク校のみであり，カーネギー大学分類における「最も研究活動の盛んな大学」では，歴史学において博士課程に大きな重点が置かれていることがわかる。イェール大学では3種類の修士学位が存在する。"M. Phil.", "M. A.（en route to the Ph.D.）", "Terminal Master's Degree Program" の三つである。"M. Phil." は博士に入学を許可された者が申請すれば取得できる。"M. A.（en route to the Ph.D.）" は文字通り博士に入学した学生が Ph.D. に至る過程で取得する修士学位である。取得要件はPh.D. 取得要件と重なるが，一定以上の優れた成績でコースワークを通過することが求められる。そして，これとは別立てのプログラムとして"Terminal Master's Degree Program" がある。取得要件単位数は上記MAと同じであるが，それに加えてライティングの課題をこなすことが要求されている（修士論文とは明記されていない）。ただし，イェールでは，ウェブサイト上に修士修了後のキャリアに関する明確な記述はない。これに対して，メ

リーランド大学カレッジパーク校では，修士課程のプログラムが重視されている。修士課程には歴史学の MA プログラムに加え，図書館学とのデュアルディグリー・プログラム（History and Library Science Master of Arts（HiLS）Dual-Degree Program）が置かれており，歴史学科と情報学部との協働でプログラムが運営され，図書館，文書館，博物館などでのキャリアに有用な能力を形成することが図られている。さらに，歴史保存（Historic Preservation），および博物館学・資料文化（Museum Scholarship & Material Culture）という二つの修了証プログラムを設定しており，大学院在籍生がこれらプログラムでの修了証の獲得を通じて，歴史に関わる専門的能力を修得できるよう配慮がなされている[15]。

　AAU 非加盟の 6 大学は，いずれも独立の修士課程を運営している。それらは大きく二つのタイプに分かれる。一つは単独の歴史学修士課程を有している大学である（ジョージワシントン大学，ニューメキシコ大学）。ジョージワシントンでは博士課程とは独立の MA プログラムが置かれており，想定する修了後の職業として，高校教員，政府機関，民間での歴史研究者が提示されている。修了にはコースワークのほか，修士論文を書くか，科目履修の中で二本の研究論文を書くかのどちらかを選択する。これに対して，残る 4 大学は，複数の修士課程プログラムを運営し，あるいは修士課程内に複数の専攻分野を設定している。4 大学のプログラムは以下のようである。

　ジョージメイソン大学では，修士課程にはまず大きく二つの区分があり，一つは通常の独立した修士課程，もう一つは同大学の学士課程学生が学士課程の歴史専攻と一貫した形で修士号を取得することのできるプログラムである。前者の独立の修士課程には四つの専攻（Concentration）が設けられている。博士課程へ進学する専攻（Predoctoral History），歴史学を用いた職業のための専攻（Applied History），歴史的素養を深める専攻（Enrichment），そして歴史教育専攻（Teaching）である。二番目の歴史学を用いた職業のための専攻では，具体的職業領域として，文書館管理，博物館学，歴史物保存，歴史編集が挙げられ，すでにこれら職業に就いている者たちがキャリアを高めるために修士課程に入学することが想定されている。三番目の歴史的素養を深める専攻では，特定の職業を想定することなく，自身の知的能力を向上させることが目的とされており，自由度の高いカリキュラムが組まれている。四番目の歴史教育専攻は，この修士課程のみで教職免許が取得できるわけで

はないが，歴史に関する教職を目指す者，すでに教職にある者が歴史に関する能力・知識を高めるために相応しい専攻であるとされている[16]。

　マサチューセッツ大学ボストン校では，大学院プログラムとしては修士課程のみが提供されている。専攻（track）が三つに分かれており，歴史，パブリック・ヒストリー，文書館（Archives）の各専攻がある。歴史専攻は，他大学の博士課程への進学を希望する者，中等教育教員の職にあり能力の増進を図る者，特定のキャリアの想定なく学修したい者，大学院での学修に関心をもちつつも確信がもてない者などを対象としている。パブリック・ヒストリー専攻では，歴史史料の保存，収集，展示，解釈に歴史学の方法論が基盤として活かされるべきことが様々な場所で働く歴史家に求められるとされており，パブリック・ヒストリーの仕事に特化した専門的プログラムである以上に歴史学の学位課程の一つであることが強調されている。こうしたパブリック・ヒストリアンが働く場として，史跡，公園，史的建造物などの歴史に関わる場，博物館や歴史館，映画やウェブサイト関連の職場，地域の歴史協会や各種機関などが挙げられている。学生，教員と歴史の実践家との協働の場となることが使命の一つとされており，インターンシップが必修として課されている。文書館専攻でも同様に，図書館学や情報科学の分野の中で文書館学を学ぶのではなく，あくまで歴史専攻の中で学ぶことの意味が強調されている。この専攻でも，図書館や博物館，文書館などでのインターンシップが必修となっている。また，文書館専攻に関連して，文書館学の修了証プログラムが設定されている。同プログラムは，歴史学や関連領域の大学院学位を有している者および在学中の者に開かれている。文書館に関わる専門的知識をより深く学ぶプログラムであり，文書処理，コレクション，電子史料，調査補助のうちから一つを選択するプログラムとなっている。

　サウスカロライナ大学とメリーランド大学ボルティモアカウンティ校では，歴史学修士課程のオプションとして，パブリック・ヒストリーを専攻することができるようになっている。サウスカロライナ大学の歴史学科は三つの大学院プログラムをもっている。歴史学の博士課程，歴史学の修士課程，そしてパブリック・ヒストリーの修士課程である。パブリック・ヒストリーのプログラムは35年以上の歴史をもっている。歴史学科のプログラムの特徴の一つとして掲げており，同プログラムは全米で最も成功しているパブリック・ヒストリー・プログラムの一つと位置付けられている。具体的キャリア

としては，博物館管理と歴史保存が挙げられている。また，図書館学・情報科学の修士課程とのジョイント学位プログラムを有しており，博物館管理（Museum Management）および歴史考古学・文化資料管理（Historical Archaeology & Cultural Resource Management）の修了証プログラムが併設されている。

これら6大学ではいずれも，ウェブサイト上に，修士課程修了後のキャリアに関する具体的記述があり，大学により若干の違いはあるものの，おおむね，公共部門（歴史協会，文書館，博物館，図書館），政府機関，そして学校教員が主立った職業領域として挙げられている。また，これら職業領域でのインターンシップが修了要件として課されているケースが少なからずみられる。これらの点から，修士課程プログラムと職業とのつながりが重視されていることが窺われる。

以上のように，研究大学においては，AAU非加盟の大学を中心に，歴史学の修士課程は大学外の職業を意識して設定されている場合が多くみられ，しかも，具体的な職業領域に対応した専門的なプログラムを準備している大学が少なくないことがわかる。今回行った調査は研究大学のみを対象とするものであったが，研究大学以外の大学，カーネギー大学分類でいえば，「修士課程を中心とする大学（Master's Colleges and Universities）」にまで視野を広げれば，さらに職業との関連を意識したプログラムをもつ大学が多く見出される可能性がある。全米的な動向を押さえるうえでは今回の調査を超えたより精緻かつ慎重な検討が要求されるが，今回の検討を通して，少なくとも，歴史学の分野において大学外の幅広い専門的職業に対応しようとする試みがある程度の広がりをもって存在していることが明らかとなった。

6. 日本の大学院教育に対する示唆

これまで本章において，アメリカの大学院教育が職業との関連を強めつつある近年の動向を，修士課程を主な対象として検討してきた。理系分野では，PSMに象徴されるように，すでに専門職化が大学院教育をめぐる一つの大きなトレンドとして存在し始めている。その一方で，人文・社会科学の分野では，職業との関連が徐々に広がりつつあるものの，依然としてそのつながりは明確なものとなってはおらず，各分野の知識内容における社会的・職業的関連性をいかに見出し，高めていくのかが課題となっている。この点では，

アメリカの大学院でも，日本でしばしば指摘される課題と同様の課題を抱えているといえる。だが，専門分野の内部に踏み込んでそこで生じている現象により具体的にアプローチすると，アメリカでは，専門学会や個別大学など，複数のレベルで，職業との対応を模索しようとする取り組みが進行しつつあり，かつそれらがかなり具体的な形態となって現れつつあることが見えてきた。一見すると職業とのつながりが弱いと考えられている分野においてもこうした動きが広がりつつあることは，日本の大学院における大学知のあり方を考えていくうえで参考となるであろう。もちろん，大学院における専門職教育の浸透度合いや社会における大学院学位の位置付けなど，日米の大学院をめぐっては相違点が大きい。だが，アメリカの動向は，大学院における知のあり方について考え，それらを社会や職業における知とどのように結び付けていくのかを検討していくうえで有意義な観点を提起してくれる。日本におけるトリレンマの楔の一つを切る試みとして，アメリカの事例から示唆を得ることができるだろう。

注
1） 本章では主たる分析対象ではないが，研究者養成を中心的機能としてきた博士課程においても，大学外の職場への適応を促す動きが強まっている（CIRGE 2007, Golde & Dore 2001, Nerad 2004）。これらは，大学教授職，とりわけテニュア付きやテニュアトラックのポジションへの就職がきわめて厳しくなっているという現実を反映している面もある（Golde & Dore 2001）。だが，他方では，博士課程において修得された，あるいは修得すべき能力は，大学外の職業に対しても十分に適応可能なものであり，また，産業界や政府機関，非営利団体などでは高度な知的能力をもった人材を雇用したいと考えるようになっているとされる。ゆえに，博士課程においても，修了者が大学外部の職業に従事することをこれまで以上にポジティブな姿勢で捉え，各々の専門分野の研究に加えて，それら高度な能力を様々な環境や職業に適応可能なものとするための視野の広さや柔軟性を培う教育，あるいは組織内で必要となる様々な能力を涵養する教育の必要性が論じられている。
2） 以下，本節の内容は主に，Storr（1953, 1973），Conrad, Haworth & Millar（1993），Brubacher & Rudy（1997），Geiger（2015）を参考としている。
3） アメリカでは，研究者養成の大学院課程では，修士課程を経ずに博士（Ph.D.）課程に入学するのが一般的である。ただし，修士課程に入学しない場合でも，博士号を得る途上で修士号を授与することは多くの分野で広く行われている。修士号が与えられるタイミングとしては，コースワークを終了して総合試験を通過し，博士候補者となる段階で行われることが多い。大学によって，博士課程とは別建ての独立

の修士課程が設けられている場合がある。一方，これとは別に，専門職教育分野では，博士課程とは独立した修士課程の専門職プログラムが数多く存在する。アメリカの修士課程と博士課程の関係については福留（2012）を参照。

4）　修士号が最終学位となるため，しばしば "terminal master" と呼ばれる。

5）　以下，本節における PSM に関する記述は主に，CGS の Robert M. Augustine 氏（Senior Vice President），Jeff Allum 氏（Assistant Vice President, Research and Policy Analysis），Brian Mitchell 氏（CGS/NSF Dean-in-Residence），岡鼻宏直氏（Director, Statistical Analysis and Policy Research）による特別講義 "Professional Science Master's Degrees: A 20 Year Success Story"（2016．3．14），およびその際のディスカッションの内容にもとづく（役職等は当時，以下同じ）。

6）　CGS ウェブサイト "PMA Initiative"（http://www.cgsnet.org/pma-initiative 2020．5．29）．

7）　2015 年 2 月，CGS の Jeff Allum 氏（Director, Research and Policy Analysis）へのヒアリングにもとづく。

8）　"College of Arts and Sciences", "College of Liberal Arts", "College of Letters and Science" など，大学により正式名称は異なる。また，大学院段階を対象とする本章では，邦語の「学部」の訳語は厳密には当てはまらず，研究科（Graduate School）の表記がより厳密であるが，煩雑になるのを避けるため，本章では日本での通称にならい，部局レベルの組織はすべて「学部」とする。

9）　AHA ウェブサイト "AHA History Tuning Project: History Discipline Core"（https://www.historians.org/teaching-and-learning/current-projects/tuning/history-discipline-core 2020.5.29）．

10）　AHA ウェブサイト "Career Diversity for Historians"（https://www.historians.org/jobs-and-professional-development/career-diversity-for-historians 2020.5.29）．

11）　2015 年 9 月，AHA の Jim Grossman 氏（Executive Director）および Emily Swafford 氏（Programs Manager）へのヒアリングにもとづく。

12）　本節の内容は，特記する場合を除いて，各大学の公式ウェブサイトに掲載されている情報にもとづいている。

13）　各カテゴリーに分類される大学数は，順に 115 大学，107 大学，113 大学であり，「博士課程大学」の合計は 335 大学である。なお，カーネギー大学分類は近年，分類方法を複雑化・精緻化させている。近年の動向の詳細については，福留（2017）を参照。

14）　2020 年現在，カナダの 2 大学を含めた 65 大学が加盟している。

15）　2015 年 9 月，メリーランド大学カレッジパーク校歴史学科教授 Marsha L. Rozenblit 氏（Director of Graduate Studies）へのヒアリングにもとづく。

16）　ジョージメイソン大学歴史学科の Zachary M. Schrag 教授（Director of MA Program in History），Randolph Scully 准教授（Former Director of MA Program in History），Brian W. Platt 准教授（Department Chair）による特別講義 "History Program at George Mason University"（2016.3.14），およびその際のディスカッションの内容にもとづく。

引用・参考文献

阿曽沼明裕，2014，『アメリカ研究大学の大学院—多様性の基盤を探る』名古屋大学出版会．

Brubacher, J. S., and Rudy, W., 1997, *Higher Education in Transition: A History of American Colleges and Universities* (4th edition), Transaction Publishers.

CIRGE, 2007, "Social Science PhDs — Five+Years Out: A National Survey of PhDs in Six Fields Center for Innovation and Research in Graduate Education," Seattle: University of Washington, (www.cirge.washington.edu 2020.5.29).

Conrad, C. F., Haworth, J. G. and Millar, S. B., 1993, *A Silent Success: Master's Education in the United States*, Baltimore: The Johns Hopkins University Press.

Council of Graduate Schools (CGS), 2005, *Master's Education: A Guide for Faculty and Administrators — A Policy Statement*, Washington D.C.: Council of Graduate Schools.

Francis, S. K., Goodwin, L. V. and Lynch, C., 2011, *Professional Science Master's: A CGS Guide to Establishing Programs*, Washington D.C.: Council of Graduate Schools.

福留東土，2012，「大学院教育と研究者養成—日米比較の視点から」『名古屋高等教育研究』12：237-56．

福留東土，2017，「米国カーネギー大学分類の分析—高等教育の多様性に関する一考察として」『東京大学大学院教育学研究科学校教育高度化センター研究紀要』2：117-37．

Geiger, R. L., 2015, *History of American Higher Education*, Princeton: Princeton University Press.

Glazer-Raymo, J., 2005, *Professionalizing Graduate Education: The Master's Degree in the Marketplace*, ASHE Higher Education Report.

Golde, C. and Dore, T., 2001, *At Cross Purposes: What the Experiences of Doctoral Students Reveal about Doctoral Education*, Philadelphia: A Report Prepared for The Pew Charitable Trusts.

Katz, P. M., 2005, *Retrieving the Master's Degree from the Dustbin of History: A Report to the Members of the American Historical Association*, Washington D.C.: AHA Committee on the Master's Degree in History.

Nerad, M., 2004, "PhD in the US: Criticisms, Facts and Remedies," *Higher Education Policy*, 17: 183-99.

Storr, R. J., 1953, *The Beginning of Graduate Education in America*, Chicago: University of Chicago Press.

Storr, R. J., 1973, *The Beginning of the Future: A Historical Approach to Graduate Education in the Arts and Sciences*, New York: McGraw-Hill.

高見茂・柴恭史，2013，「研究型大学における理系実務型人材育成の課題と実践の試み—米国の専門理学修士号 PSM に注目して」『京都大学大学院教育学研究科紀要』59：51-72．

第8章 中国の大学院進学熱

李 敏

1. なぜ大学院に進学するのか——大学院進学の思わぬ効果

　日本の大学院進学者数が伸び悩み，大学院修了者に対する労働市場の需要が限られていることと対照的に，中国の大学院教育は 2000 年以降に急速に規模を拡大している。2018 年に，修士課程の進学者数は 1998 年の 5.7 万人からその 13 倍以上の 76.3 万人に急増し，博士課程の進学者数は 1.5 万人から 9.6 万人という 6 倍以上の増加を見せた（**図 8-1**）。中国経済の急速な成長と相応する勢いである。実は，この大学院進学熱の背後には，いくつか中国社会特有の要因が考えられる。

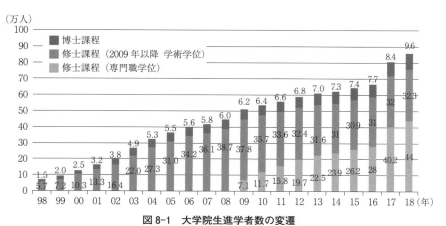

図 8-1　大学院生進学者数の変遷

出典：『中国教育統計年鑑』（各年度）より筆者作成

まず挙げられるのは，中国社会に存在する根強い学歴信仰である。周知のように，中国には世界最古の官僚登用試験として知られた「科挙試験」制度があった。598年に発足してから1905年に廃止するまでの1300年の間に，「科挙試験」を通して，数々の立志・苦学・出世の伝説を世に残した。「科挙試験」制度が一般民衆に社会的地位の上昇移動の機会を提供していたため，教育を通して「立身出世」を果たすという「教育神話」は古くから中国人の意識に深く根差している。努力と能力によって，各種の試験の難関を突破し，最後に勝ち残った人が人材としてみられるため，学士よりは修士，修士よりは博士が優秀であるという意識が，社会のなかで広く見受けられる。あたかも自明のことのようなこの学歴を重要視する国民意識が，近年の実証研究で見事に裏付けられた。大学院教育の収益率を計測する研究では，高卒，大卒と比べ，院卒が労働市場に高く評価されており，大学院修了者の収益率も他学歴より高いという結果がある（李ほか1994，頼2004，張2003，李2007，呉・李・関2010）。近年，国家公務員管理職の若年化，高学歴化への改革が大学院進学，特に社会人の大学院進学に拍車をかけた。

　次に，中国特有の戸籍制度が大学院進学熱を引き起こしたもう一つの主な要因である。大学院進学を通して，戸籍制度などの制度的障壁を乗り越え，よりよい就職チャンスを獲得できる機会を得られるためである。中国は経済が凄まじい発展を遂げたにもかかわらず，大都市と農村，東部沿海地域と内陸地域との間に格差が広がる一方である。地域によって，産業構造・職業構造が大きく違い，当然就職チャンスおよび所得の格差も激しい。しかし，中国には国民の地域間自由移動を制限する戸籍制度が存在しており，大都市，経済の発達する地域への移住は至難の業である。そのような普通の国民にとって，最も格安かつ確実に大都市の戸籍を手に入れる方法とは，大都市の大学，あるいは大学院に進学することである。大都市の大学に進学し，かつ都市部で就職すれば，大都市の戸籍を取得でき，よりランクの高い労働市場に進出する入場券を獲得することができる。そのため，大学受験で大都市の大学に進学し損ねた人にとっては，大学院受験はまさに敗者復活戦のような重要な意義をもっている。

　大学院教育を通して大都市での就職を果たす機能が，数多くの大卒者に戦略的に活用されてきたにもかかわらず，その効果が科学的に裏付けられたのは，ごく最近のことにすぎない。鮑・張（2009）が北京市にある各ランクの

大学の3年生と4年生を対象に，大学院進学と就職の規定要因を分析したところ，農村部出身，非北京市戸籍の学生，さらに普通大学の学生が就職における競争力を高めるために，大学院進学を選択するという傾向を指摘した。また，李・楊（2016）が北京市にある重点大学の大学院進学に焦点をしぼって分析を行った結果，学部のときのGPA，父親の学歴，家庭の経済力などの要因以外に，内陸地域出身，農村戸籍，さらに理学・農学・人文・歴史という仕事に直結しない専攻の学生が重点大学の大学院の進学を選択する傾向があるという調査結果がある。院卒という学歴は就職時の競争力を高め，戸籍制度が作った厚い壁を打破する機能をもっていることが見事に証明された。

　また，第9章で紹介されているように，中国の労働市場は，企業内訓練を通してスキルアップを図るという日本型企業が代表する内部労働市場と異なり，人材養成を社会に託すという外部労働市場の特徴をもっている。大学院進学がキャリアアップするための重要手段とみなされているため，学部の新卒者のみでなく，社会人も積極的に大学院進学を選択するという伝統が長く続けられている。2014年には，中国の修士課程在学者の39％が社会人であり，また社会人修士の96％が後述するように，高度専門職業人養成を目的とする専門職修士コースで勉強していた[1]。

　しかし，大学院教育が短期間で一気に拡大を果たした直接原因は，政府による強力な政策的主導にほかならない。そもそも中国の修士課程は，研究者養成を中心とする「学術修士」と日本の専門職大学院にあたる高度専門職業人養成を中心とする「専門職修士」という2種類に分けられている（**図8-2**）。学術修士コースに進学するためには，「全国大学院入学統一試験」という難関試験に合格しなければならない。また，修業年限は日本をはじめとする海外の大学院教育より長く，3年間と設定されている。そのため，学術修士という学歴はある意味では，高い学力と豊富な専門知識を象徴している。一方，

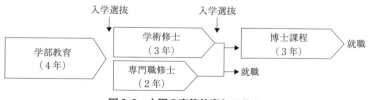

図8-2　中国の高等教育システム

専門職修士コースの場合は，「全国大学院入学統一試験」の合格点が前者より低く設定されるだけでなく，修業年限も2年間に短縮された。このように，進学時の選抜性，および修業年限の違いによって，学術修士のほうが学力が高いと社会に思われてもごく自然なことであろう。学術修士と専門職修士の制度についての詳しい説明は第9章に譲る。

　1999年に拡大に踏み切った中国の高等教育は，急増した大学生が原因で数年後深刻な大卒者就職難問題に見舞われ，2008年の世界金融危機の際に一層その問題が突出するようになった。そのため，2008年に就職難問題を緩和する対策の一つとして，政府は従来職業経験者しか受験できなかった専門職修士の枠を，大学新卒者にも開放した[2]。これはあくまでも一時的な応急措置にすぎないという多くの人々の予想に反し，翌年の2009年からは専門職修士における新卒者の枠をさらに拡大するようになった。教育部は2015年を目途に，修士課程における「学術学位」と「専門職学位」の構成を1：1と調整する改革案を打ち出した[3]。2017年にその構成比が44：56となっており，目標をすでに達成した[4]。このように，近年の大学院進学熱の高まりは，専門職修士の拡大によって吸収されたものであるといっても過言ではない（**図8-1**）。

　専門職修士コースへの進学者が着実に増加を続けているもう一つ大きな原因は，政府が専門職修士学位を職業資格の取得と連動させる措置をとったためである。例えば，教育修士は教師免許試験を免除され，臨床医学修士は自動的に研修医資格を賦与されるという専門職修士修了者の特典が付随している。政府主導で大学院教育の入口で「専門職学位」を拡大したと同時に，出口でも政策的に労働市場につなげることに努めた。

　かくして，学歴信仰という国民心理，戸籍制度などの制度的原因の存在が，大学院教育に対する安定的なニーズを作り出した。しかし，政府が国内の雇用問題を解決するために，労働市場のニーズを十分に考慮せずに，人為的に大学院教育の収容力を拡大したため，大学院修了者を過剰生産する恐れがある。とどのつまり，労働市場の大学院教育への評価が失われ，大学院の進学が縮小してしまう可能性が容易に想定できる。また，強い行政力の介入で実現した拡大であるだけに，大学院教育機関の急増した進学者の教育への対応は決して準備万端とはいえない。まして，研究者養成を目的に設計されてきたカリキュラムで高度専門職の養成に対応せざるを得ないという難題が避け

られない。

　それでは，大学院教育の現場では，どのような学生が何の目的で大学院に
進学するのか。また，現在勢いよく拡大の一途を辿っている専門職修士コー
スに進学した学生は，学術修士コースの進学者との間に相違が存在するのか。
そして，新しい人材養成のニーズと多様化した進学者に対し，大学院教育機
関がいかに大学院教育の卓越な部分を保ちながら，教育カリキュラム，教育
方法の修正を行うのか。

　中国においては，大学院の進学熱があたかも自明のように捉えられている
ため，進学の規定要因に関する研究がごく少数にとどまっている。ましてや，
進学しようとする大学院をどのように選択するかという進学のプロセスに関
する研究がほとんど見当たらない。一方，進学者の急増によって，大学院教
育の質の低下に関する懸念が高まり，教育部，各大学も質保証に力を入れて
いる[5]。ただ，その方法は各大学の大学院の論文，科学研究，修了者の就職
率，博士課程の進学率等々のデータの集計にとどまり，具体的な質保証の方
法を進学者の変化などのデータに合わせながら，策定するプロセスに関する
研究が皆無に等しい。さらに，トップ大学と一般大学によって，進学者の属
性や目的が異なるため，大学の教育内容と教育方針も当然それぞれ違うので，
大学のランク別による微細な分析をする必要がある。

　本章では，中国のトップ大学から地方大学までというランクの異なる数校
の大学を事例にして，進学者の属性や目的，大学院教育のプロセスについて，
学務データに関する分析と 2014 年 9 月に行った教員，研究者へのインタビュ
ーを併せて考察を行う。また，学務データは各大学の 2011 年から 2014 年
までの 4 年間に教育学専攻修士課程に進学した学生のものである。学務デー
タの分析対象となる 3 大学の中で，BS 大学と HK 大学はいずれも中国のト
ップ大学である「985 大学」に属する[6]。ただし，BS 大学は首都の北京市に
位置するため，中部地域の湖北省武漢市にある HK 大学と比べ，進学者の中
での人気はより高い。一方，曲阜市に位置する QS 大学は山東省内では名高
い大学ではあるものの，省内には曲阜より経済力の高い済南市と青島市にラン
クの高い二つの総合大学があるため，これらの大学と競争しながら，いか
に優秀な学生を獲得するかが QS 大学の大きな課題となっている[7]。

2. 誰が何のために大学院に進学するのか
――大学院進学をめぐる種々の思惑

2.1　3級跳（3段跳び）を果たした大学院生
――大学ランク別にみる大学院進学

　前述したように，大学院卒という学歴，また大学の威信度という学校歴が
就職する際に有利に働いているため，大都市の大学院卒の学歴を取得し，よ
りよい就職を目指すという学歴ロンダリングを目的にする大学院生が多数い
る。したがって，大学院における専攻や，「学術学位」か「専門職学位」かと
いうコースの違いは，あくまでも二の次である。このことはインタビューの
中でも指摘されている。

　　　研究志向の学生の減りが激しい。うちの大学の受験者は年々増加して
　　いますが，いい大学の学部生がみな就職して，大学院に来ないんですよ。
　　すると，学部はFランクの大学で，修士は「211大学」で，博士課程は
　　われわれのような「985大学」に進学した「3級跳（3段跳び）」を果た
　　した学生も少なくないです。こうした学生の中には，優秀者がいるかも
　　しれませんが，学力，そして研究能力に関しては，足りないことも否め
　　ないですね。（T先生，2014.9.19）

　表8-1，**表8-2**は進学者の出身大学のランク，大学院進学前の戸籍所在地
と戸籍種類を表す内容である[8]。北京市にあるBS大学と中部地域の湖北省
武漢市に位置するHK大学は同じく重点大学である「985大学」に属するに
もかかわらず，所在地域の違いによって，大学院進学者の属性に大きな相違
が確認できる。
　進学者の出身大学のランクからいえば，前者は48％の進学者が重点大学
（「985大学」30％，「211大学」18％）の卒業生であるのに対し，後者は重点大
学の出身者の割合がわずか15％（「985大学」9％，「211大学」6％）にすぎず，
約8割がBS大学のランクよりはるかに下の普通大学から進学してくる。ま
たBS大学の進学者は大都市[9]と経済の発達する地域を含め，ほぼ全国，し

表 8-1　出身大学（学部）のランク

大学名	重点大学		普通大学	民弁大学	合計
	985 大学	211 大学			
BS 大学	30%（そのうち：BS 大学 20%）	18%	51%	2%	1043（人）
HK 大学	9%（そのうち：HS 大学　8%）	6%	79%	6%	145（人）
QS 大学		2%	92%（そのうち：QS 大学 14%）	6%	132（人）

表 8-2　大学院進学前の戸籍所在地と種類

大学名	進学前の戸籍所在地域					進学前の戸籍種類		合計
	大都市	その他の東部地域	中部地域	西部地域	東北地域	都市戸籍	農村戸籍	
BS 大学	36%	25%	23%	12%	3%	76%	24%	1043（人）
HK 大学	2%	8%	85%（そのうち：湖北省 43%）	3%	1%	47%	53%	145（人）
QS 大学	1%	82%（そのうち：山東省 19%）	11%	2%	4%	36%	64%	187（人）

かも都市部（76％）から進学してくるのに対し，HK 大学の進学者は大学所在地の湖北省（43％）およびその周辺地域，さらに農村（53％）から進学してきたという特徴が挙げられる。一方，山東省にある QS 大学の進学者は大学所在地の曲阜市より経済力の低い省内および周辺地域の農村戸籍の学生が多いことが特徴である。しかも出身大学はほとんど QS 大学と同レベルか，よりランクが低いという特徴が一目瞭然である。

　進学者の学部の専攻からいえば，BS 大学の場合は，51％が教育学専攻の卒業生であるのに対し，HK 大学と QS 大学の場合は，教育学専攻の卒業生が34％と27％にすぎず，文学，経営学，理学といった1999 年以降急速に拡大を果たした専攻分野の卒業生が多い（**表8-3**）。

　まとめてみれば，①出身学部より上のランクの大学院に進学することを通して，学歴ロンダリングを目的にする学生が数多くいる。②大都市の大学院に進学することを通して，経済力の低い地域から経済力の高い地域へ，農村から都市へという戸籍ロンダリングを目指す学生が多数確認できる。しかしながら，③BS 大学の進学者の中には学部で教育を学んだ学生が半数以上いることからは，教育学の研究を深めたいという研究志向の学生も少なからず

表 8-3　学部の専攻分野

大学名	教育学	文学	経営学	理学	哲学・経済学・法学・歴史学	工学・医学	合計
BS 大学	51%	17%	8%	11%	7%	6%	1043（人）
HK 大学	34%	23%	13%	15%	13%	2%	145（人）
QS 大学	27%	31%	27%	5%	6%	4%	132（人）

いると推測される。上記の分析は見事にＴ先生の話を裏付けた。

2.2　研究性を高めるか，専門性を磨くか
——曖昧な「学術修士」，「専門職修士」の区別

　専門職修士は高度専門職業人の養成を目的とする学位なので，専門性を磨くために社会人がより好んで進学するだろうと予想できる。しかし，BS 大学と QS 大学の進学者の属性から見れば，この予想は必ずしも現状と一致するわけではない（**表 8-4**）。BS 大学の専門職修士コースの進学者の中に，現役の教員が 10% を占めており，学術修士コースにおける割合の 7％よりは若干上回っている。しかし，絶対数からいえば，学術修士コースにおける現役教員は 74 名にものぼり，専門職修士コースの 14 名よりはるかに多い。QS 大学においても，学術修士と専門職修士コースに進学した現役教員の人数が同じく 4 名いる。要するに，現役の教員は，可能なら学術修士コースに進学したいという傾向が窺える。

　学部のときの専攻分野を見てみると，BS 大学の場合は，学術修士と比べ，専門職修士の中には学部が教育学以外の専攻分野からの進学者が多い（**表**

表 8-4　進学者の種類

大学名	修士種類	新卒者	受験浪人	社会人	（そのうち：前職が教育関係分野）	合計
BS 大学	学術修士	79%	11%	10%	（7%）	1043（人）
	専門職修士	66%	17%	17%	（10%）	147（人）
QS 大学	学術修士	81%	13%	6%	（3%）	132（人）
	専門職修士	65%	20%	15%	（7%）	55（人）

表 8-5　出身大学（学部）における専攻分野

大学名	修士種類	教育学	文学	経営学	理学	哲学・経済学・法学・歴史学	工学・医学	合計
BS 大学	学術修士	51%	17%	8%	11%	7%	6%	1043（人）
	専門職修士	44%	9%	5%	32%	2%	8%	147（人）
QS 大学	学術修士	27%	32%	27%	5%	5%	4%	132（人）
	専門職修士	29%	40%	11%	7%	4%	9%	55（人）

表 8-6　出身大学（学部）のランク

大学名	修士種類	重点大学		普通大学	民弁大学	合計
		985 大学	211 大学			
BS 大学	学術修士	30%（そのうち：BS 大学）（20%）	18%	50%	2%	1043（人）
	専門職修士	16%（12%）	18%	62%	4%	147（人）
QS 大学	学術修士		2%	92%（そのうち：QS 大学）14%	6%	132（人）
	専門職修士		2%	80% 18%	18%	55（人）

8-5）。QS 大学に関しては，専門職修士における教育学専攻の出身者の割合（29%）が学術修士（27%）より若干上回るものの，絶対数はわずか 16 名で，学術修士の 36 名よりはるかに少ない。また，出身大学のランクは専門職修士が学術修士より低くなっている（**表 8-6**）。この傾向は普通大学の QS 大学で一層顕著に現れている。

　かくして，専門職修士は，専門職を目指す動機が強いとはいえず，むしろ学歴ロンダリングの動機が一層強いように見える。これも学術修士と比べ，専門職修士の学力に対する社会の評価が低くなる大きな要因であろう。

　上述した特徴について，北京大学の C 先生の話は恰好の解釈となっている。

　　そもそも中国の大学院進学者の中には社会人が多く，労働市場も学部よりは大学院を高く評価する傾向があります。近年学術修士と専門職修士という学位の区別ができたものの，教育内容に関しては大差はない。専門職修士は学術修士の縮小版にすぎず，大学院入試の合格点数と修業年限を考えれば，後者のほうが社会からの評価がずっと高い。（C 先生，2014.9.18）

つまり，高度専門職業人の養成を目的に登場した「専門職学位」は，教育現場において，あくまでも学力をスクリーニングする制度として使われているといっても過言ではない。それにもかかわらず，大学受験で大都市の名門大学に進学し損ねた地方，あるいは下位の大学の卒業生は，拡大しつつある専門職修士の枠を，敗者復活のよいチャンスと捉えるという心理が窺える。

2.3 大学と学生との攻防
──進学者の質を保証するための大学側の取り組み

かくして，大学院の量的拡大は，結果的に進学者の質の低下をもたらしたという不本意な結果となった。インタビューを受けた教員，とりわけトップ大学の教員の中には，学生の質の低下に嘆きを漏らした者が多い。例えば，北京師範大学経済学部のX先生はこのように述べている。

　　偏見ではないが，高い点数で進学した普通大学の学生は受験知識のみが豊富で，研究のために必要な知識と教養，研究方法などは備えていない者が多い。どうやって指導するのかは，本当に困っています。（X先生，2014.9.18）

質の高い進学者を獲得するために，大学側は様々な努力を試みた。例えば，学部・修士一貫教育，博士一貫教育，推薦入試などのように，できる限り早い段階で最優秀者を「青田買い」する。北京大学教育学院では修士の選抜にあたって，ほとんどを推薦入試にし，一般入試の学生を受け入れないことにした。また推薦入試者の中では北京大学の出身者が半数以上を占めている。大連理工大学は学部生の最優秀者の15％を直接自大学の大学院に進学させ，またオープンキャンパスや大学説明会の開催，奨学金の提供などの方法でほかの「985大学」の優秀者を引き付け，進学者の質の保証を図っている。早い段階で重点大学の優秀者を確保すると同時に，低ランク大学からの卒業生の進学に制限をかける方法もある。例えば，清華大学と北京大学は，すでに「211大学」以下の大学からの卒業生の受け入れを中止した。このように，下位の大学の出身者が敗者復活を狙い，重点大学の大学院に進学しようとすることは，かつてより激しい競争を強いられるようになった。
　一方，重点大学の大学院に進学者を大量にもっていかれた地方の普通大学

では，自大学の大学院に対して，さらに下のランクの大学から学生を受け入れざるを得なくなった。そのため，大学院の定員確保が最も頭を悩ます課題となってしまった。そのなかで，就職に強い応用型の専門が進学者にとって魅力的となる。例えば，遼寧師範大学特殊教育専攻のY先生によると，同大学では物理，数学，化学などの基礎科学専攻はいずれも深刻な定員割れが発生しているのに対し，労働市場で売り手市場である障害児教育を専門とする特殊教育専攻は高い競争率を保っているということである。

　以上のように，中国政府は大学院教育を「学術」と「専門職」と区別するように，政策を通して改革を実施したものの，大学側，あるいは学生の側は，大学院の目的よりも大学院のランクのほうが重要になっている。重点大学では，高い学力の象徴として，学術学位コースのほうが人気が高いのに対して，普通大学では，専門職学位コースのような就職に有利な応用型の専攻が歓迎されている。

3. 研究者養成と高度専門職業人養成のプロセス
——難航する養成の差別化

　大学院教育の拡大にしたがい，進学者の学力の多様化が進んでいる。いかに多様化した進学者を教育するかは，大学院教育機関が直面する最も喫緊の課題である。しかし，同じ教員が同じ教材で大学院進学者に向けて，学術型と専門職型という異なる人材を養成しているのが現状といわざるを得ない。この難題に対して，遼寧師範大学は下記のような対応を取っている。

　　　学術修士にせよ，専門職修士にせよ，進学者に対しては，いずれも共通教育，専門基礎教育を実施しなければなりません。学術修士の場合は，複数教員によるオムニバス形式の授業を多く開設するのに対し，専門職修士の場合は，一人の教員がよりコンパクトに教育を実施します。ただし，教育内容は基本的には同じです。そして，もう一つの違いは，学術修士に対しては，修士論文を重視するが，専門職修士に対しては，半年間の実践を課すところです。（Y先生，2014.9.17）

　理工系中心の大連理工大学は，大学院修了者の大部分が企業に就職するた

め，学術修士と専門職修士との間で，修業年限が違うだけで教育内容と養成プロセスはいずれも実学中心である。ただ，従来の3年間の教育を2年間に圧縮して養成した専門職修士の質は，学術修士より劣ることが目に見える。そのため，大連理工大学側では，専門職修士の修業年限も3年間に延ばそうという案が出された。一方，北京大学，清華大学は専門職学位の募集枠を縮小することも視野に入れている。

　専門職学位コースのカリキュラムの編成に悪戦苦闘している大学が多いなか，成功した例もある。大連海事大学の専門職学位教育学院は，2005年にMBAとMPAの専門職教育を発足させた。しかし，隣の名門校の大連理工大学も同様な専攻をもっているため，養成プログラムの差異化がない限り，大連海事大学のほうには勝ち目がない。そこで大連海事大学が実践しているのは，企業からの「オーダーメイド方式」の教育である。具体的には，進学者募集時に提携する企業と打ち合わせを重ね，企業が必要としているカリキュラムを大学院教育に組み込んだ。また，企業の要請に合わせて，毎年必ずカリキュラムの微調整を行う。企業には実務教員の派遣を依頼したり，在学者を企業に送り，実習を実施したりする。このような努力が重なった結果，同大学は関係企業から厚い信頼を獲得し，企業の管理職の養成の基地ともなっている。言い換えれば，従来の企業内教育を下請けすることを通して，大学院の活路を見出そうと対応しているのである。

4. まとめ——絡み合う思惑の行方

　以上，中国の大学院進学熱について，進学者のデータおよび教員へのインタビューを中心に分析を行ってきた。この分析を通して，政府，院生，および大学という各側の思惑が複雑に絡み合うことが明白に読み取れる。

　まず，学生の大学院への進学行動について，おそらく次のような構図を提示することができる。選抜度の高い重点大学の大学院に進学する際には，できるだけ学術修士コースに進学し，それに次ぐのは重点大学の専門職修士コースである。一方，選抜度の低い普通大学の大学院に進学する場合は，応用力の高い専門職修士コースへの進学を選択する。

　前述したように，政府が強い行政力をもって専門職修士を拡大させたため，短い期間にもかかわらず，専門職修士は従来の研究者養成を中心とした学術

修士を上回るほどの規模までに拡大を遂げた。しかし，３大学の進学者データに対する詳細な分析を行ったところ，学術修士か専門職修士かという選択は，研究志向あるいは専門職志向という学生の動機と大きく関係せず，大学院教育機関の選抜度に応じて，戦略的に進学のコースを選択する学生が多いという結果がある。進学する大学院機関を選択する際には，具体的な専攻や，学術か専門職かという選択よりは，大学の選抜性が進学先を決める大きな要因である。この傾向は普通大学出身，地方出身の大卒者の中で一層顕著に見て取れる。要するに，学歴ロンダリング，戸籍ロンダリングが大学院進学の大きな動機となっている。

　また，「全国大学院入学統一試験」というスクリーニングがあるだけに，重点大学においては実際，大学院における専攻の内容や学習のプロセスとは関係せずに，学術修士が専門職修士より学力が高いという認識が社会で広くみられる。一方，普通大学の大学院に進学する場合は，労働市場のニーズに応じて設置された専門職修士コースを選択するという進学者の戦略がある。したがって，中国の大学院教育は教育内容そのものは社会に評価されていないものの，大学院卒という学歴，名門校という学校歴のほうがより重要視されるというシグナルの機能が大きく機能しているといえよう。

　一方，大学院教育機関は専門職修士を強化するという政府の意図とは違い，機能分化を通じて，量的拡大と質的保証の矛盾の解消を図ろうとしている。重点大学は研究者養成，普通大学は専門職養成を担当するという大学院教育機関の自主的選択が行われている。重点大学においては，学歴ロンダリング，戸籍ロンダリングの目的の学生を極力受け入れないように，入学のハードルを上げることや，「青田買い」の方式で優秀な学生を早期に確保するなどの方法を通して，進学者の質の保証に腐心している。それに対して，大多数の普通大学は即戦力を養成するような応用型の専門職学位コースの拡大に力を入れ，活路を見出そうとしている。

　このように，中国の大学院教育の拡大に関しては，大学院進学者，大学院教育機関，政府という三者の間に，様々な思惑が交錯しており，時には齟齬まで生じている。中国の大学院教育は政府による強力な推進と調整があるため，比類のないスピードで拡大を果たしたと同時に，教育の需給関係のバランスも維持してきた。しかし，不安材料も多々残っている。行政による大学院教育への介入が今後も想定できるため，次第に落ち着きを取り戻した大学

院教育に再び波乱を巻き起こす危険がある。何よりも，海外留学経験者の大量帰国が従来の国内大学院修了者の就職機会を奪ってしまうことが大きな懸念材料といえる。『中国留学回国就業藍皮書2015』によると，2014年に帰国した海外留学経験者が40.9万人に達し，その8割が修士学位を取得している[10]。このような新たなアクターの参入が中国の大学院教育にどのようなインパクトを与えるのか，その動向からも目が離せない。

注

1）　『中国教育統計年鑑』2015年版。2016年版以後，社会人に関する情報は掲載されていない。
2）　1991年に，高度専門職業人を養成する「専門職学位」制度が発足した。2008年までは3年間以上の就職経験をもつことが進学条件とされたため，専門職学位コースに進学できるのは，就職経験者に限られていた。
3）　「中国学位与研究生教育信息網」(http://www.cdgdc.edu.cn/xwyyjsjyxx/gjjl/, 2020. 5.29).
4）　『中国教育統計年鑑』2017年版.
5）　例えば，教育部と各大学は，大学院教育の質的評価を実施することを義務化している。
6）　中国の大学に関しては，正式のランキングはないものの，中央セクターの大学（教育部，あるいはほかの中央省庁所属）をエリート大学，あるいは重点大学，地方セクターの大学を普通大学とみなすのが一般的な見方である。近年政府が推進する重点化政策によって，中国の大学はさらにいくつかの階層に細分化されている（補図8-1）。1990年代以降，中国政府は重点大学を選択し，巨額の補助金を投じて，優先的に発展させるプロジェクトが次々と打ち出された。そのなかで国内外の注目を集めたのは，1995年に発足した「211プロジェクト」（中国語：211工程）と1998年にスタートした「985プロジェクト」（中国語：985工程）である。「985プロジェクト」と「211プロジェクト」の指定校はそれぞれ39校と112校となっている。前者の補助金が後者を大きく上回っている。中でも最初に「985大学」に指定された清華大学，北京大学等の9大学は，「九校連盟」を結成し，連盟大学間の教育研究の協力や，学生の単位互換などの改革を試みている。すなわち，中国版のIvy League universitiesの結成を試みたものである。そのため，「九校連盟」の名門大学は大学階層構造において頂点に輝き，それに次ぐのはほかの「985大学」である。「985大学」以外の中央セクターの大学と地方の「211大学」は大学階層構造の中間層を形成している。「211大学」以外の地方大学は下層をなしている。さらに，民間機関が設立した民弁大学は底辺部に位置付けられる。

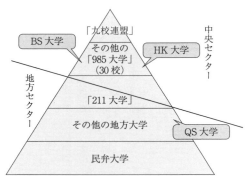

補図 8-1　中国の大学の構造

7）　本章で用いるデータは，2014 年 9 月に中国の大学院教育に関する代表的な研究者，および大学院教育担当者を対象とするインタビューにもとづくものである。調査大学は，中国のトップ大学から地方の一般大学まで多岐にわたっている。また，量的調査に関してはすべての分析を教育学専攻に統一した（**補表 8-1**）。

補表 8-1　調査の対象者と調査内容

	大学名	大学種類	所属	調査内容	
ヒアリング調査	北京大学	985 大学	教育部	全国，北京市，および北京大大学の動向	B 先生，C 先生
	清華大学	985 大学	教育部	全国，清華大学の動向	T 先生
	大連理工大学	985 大学	教育部	研究生院（全学・理工系中心）	G 先生
	北京師範大学	985 大学	教育部	経済与工商管理学院　学術（経済）Vs. 専門職（MBA）	X 先生
	大連海事大学	211 大学	交通運輸部	経済与工商管理学院　学術（経済）Vs. 専門職（MBA）	M 先生
	遼寧師範大学	地方政府所属大学	遼寧省	遼寧師範大学（教育学・特殊教育）	Y 先生
アンケート調査	BS 大学	985 大学	教育部（北京）	教育学院（進学者：2011 年～2014 年，学術修士：1,043，専門職修士：147）	
	HK 大学	985 大学	教育部（湖北省・武漢）	教育学院（進学者：2012 年～2014 年，学術修士：145）（就職者：2008 年～2011 年，学術修士：228）	
	QS 大学	地方政府所属大学	山東省（曲阜）	教育学院（2012 年～2014 年，学術修士：132，専門職修士：55）	

8）　HK 大学のデータには，専門職修士の情報が含まれていないため，本節の分析は，3 大学の学術修士のデータのみを用いる。

9）　ここでの大都市とは，北京，天津，上海，広州，深圳，厦門，蘇州，無錫，南京，杭州，大連という一人あたりの GDP が全国のトップにある都市を指す。

10）　中華人民共和国教育部，2015，「『中国留学回国就業藍皮書 2015』情況介紹」（http://www.moe.gov.cn/jyb_xwfb/xw_fbh/moe_2069/xwfbh_2016n/xwfb_160325_

01/160325_sfcl01/201603/t20160325_235214.html, 2020.5.29).

引用・参考文献

Clark, Burton R., 1995, "Places of Inquiry: Research and Advanced Education in Mordern Universities", University of California Press（＝2002, 有本章監訳,『大学院教育の国際比較』玉川大学出版部).

黄梅英, 2008,「中国における社会人大学院教育の構造」趙人偉編『尚絅学院大学紀要』56：161-74.

黄福濤・李敏, 2009,「中国における大学院教育」『大学院教育の現状と課題』広島大学高等教育研究開発センター：81-100.

顧明遠, 1991,『教育大辞典（第三冊成人教育）』上海教育出版社：345.

呉旭華・李雪飞・关暁妮, 2010,「研究生教育成本及收益的研究―基于投資决策技術的分析」『会計之友』7：109-12.

謝桂華, 2003,『20 世紀的中国高等教育（学位制度及研究生教育巻）』高等教育出版社.

張志昂, 2003,「研究生教育收益評価理論初探」『教育与経済』2：45-8.

鮑威・張倩, 2009,「拡招後我国研究生入学選択的実証研究」『復旦教育論壇』5：5-11.

頼徳勝, 2004,「大学卒業生就業難的人力資本投資効応」『北京大学教育評論』4：13-5.

李実ほか, 1994,「中国教育投資的个人收益率的估計」趙人偉編『中国居民収入分配研究』中国社会科学出版社.

李素芹・宋洁絢・戴进军, 2008,「我国研究生招考重点政策評析」『学位与研究生教育』10：16-21.

李敏, 2010,「中国の社会人大学院教育」『大学論集』40：167-84.

李敏, 2016,「第 7 章　拡張路線にある中国の大学院教育の展開」黄福濤・李敏編著『中国における高等教育の変貌と動向― 2005 年以降の動きを中心に』広島大学高等教育研究センター：69-86.

李冰仙, 2007,「从就業難看大学生考研熱的原因―基于職業地位獲得目標的理性選択視覚」『安徽師範大学学報（人文社会科学版）』35(5)：604-10.

李璐・楊鈄, 2016,「影響本科生進入 985 院校読研的因素分析―以北京地区為例」『教育学術月刊』2016（1）：41-50.

第**9**章 中国における修士修了者の労働市場での評価

黄　梅英

はじめに

　中国の大学院教育，とりわけ修士課程の規模は大きく拡大し，大学院の進学熱が起こっているが，修士課程の拡大の構造を見ると，2002 年に在職修士（その大半は「専門職学位」課程の進学者である）の進学者数はすでに約 5.2 万人もおり，2009 年に大学新規卒業者を受け入れる「専門職学位」課程の設置により，「専門職学位」課程は「在職者」対象と「新規大卒」対象の二つの部分で構成されることになった。それを合わせて大学院修士課程の「専門職学位」課程の進学者数（2014 年）は 38.7 万人で，従来の「学術学位」課程の入学者の約 31 万人より多くなっている。新規大卒の修士課程の進学者数だけでも 1999 年の約 8 倍まで増えたのである[1]。このように中国における修士課程進学規模の拡大・維持は「専門職学位」課程の発展によるところが大きい。

　このような中国の大学院修士課程の拡大は政策的に図られた結果であることが明らかになったが（第 8 章），様々な問題を抱えながらもなぜその拡大の実現は可能なのか，修士課程の進学熱は一体何によってもたらされたのか。同じ大学院の拡大が政策的に進められた日本においては，なぜ期待通りに拡大されなかったのか。ここでは特に学生と労働市場を焦点に，修士修了者の労働市場での評価を検討することが主な狙いである。

　中国国内の研究，とりわけ近年の専門職学位課程の教育についての研究は少なくないが，その中でも蔣・羅の「専門修士の就職意向に関する研究」（蔣・羅 2014）が挙げられる。そこで従来の「学術学位」課程の修士の学生と比較し，「専門職学位」課程の学生の親の職業分布は行政管理，企業トップ

管理層，専門技術，私営企業などの社会的地位や総合的資源のより多く有する職にやや多く集中し，家庭収入などの経済環境のよい者もやや多いということを示したうえで，職業選択に学術修士より専門職修士のほうがより自由度が高く，リスクを受け入れる能力も高いこと，また（近年導入された実践指導員制度により）「実践指導員」の有無によって卒業後の進路に大きな影響を与えるという結論になっている。

しかし，労働市場で修士卒はどのように評価されているかについての研究はあまりない。中国では大学院の発展段階によって研究のテーマは変化してきたが，近年は制度設計，教育内容・方法，質保証などの研究がより多く，それに関連する様々な問題が指摘されているものの（郭ほか 2014），修士課程の教育が大きく拡大を遂げたという事実については自明とされ，修士課程の入学者数が右肩上がりになった原因として，修士卒の労働市場における評価の観点から検討した研究はあまりない。修士卒が増えつつある一方，市場経済が導入されてから労働市場も成熟しつつある状況の中で，人材評価のあり方は変化し，大学院の今後の発展に影響を及ぼすことが予想される。そのため現段階での修士卒の労働市場での評価を検討することで，今後の中国社会における大学院学歴に対する処遇を考察することができる。

本研究は日本の大学院教育の現状，労働市場での評価を念頭に置きながら，中国において修士卒の学歴は社会でどのような意味をもっているのか，若者は何を求めて大学院に進学するのか，そして労働市場にどのような需要があるのかについて分析する。

1. 修士卒の学歴の制度的な効用

修士卒の労働市場を分析するにあたって，まず修士卒の学歴は中国社会で制度的にどのような意味をもち，どのような効果があるのかを考察しておこう。

1.1 教育の完結段階としての「修士課程」

中国においては大学院教育として修士課程と博士課程が設置されているものの，修士課程について「博士課程の前期課程」という，日本で用いられている意味ではほとんど使われておらず，修士課程は歴史的に見ても最初から

一つの完結した教育段階であるとみなされてきた。中国の大学院教育は実質的に修士課程から始まり，1987年の時点でも博士課程の在学者数は0.36万人，修士課程のそれは約3.3万人で，博士課程の学生数は修士課程の9分の1を占める程度であった。90年代以後博士課程は拡大し，2017年の大学院在学者数は2,639,561人，そのうち博士課程は361,997人，修士課程（「専門職学位」課程を含む）は2,277,564人で，修士課程は博士課程の在学者数の約6倍となっている[2]。

それとは対照的に，日本では1960年に修士課程の在学者数は8,305人であるのに対して，博士課程のそれは7,429人で，博士課程に進学しない修士卒は2割近くにとどまっていた。その後1990年代の大学院重点化政策，また2004年の専門職学位課程の発足により修士課程は拡大した。2017年の時点で博士課程の在学者数は73,913人であるのに対して，修士課程の在学者数（専門職大学院を含む）は179,714人で，修士課程の在学者数は博士課程の約2倍となっている[3]。

日本と比べ中国の修士課程の在学者数は，大学院在学者数の大多数を占めている。修士卒で就職するのは博士課程に進学できないためではなく，修士課程自体が一つの完結した教育段階としてみなされているからである。

専門分野別に見ても，（1995年の時点で）日本では就職しにくいと思われている経済学，法学，教育，文学の修士課程在学者数は博士課程の約8倍〜10倍になっている。このデータからは博士課程に進学せず，修士課程修了で終えるというケースが多いことを考慮すれば，日本においても修士課程は一つの完結した教育段階であるとみなすことが可能であろう。

1.2　大学院修士課程入試の選抜性

では，修士課程が大きく拡大し，進学熱が生じているなかで，中国の大学院入学者選抜はどのように行われ，その難易度はどのようなものなのか。

表9-1は中国の大学院修士課程の入試制度をまとめたものである。

中国の大学院における修士課程の入試は日本のように各大学，また各大学院の研究科によるものではなく，基本的に全国大学院入学統一試験によって行われている。90年代から展開された「専門職学位」課程では専門別の共同試験によって行われていたが，2009年から新卒対象の「専門職学位」課程が設置され，その入学者選抜は全国大学院入学統一試験によって行われること

表 9-1　中国における大学院修士課程の入試制度[4]

	学術学位	専門職学位	
対　象	①新規大卒 ②職業経験者	①職業経験者　うち：在職者 ②新規大卒	
試　験	（2009 年〜） • 全国大学院入学統一試験 • 推薦入試 （大卒者の 3 ％以内）	全国「専門職学位」 専門別の共同試験	全国「専門職学位」 の共同試験 （「GCT」）
試験時期	（1 月）	（1 月）	（10 月）
教育内容	伝統的な学術的なもの	専門的職業に特化したもの	
学習形態	フルタイム（全日制）	フルタイム	パートタイム

注：2016 年から 10 月に行う「専門職学位」の共同試験を全国の修士入試に組み込んで運営
するようになった。

となった。また，2016 年からは在職者対象の「専門職学位」の共同試験も全国大学院入学統一試験に組み込んで運営されることになった。このような一連の入試制度の統合は，質保証が主な狙いとされている。

大学のレベルや人気度によって合格の得点ラインは異なるが，長期にわたる統一試験や共同試験による入学者の選抜は質保証の一環として機能している。

また，大学院修士課程の選抜性について，近年の合格率の推移を**表 9-2** にまとめた。

それを見れば 2005 年から 2014 年の合格率は約 3 割前後で維持していることから，修士課程の入試は決して容易なものではなく，一定の選抜性が保たれているといえよう。そこからも大学院の進学競争が広げられていることがうかがえる。

このような入試制度と選抜の実態から，修士卒の学歴にはシグナリング効果が働き，労働市場において修士卒の学歴に対して一定の信頼を有していることが考えられる。

1.3　給料における修士卒と大卒の差

中国において一般的には，修士卒の給与は大卒よりもやや高く設定されている。新中国が設立（1949 年）したあとに「同一労働同一賃金」は雇用制度

表 9-2　修士課程の合格率の推移

年　度	志願者数（千人）	入学者数（千人）	合格率（%）
2014	172.0	57.0	33.1
2013	176.0	53.9	30.6
2012	165.6	51.7	31.2
2011	151.1	49.5	32.8
2010	140.0	47.2	33.7
1009	124.6	41.5	33.3
2008	120.0	39.0	32.5
2007	128.2	36.4	28.4
2006	127.1	40.3	31.7
2005	117.2	32.5	27.7

注：『中国教育統計年鑑』『中国教育年鑑』各年度のデータにより算出。
　　10月に行う「専門職学位」の共同試験を含まない。

における一つの原則であるが，学歴による賃金の違いが明確に設定され，それは人材確保の措置として捉えてきた。現在，市場経済の導入，経営管理の合理化が進められ，ほとんどの企業は賃金管理に業績賃金（原語：計効工資）を制度的に取り入れるようになった。しかし，そのなかでも（外資系や零細企業などは様々であるが）学歴による賃金の差は依然として維持され，修士卒と大卒間の賃金の差は大体５％程度となっていることが多い。

　この給料の面でのわずかの差が，修士卒学歴の制度的な効果としての意味をもっていると考える。上述の入試制度や選抜性に照らしても，修士卒と大卒の初任給のわずかの差ではあるが，それが意味をもって受け取られているといってよい。

2.　修士課程の進学希望者が求めるもの

　では，中国における大学院の進学熱はなぜ起きているのか。若者が何を求めて修士課程に進学するのか。中国現地でのインタビュー調査では，「運命を変えたい」という回答を何度も耳にし，それを進学の動機として語ってくれた学生と大学の関係者が多くいた[5]。このようなチャイナ・ドリームとして進学を希望する者は具体的に何を求めているのか。

2.1　高学歴・学校歴志向

　中国では高等教育の拡大政策により，高等教育の進学率はすでに 1997 年の 9.7％から 2017 年の 45.7％に上昇した。このような高等教育の大衆化は大卒学歴のインフレをもたらし，労働市場で大卒の学歴は従来のような効果はもてなくなってきた。その対応の一つとして大学院に進学し，学歴の高度化による希少価値を狙う傾向が強い。

　つまり，それぞれの家庭的背景やこれまでの大学入試競争の結果を踏まえ，職業選択をより有利にするために大学院に進学するのである。また，学歴ロンダリング効果を狙って選抜度の高い大学の修士課程に進学する者も多く見受けられる（第 8 章）。

　このように，高学歴・学校歴を手に入れることにより，学部卒と差別化し，労働市場での競争力を高めることが進学の目的の一つとなっている。

2.2　専門志向

　中国においては大学の拡大に伴い卒業者が急増し，労働市場での専門の対応性を求めることが難しくなってきたが，職業組織においては未だにスペシャリストを重視する伝統を有しているため，専門にこだわる学生も多い。昔から「数学，物理，化学の勉強ができれば，世界のどこへ行っても恐れることはない」（原語：学会数理化，走遍天下都不怕）ということわざもあり，人文社会系より理工系のほうが通用するという，往時の社会的状況を反映した考え方も根強くある。

　通用性の高い専門，または関心のある専門を学び，職業の選択肢を増やすために学部と異なる専門分野に進学する者も少なくない。また，学部入試において第一希望専攻の合格得点に達しておらず，「ほかの専攻への配置に従う」という選択をした，いわば学ぶ専攻を不本意に決められた者が，本来希望する専攻の大学院に進学するケースも少なからずいる。例えば，われわれが実施したインタビューにおいて，瀋陽師範大学の修士課程の卒業生は，学部は大連理工大学の外国語専攻であるが，それはもともと学部進学の際に希望していた管理学専攻への進学がかなわなかったため，修士課程において管理学を専攻したと回答しており，それがこうした事例の一つである。

　また，教員に対するインタビューでは，起業や現在の職務など仕事関係の

表 9-3　専攻別の労働市場における人気度分類

	就職率	失業者の量	月給水準	就業満足度
レッドカード専攻	比較的低い	比較的多い	比較的低い	比較的低い
イエローカード専攻	比較的低い	比較的多い	比較的低い	比較的低い
グリーンカード専攻	比較的高い	比較的少ない	比較的高い	比較的高い

注：麦可思研究院編，2014，『2014年中国大学生就業報告』B就業藍皮書より筆者作成

　専門課程，または自分の関心のある専門課程に入学した学生のうち，人気が高いゆえ座席が足りなかった授業では，立ったままでも授業に継続して参加している学生の姿に感動したと語った者もいた。学歴だけ求めて進学する学生がいる一方，専門的な知識・能力を求め，懸命に勉学に励んでいる進学者もおり，おおよそ3分の1がそれに該当するという[6]。

　また，近年，労働市場における専攻別の人気度ランキングの情報を参考に専攻を決める者もいる。その情報は，大学専攻別の就職率，失業率，また給料水準データにもとづいて，労働市場での専攻別の人気度を分析した結果をランキングしたもので，毎年「普通本科」（全日制4年制大学）と専科という短い年限の職業教育を行う「高職高専」別にそれぞれ公表されている。

　表9-3でまとめたように「レッドカード専攻」（原語：红牌専業）は就職率が低く，失業者数が比較的に多く，また月給が比較的に低く，就職満足度の低い専攻とみなされ，「高失業リスク型専攻」と呼ばれている。「イエローカード専攻」（原語：黄牌専業）は「レッドカード専攻」と比較すれば，就職率がよく，失業率は低く，また月給も満足度もよい専攻である。「グリーンカード専攻」（原語：緑牌専業）は就職率，月給とも持続的に上昇し，失業者数が少なく，就職満足度の高い専攻とみなされ，「需要増加型専攻」と呼ばれている[7]。

　このような専攻の人気度分類は労働市場のニーズによって変化もしている。例えば「普通本科」の専攻の中で「数学と応用数学」，「英語」は2013年の「レッドカード専攻」から2014年の「イエローカード専攻」へ，「芸術デザイン」は2013年の「イエローカード専攻」から2014年の「レットカード専攻」へと変わった。これに対し「高職高専」の専攻の中で「国際金融」は2013年の「レッドカード専攻」から2014年の「イエローカード専攻」へ，「計算機情報管理」は2013年の「イエローカード専攻」から2014年の「レッドカー

ド専攻」へと変わった。このような変化は社会的なニーズに左右されるのみならず，大学教育の質，また教育規模の大きさなどの供給側の状況にも影響されている。このような情報，あるいは警告を出すことによって進学者専攻選びに役立っている。

　中国の大学院進学希望者は，各自の専門的関心をもちながら，労働市場の動向も参考に進学の専攻を選定している。

2.3　地域移動志向

　地域格差が大きい中国において，どの地域で仕事をし，どのような生活を送るのかはかなり重要であるため，地域移動によって身を置く環境を変えたいという動機で大学院に進学するものも大勢いる。つまり，大都会の大学院に進学する動機として，戸籍を入手することも一つの要因として挙げることができる。例えば，北京にある専門職大学院の調査結果によれば，社会人進学者の中でも，就職選択に重視する要素として「北京の戸籍を手に入れたい」を挙げた者が四分の一を占めており，驚くことにその9割がすでにその北京に在住し，仕事をもっている者である[8]。そこから大都会の戸籍取得の難しさと，戸籍に象徴される地域格差が人生に与える影響の大きさ，そのために大学院を利用する意味の重要性を窺うことができよう。

　人々が目指すのはランクの高い大学か，関心のある専門か，それとも大都会か。ケース・バイ・ケースになると考えられる。インタビューの中でも大都会に行くなら，現在の大学より少しランク下の大学でも喜んで進学したいという事例もあるように，それぞれの立ち位置によって志向性が定められるといえる。

3.　労働市場の需要

　労働市場でどのような人材が評価され，必要とされているのかは大学院教育の発展に大きく関わっていると考える。では，実際に中国の労働市場でどのような人材が求められているのか。

3.1 専門を重視する中国の雇用慣行

　修士課程の卒業生は大卒と比べ，より専門性を有しているのみならず，物事の見方，体系的な分析，そして問題解決のアプローチに関する知識・能力も増していると一般的にいわれている。これに対して社会はどう評価するのかが注目される。

　中国において市場経済導入前には，大卒の就職は基本的に学生の出身地を考慮しながら，大学で学んだ専門分野と対応する形で国（行政部門）が斡旋を行っていた。計画経済のもとで，職業組織は送られた大卒を人材として（国家幹部として）活用し，スペシャリストを重視するという観点により大卒の専門を活かした形で職務配置が行われた。しかし現在，市場経済の導入が進むに伴い，大卒の就職は求職者本人と就職先の雇用側との双方向の選択により行うという仕組みに変わった。

求人公募から見えたもの

　中国大卒向けの職業公募活動は，主に大学のキャンパスでの「学園招聘」あるいは「双選会」（日本の就職説明会に当たる）と，（行政）市でまとめて開催する「双選会」という説明会の二種類がある。学生はまずインターネットで該当企業や機関の求人情報を確認してから会場に臨むのが一般的である。

　伝統的なプロフェッショナル職業以外の公募には通常，職務記述欄が用意されている。下記の公募事例①から④（**表 9-4〜7**，2016 年 6 月 web サイトの情報）に示したように，それぞれ公募するポストはどのような仕事内容である

表 9-4 事例① ヒューマンリソース・人事（原語：人力資源管理）

職務内容（原語：工作职责）	職務に求めるもの（原語：職位要求）
1．本部の招聘計画の実施，招聘ルートの管理および実績評価を行う。 2．本部の職場定員を管理する。 3．本部人員の異動を管理する。 4．本部職員の労働契約，更新および解約の手続きを行う。 5．本部 Peoplesoft システム職員の情報管理と更新。 6．本部職員の勤務管理を行う。	1．全日制本科及以上学歴，ヒューマンリソース関連の専攻。 2．ヒューマンリソース各モジュールの基礎知識を有する。関連仕事の実習経験者を優先。 3．データ分析の優れた能力をもち，交流・協調・チームワークの能力を有する。 4．積極的・主体的に働き，時間管理能力をもち，ストレス管理ができる。

表 9-5 事例② 研究員（統計・販売・管理類）

職務内容	応募条件
1．専門的市場調査，データ分析とデータの発掘に従事。 2．研究の設計と結果の分析を行い，分析報告書を完成する。 3．消費・不動産・旅行など市場分析を行う。	1．統計・販売・管理類専攻，本科卒で，市場調査コンサルタントに興味をもつ者。 2．サンプル調査・データ分析・発掘技術をもつ。 3．SPSS 処理の利用，PPT 作成で報告。 4．3 年以上の労働契約と秘密管理が可能。

表 9-6 事例③ 事務・フロント

職務内容	応募条件
1．来客の受け付けと応対を行う。 2．電話の転送，書類の受け渡し。 3．事務用品の購入と管理を行う。情報の記録・整理・ファイリングを行う。 4．上司に指示されるほかの仕事をこなす。	1．専科あるいはそれ以上の学歴で，専門を問わない。 2．コミュニケーション能力が高く，声がきれい。 3．人と付き合うことが上手く，仕事はまじめに遂行し，仕事へのやる気にあふれている。 4．外見・気質がよい。 5．MSOffice の利用に熟練している。 6．特別要求：略歴に写真を貼り付ける。

表 9-7 事例④ 夏休み中のみに募集される実習生

専攻分類	対象専攻	学歴条件	応募条件
計算機類	計算機応用，ソフトウェア工学，安全工学，ネット工学，電子工学，情報と通信工学，情報セキュリティ，情報管理と情報システム	本科および本科以上	1．コンピューター業界の仕事が好きである。 2．積極的な生活態度を有する。 3．論理的思考力を有する。 4．十分な言語・文字表現能力を有する。
電気工学類	電気自動化，電力システムおよび，機械電気の一体化，発電，送電，変電，配電など関連専攻	本科および本科以上	1．一定の電気工学の理論基礎を有する。 2．積極的な生活態度を有する。 3．論理的思考力を有する。 4．十分な言語・文字表現能力を有する。
管理類	1．管理科学と工学，ヒューマンリソース管理，工商管理，企業管理，物流管理，通信監理，工業工程など管理類学科 2．法律，マスメディア，広告，ニュースとマスメディア関連の専攻	本科および本科以上	1．一定の大局観を有する。 2．積極的な生活態度を有する。 3．論理的思考力を有する。 4．十分な言語・文字表現能力を有する。
財経類	会計学，財務管理，税務，監査学，金融学，国際経済と貿易，経済学，応用数学，統計学など	本科および本科以上	1．一定の財務理論基礎を有する。 2．積極的な生活態度を有する。 3．論理的思考力を有する。 4．十分な言語・文字表現能力を有する。

のかが明示され，そこから仕事に必要な知識と能力も推測できる[9]。また募集対象者の学歴および専門分野が書かれていることが多い。もちろん，例えば事例③のように，学歴のみを条件とし，専門を問わない職もあるし，職務に関係する仕事の経験とスキルを有することが評価される場合も多い。

　このような事例から専門を重視するという雇用慣行を読み取ることができる。それは職場での役割分担がより明確であるという，一般企業の職務遂行のあり方に関わっていることがうかがえる。日本のように従業員として採用した後，その組織に留まることを期待する，いわば「就社社会」と異なり，またローテーションによるジェネラリストを養成する企業の人事慣行から，基礎学力や人物を重視するような雇用慣行とも異なっているといえよう。

　もちろん，実際に専門以外のものも重視するようなところも増えている。例えば，公募事例④に「積極的な生活態度」，「論理的思考力」，「十分な言語・文字表現能力」を有することを挙げ，それが4つの異なる職務に共通に求めているものとして明示されていることに見ることができる。しかし，第一要件として挙げられているのは，専門分野に関係するものとなっている。

　これを見る限りでは，学歴の高さや専門性が中国の労働市場でかなり評価されているといえよう。日本のように会社のメンバーシップとしての採用ではなく，職業・職種をこなすための能力を見極めての採用であるため，学歴や専門の効果がより大きいと考えられる。

採用選考から見えたもの

　また，労働市場に求められているものは採用選考の内容からも見ることができる。

　中国では大学院修士卒だけを対象とする公募・選考が用意されている場合もあれば，日本の人文社会科学系と同様，普通の学部卒と同じ基準で選考する場合も多く，「専科卒以上」，または「本科卒以上」の公募はそれに当たる。中国労働市場で（一般企業）の大卒の採用・選考について，日本と比較した結果を**表9-8**にまとめた。

　表を見ればわかるように，両国において採用選考に在学中の（単位取得以外の）経験や面接を重視するという点で共通しているが，中国は日本と異なるいくつかの特徴がみられる。

　両国の共通点として，面接はコミュニケーション能力も含め，応募者の詳

表 9-8　大卒採用・選考に関する日中間の相違

	専攻	学業成績	在学中の経験	ペーパーテスト	仕事関連の資格	面接
中国＊	関係あり	提出必要	重視	企業によって実施もあり	非常に重視	重視
日本	関係なし	提出不要	重視	「SPI」試験の実施	参考程度	重視

＊大学院もほぼ同様

細を知ることで人物の確認に重要な意味をもつ。その際在学中の経験，例えば日本の場合，サークル活動，学園祭，学生会，アルバイト，近年ではインターンシップ，海外体験などからのエピソードがよく挙げられる。中国の場合では，インターンシップの学生からのニーズはかなり高く，例えば（大連理工大学でのインタビューから）50 社に申し込んだのに，1 社しか受け入れてくれなかった学生もいた事例もあり，学生はその機会を獲得するのに必死になっている。近年，面接において求められるのは，インターンシップの体験はもちろん，学生会やサークル活動のほかにも，「アイディア賞」（原語：創意賞）など大学での様々なコンテストの参加・受賞があるという。このような経験は応募者の積極性，行動力，また実力を図るのに有効的であると両国の雇用者とも共通に認識していると思われる。

　他方，中国と日本が異なる特徴として下記の三点が挙げられる。

　第一に，採用選考は学んだ専攻をまず考慮することが，上述公募条件から確認できる。

　第二に，大学の（選考時期まで）成績の提出が必要とされている。そのため，多くの大学のキャンパスの中で成績証明書を発行する機械が設置されている。

　第三に，日本の「SPI」という「就活生の性格と能力の要素を測定する」適性検査のための（ペーパー）テストはない。一部の企業（特に競争率の高い企業）では優秀の人材を選抜するために独自に総合的能力を測るための試験が設けられている場合もある。

　第四に，職業関連の資格は非常に重視されている。そのために学生は大学 4 年次に入る前から，自分の仕事にしたい職業関連の資格試験を調べ，試験準備に追われている。

　上記のような公募や採用選考などの特徴から，専攻・成績・資格を求めるというスペシャリストを重視する労働市場において，修士卒は専攻・成績・資格のうえでのメリットがあり，修士卒が有利になるのではないかといえよ

う。

　日本においては新入社員研修をはじめ，階層別研修など企業内教育を発達
させ，自ら自社の人材を育成する理念をもち，特に大企業にその傾向が強い。
またローテーションに伴うジェネラリストの養成が重視されているため，専
門性はもちろん，体系的な分析能力も逆に評価されない場合がある。これに
対して中国の場合，周知のように転職者が多く，労働市場がより流動的で，
外部労働市場が日本と比べ発達しているため，一部の大企業を除き一般的に
企業内教育は発達しておらず，従業員の職能開発は組織の外部，とりわけ大
学・大学院に求めていることが多い。即戦力を重視する状況のなかでより専
門に精通し，総合的能力の高い修士卒は労働市場で評価される一つの要因で
あるといえる。

3.2　職業組織の経営管理者自身の学習経験

　上述の求人公募と採用選考の内容方法は雇用側，職業組織の経営管理者の
価値判断にも左右される。修士卒に対する社会的認知は国によって異なると
思われるが，職業組織の経営管理層の自らの学習経験も大学院に関する認識
度を高め，従業員の採用，そしてその後のキャリア形成に重要な影響を与え
ると考えられる。

院卒の管理者の姿勢

　中国では，一般企業の経営管理者層に院卒は決して多いとはいえないもの
の，専門性の強い職場では中堅要員として一定の数が存在している。例えば
中国の専門職大学院でのインタビューの中で，（海運業界の）大連港の経営者
自身は大連海事大学の院卒であるため，自ら受けた教育が仕事に役に立って
いると評価し，職員に自身が卒業した大学の MBA コースに進学するよう薦
め，社内人材育成の一部として専門職大学院に委託養成を行っている。

　また，大連理工大学でインタビュー調査を行った際に，自分が大学に転職
する前にいた（専門性の強い）製造業国営企業での職業体験にもとづいて
「修士卒が大卒の上に立つのは当たり前」とグループ作業などのリーダーの
決め方を説明した大学の（修士卒の）職員がおり，修士卒は学部卒より総合
的な能力が上であると通常認識されていることを語った。

　このように修士卒の採用・処遇のあり方は経営管理者自身の学歴・学習経

験に大きく影響されるのではないかと考えられる。

社会人学生の多い中国の大学院

修士卒が様々な業界で活躍してきたことは，中国の大学院に社会人が多く占めている特徴と大きく関わっていると考える。

実は中国の大学院教育は，まず社会人から始まった。そのため，修士課程で勉強して職業に就いた者が多く，労働市場において大学院に関する情報もある程度知られている。

逆に日本の場合，例えば，ある企業人事担当者のインタビューから，人文・社会科学系の修士卒が大卒とどう違うのかはよくわからないので，採用面接の際に何を聞けばいいのか，選考の方法もよくわからないという声を聞いた[10]。それは一般企業に修士卒の経営管理者がきわめて少なく，大学院教育の関連情報をあまりもっていないことに由来すると考えられる。そのことは職場に修士卒の必要性を感じないことにもつながっているのではないかと思われる。

しかし，中国の場合では理工系のみならず，社会科学において社会的・実践的体験は研究に役立つであろうという考え方のもとで，積極的に社会人入学を進めてきた。1983年9月に教育部が通達した「1984年大学院修士課程の学生募集に関する通知」の中で，「社会科学や自然科学の中の応用性の高い学科について，具体的な職業体験をもち，特に専門的な実際経験を有する在職者から修士の学生を選抜することは教育の質を高めるのに有利に働くだろう」と書かれた。社会経験・専門的職業体験のある社会人を入学させることは，より優れた教育効果をもたらし，人材養成の目的を達成することが主なねらいであった。

表9-9 は1990年代から10年間の修士課程に職業経験をもつ社会人入学者数の比率を示したもので，それを見れば人文社会科学分野の社会人入学生が大半を占めていることがわかる[11]。

このように（博士課程に進学する者もあるが）大量の修士卒業者を社会に送り出していることで，大学院教育の実際状況を社会に知らせるツールにもなっている。大学院での学習を経験した彼らは様々な業界・職場で活躍し，経営管理者になった者も少なくない。管理者・雇用側の見識は企業の雇用・人事制度に大きく影響し，修士卒の労働市場での評価に大きな影響を及ぼして

表9-9　修士課程における職業経験をもつ入学者数の比率（千人）

	1992 年	1994 年	1996 年	1998 年	2000 年	2002 年
哲学	65.07	68.47	60.58	57.54	60.74	61.50
経済学	60.57	76.58	73.39	76.50	55.92	56.35
法学	61.47	75.51	72.20	68.37	61.91	59.98
教育学	57.89	61.85	58.98	58.39	55.16	56.16
文学	51.98	58.65	56.18	56.48	54.11	54.79
歴史学	54.72	62.40	52.37	53.50	48.79	44.39
理学	37.78	39.54	34.39	34.51	37.91	34.79
工学	45.00	45.61	43.91	41.91	43.33	44.63
農学	50.41	46.61	44.57	47.03	39.33	33.59
医学	75.98	68.80	73.49	69.48	69.59	62.70
軍事学			44.44	25.00	77.42	46.59
管理学					77.45	72.71

注：教育部高校学生司編，2003，『1996～2002 年　全国研究生招生統計年鑑』北京航空航天大学出版社のデータにより算出

いると考えられる。

4.　まとめ

　中国において，大学の学部段階での進学競争を踏まえ，第二のチャンスとしての大学院進学熱が起こっているが，それは上述のように労働市場で修士卒学歴やその専攻が評価されることが根源にあり，それをもとに進学競争が広げられているということができる。若者や社会人は修士課程に進学することによって，社会的上昇移動を達成可能と信じ自分の将来を切り開こうと考えて大学院に進学するのである。つまり，大卒より修士卒の学歴は人々の社会的上昇移動に確実なツールの一つとして機能しているため，大学院の進学熱が起こっているのである。

　それを確実にしている要因として，まず大学院入試の質保証とその選抜性があり，また修士卒の学歴・専攻を重視する雇用慣行があり，さらに大学院の学歴・学習経験をもつ経営管理者の存在があることが明らかとなった。しかし，修士卒の労働市場での評価は実際に卒業者に身につけた知識・能力よ

り，学歴そのもの，いわばシグナリング効果が大きいと思われる。その効果がいつまで続くのかは注目される。

　近年，大学院の拡大により卒業者の社会的評価の低下もみられ，そのため入学選抜の制度的整備のほかに，様々な質保証の措置をとるようになった。例えば近年出口での質保証の一環として，修士論文・博士論文の抜き取り検査が実施されるようになった（国務院学位委員会教育部 2014）。

　本章では，学生と労働市場を中心に分析したが，大学院教育の持続的な発展は，大学教育のこれからの取り組みにかかっているといっても過言ではない。上述の質保証に関するこれからの取り組みにどのような効果があるのか，また教育カリキュラム，教育課程においてどのような取り組みが実施されるのか，さらに労働市場での修士卒に対する評価はどのように変化していくのか，今後も注目していきたい。

注

1）『中国教育統計年鑑』人民教育出版社　各年度のデータによる。
2）『中国教育統計年鑑』人民教育出版社　各年度のデータによる。
3）　文部科学省『学校基本調査』各年度のデータによる。
4）　黄梅英，2008，「中国における社会人大学院教育の構造」『尚絅学院大学紀要』56：170 の表 9-3 に修正を加えた。
5）　2014 年 9 月，2015 年 9 月に中国現地で北京，大連の大学で教職員や学生などを対象にしたインタビュー調査。
6）　2015 年 9 月に北京にある心理学系の専門職大学院で行ったインタビュー調査。
7）　麦可思研究院編，2014，『2014 年中国大学生就業報告』社会科学文献出版社：127 による。
8）　2015 年北京師範大学 MBA の卒業者に対するアンケート調査の結果による。
9）　「【猟聘】找工作_精英職業発展」（https://www.liepin.com/#sfrom=click-pc_homepage-front_navigation-index_new），「人力資源招聘」（https://jobs.51job.com/renliziyuan/），「応届生求職網」（http://www.yingjiesheng.com/job-004-629-276.html）（いずれも 2020.5.29）など。
10）　2014 年に日本企業の人事担当者に対して行ったインタビュー調査。
11）　教育部高校学生司編『1996〜2002 年　全国研究生招生統計年鑑』北京航空航天大学出版社のデータにより算出。

引用・参考文献
郭芳芳・郎永潔・閏青・常佩雯・王洋，2014，「"专业硕士扩招"的理性思考-基于是大

学践行政策过程的质性研究」『北京大学教育評論』 4：17-33.

国务院学位委员会教育部，2014，「国务院学位委员会教育部关于印发《博士硕士学位论文抽检办法》的通知」(http://www.moe.edu.cn/publicfiles/business/htmlfiles/moe/s7065/201403/165556.html，2020.5.29).

黄梅英，2008，「中国における社会人大学院教育の構造」『尚絅学院大学学院大学紀要』56：161-74.

黄梅英，2012，「中国における「専門職学位」課程― MBA 卒業者の社会的評価」『尚絅学院大学学院大学紀要』646：75-85.

黄宝印，2007，「我国専業学位教育発展的回顧与思考（上）（下）」『学位与研究生教育』学位与研究生教育杂志社.

濱中淳子，2015，「大学院改革の隘路―批判の背後にある企業人の未経験」『高等教育研究』18：69-87．本書第 5 章に「企業の文系大学院修了者の採用行動」として再録.

李立国・詹宏毅，2009，「比较视野下的我国研究生教育学科结构分析」『高等教育』人民大学書報資料中心 502.

蒋承・羅尭，2014，「専業修士的就業意願研究」『北京大学教育評論』：2-16.

吉田文編著，2014，『「再」取得学歴を問う―専門職大学院の教育と学習』東信堂.

終章 本書の要約と残された課題

吉田　文

1. 本書のねらい・再考

　日本の4年制大学進学率は，1960～70年代，1990年代以降の二つの時期に急増し，現在，過年度卒業者を含めれば50％強に到達している。他方で，大学卒業者のうちの大学院進学率は，1990年代半ばより上昇したとはいえ未だ10％強にすぎず，下級の教育機関への進学率上昇が上級の教育機関への進学率を押し上げることなく，現在に至っている。学歴獲得をめぐる競争は，学士課程にとどまったままである。

　興味深いデータを示そう。TIMSS（国際数学・理科教育動向調査）2015から中学2年生の大学院進学志望率を算出したものである（舞田 2018）。37ヵ国を比較したそれによれば，将来獲得したい学歴として大学院を考えている中学2年生は，多い順にレバノン67％，エジプトとイランが62％，カタールとアラブ首長国連邦が59％，サウジアラビアが57％，イスラエル55％，オマーン52％，バーレーンとクウェートが50％，ヨルダン47％と，中東諸国がトップを占めている。大学院を発明したアメリカは46％とようやくヨルダンの次に登場し12位である。ドイツとフランスがデータに含まれていないとのことだが，いくつか先進諸国の志望率を見れば，カナダ36％，ニュージーランド32％，スウェーデン22％，オーストラリア20％，イギリスとイタリアが17％である。そこで日本はといえば，最下位37位でわずか3％，日本に次いで低い36位が韓国で12％であるから，日本の志望率の低さは際立っている。

　これが，中学2年生という年齢ゆえに，将来の進路を決めかねているわけ

ではないことを付記しておきたい。同じ TIMSS の 2011 年のデータからは，日本の中学 2 年生で将来の進路を「大学以上」とする者が 49％いるが，進路が「わからない」とする者は 12％にすぎないからである（森 2014）。

　もう一つデータを示そう。中学 2 年生の子どもをもつ保護者が，子どもを将来，どの教育段階まで進学させたいかを聞いたものである。2018 年のデータによると，4 年制大学まで進学させたい保護者は 53.7％と最も多いにもかかわらず，大学院までは 2.1％にすぎない。専門学校・各種学校までの 18.4％，高校までの 16.5％にもはるかに及ばず，親にとっても子どもの大学院進学は選択肢に入っていないのである（朝日新聞社・ベネッセ共同調査 2018）。4 年制大学まで進学させたい保護者は，2004 年 45.9％，2008 年 49.7％，2012 年 49.1％と増加傾向にあるにもかかわらず，大学院まで進学させたい保護者は増えてはいない（朝日新聞社・ベネッセ共同調査 2013）。いってみれば，日本社会にとって大学院がいかに遠い存在であるかを示していよう。

　そうしたなか，日本政府は，とりわけ 1990 年代以降，国際指標を盾に大学院拡充政策にシフトし，文系の場合は社会人マーケットの獲得のための各種の制度的措置を整備し，さらにはアメリカ流のプロフェッショナル・スクールを模した専門職大学院を制度化した。しかしながら，それが思惑通りに発展していないことはいうまでもなく，ロー・スクールを模した法科大学院は，志願者の減少による閉鎖の憂き目を見るところが続出し，ビジネス・スクールは改組が重ねられ，教職大学院においては教職課程をもつすべての国立大学に設置されたものの，多くが定員未充足問題にさいなまれている。

　1980 年代にあれだけ学歴社会論が喧伝されたものの，それは結局，大学院にまでは浸透していない。なぜ，日本では大学院，とりわけ社会系の大学院が政策的後押しがあっても発展しないのか。こうした問いをベースにして，それぞれの立場からの論稿を集約したのが本書である。冒頭にも述べたように，本書のタイトルである「トリレンマ」の一端をそれぞれのスタンスから明らかにすることが目的であった。

　序章で掲げた**図序-1** を再度想起されたい（**図 10-1**）。本書では，1. 大学院／教員は，どのような学生を対象にどのような教育を行い，修了者をどのような労働市場に輩出しているか，2. 労働市場／雇用者は，大学院教育に何を期待し，そこで育成された修了者をどのように処遇するか，これらを求めるのか，を中心にして議論を展開した。3. 大学院生／修了者が何を目的と

して大学院へ進学し，そこにどのような葛藤があるかに関しての議論は，すでに論じているが，本章ではそこでの知見も含めて課題に答えたい。

2. トリレンマの発生状況

序章で掲載した**図 10-1**の枠組みを見ながら，トリレンマがどのように生じているか考察しよう。

2.1 大学院生 / 修了者から見た大学院と労働市場

すでに吉田（2008, 2012, 2014）が論じてきた，大学院生 / 修了者をアクターと見立てたときの，ほかの二者との関係を思い起こしてみたい。社会系の大学院への進学理由は多様であるが，多くに共通していることは，大変勉強好きだということだ。確かに大学院進学者がマイノリティであるなか，わざわざ大学院へ進学するのは勉強好きであることが大前提である。経営系大学院や教職大学院には，ほかと比較して社会人の比率が高いが，彼らの場合，勉強好きであることに加えて，もう一度自分を振り返りたい，大学院を経由することでこれまでとは別の自分になりたいという願望が見え隠れする。その願望を根底にもち，ほとんどの者が仕事を継続しつつ，がむしゃらに学習する。勉学意欲に突き動かされているだけに，学習に対する自負は強く，その場を与えてくれる大学院教育に対する満足度もすこぶる高い。したがって，大学院生 / 修了者は大学院 / 教員との間に良好な関係が存在している。

しかしながら，大学院生 / 修了者は，労働市場からの大学院修了による処遇の変化（報酬の向上）に関しては，何ら期待していない。ほぼすべての日本の企業が，大卒と院卒に初任給の差を設けておらず（入社年次の差のみ），巷には，文系の大学院修了者の就職は学部卒業よりも不利という言説があふれている。処遇の変化は期待のうちにない。それのみならず，就業を継続しな

図 10-1　本書の分析の枠組み（図序-1 再掲）

がら大学院へ通う社会人の中には，大学院へ通っていることを職場に知られたくない，言わない，あるいは，言ったとしても仕事には影響を与えないということを言明したうえでという者が少なからずいた。それは，進学していることが処遇に不利にならないかを心配してのことである。こうした状況のなかで，大学院生／修了者は，あえて学習の成果を仕事に活かすことを積極的に考えようとはしていなかった。すなわち，学習の熱心さは自己満足で終わる傾向があった。

　本書第1章（村澤論文）のマクロデータによる分析でも，労働市場において，大学院修了者が大卒以上の収入を得ているのは，経営者，自らの経験や能力を活かせる仕事や裁量を発揮できる仕事をしている場合などに限定されていた。ただ，大学院進学者は，そうでない者と比較して中学3年次の成績は高く，そのことは高収入を得ることにおいても有意である。基本的には高学力層が大学院に進学しているといえようが，それが大学院修了という学歴となった場合，収入に結びつくわけではないというのが実情である。

2.2　大学院／教員から見た大学院生と労働市場

　では，大学院，そこで大学院生の教育を担当する教員は，大学院生にどのような眼差しを向け，大学院修了者を雇用する労働市場をどのように見ているのだろう。これに関しては，第3章の分析から垣間見えてくる（二宮論文）。これは，社会科学系大学院修士課程の大学院生の能力獲得の状況を明らかにしたものだが，調査対象は大学院担当教員であるため，大学院生の能力獲得といっても教員の眼から見たメタ分析となっている。言い換えれば，教員の大学院生や労働市場への眼差しを明らかにしているということができる。

　当該論文によれば，社会科学系大学院の修士課程の教育を担当している教員は，押しなべて博士課程への進学を推奨していない。所属の大学院研究科を修士のみ，専門職，博士までと分類してその傾向を見たところ，博士までもつ大学院（多くは古くから博士課程をもつ研究大学である）ですら，半数の教員は学生が修士課程修了後に就職することを望んでいた。これを基準に考えれば，修士までの大学院（1990年代以降の大学院拡張期に設置された，比較的小規模かつ非研究大学が多い）では，そこに所属する教員のうち，博士課程への進学を推奨する者は14％にすぎないことはきわめて容易に納得される。90年代以降の大学院拡張は，新たに大学院という組織をもつ大学を増やしたが，

大学院＝研究者養成という従来の図式のもとには成立しえず，大学院修士課程＝学部の延長といった，1970年代に拡張した理系の大学院に似た機能をもつ大学院の増加だったのである。

　大学院生の資質に対する眼差しも，とりわけ修士課程のみの大学院の教員は冷ややかである。現在の多くの社会科学系の大学院の担当教員自身は，研究者になることを目指し，自身の能力を研究成果によって評価されてきた世代である。恐らくそのことを，そのまま現在の大学院生にも向けるのであろう。研究者としてのセンスに欠ける，基礎学力が不足しているといった評価を大学院生に付与する教員は，博士課程までをもつ大学院ですら半数を超えている。ましてや，修士までの大学院に所属する教員のさらに多くが，そう見ていることはさもありなんと思う。

　自らが育成された時代の大学院生とは資質や能力に差異があると認めつつも，新たな教育方法に挑戦する者はさほど多くはない。体系的なコースワークではなく，院生個人の研究関心を尊重し，それに沿った個別指導が重要と考える者が90％程度と圧倒的に多い。これが自身の大学院時代の経験にもとづくのか，あるいは大学院教育とはかくあるべしという強固な信念にもとづくのかを見極める材料はないが，大学院生の資質や能力の変化を認めている割には，旧来の教育方法の枠からは出ていないようである。

　興味深いのは，教員がアカデミックな知識獲得を重視した教育を行ったほうが（その対極には，職場で役立つ高度な専門的知識の獲得を重視した教育がある），学生が問題を考える力を伸ばすと見ていることである。もちろん，学生が問題を考える力を伸ばすというのは，教員の眼から見た評価である。従来型の大学院教育のほうが，実際に効果を生み出すのかを示すものではない。しかしながら，教員はこれまでの経験にもとづき，アカデミックな知識獲得を目指した教育が効果をもつと確信しているようである。大学教員の教育方法に対する自負でもあるし，皮肉な見方をすれば，アカデミックな教育しか経験していない教員の限界といえないこともない。

　他方で，大学院生に対する労働市場からの評価に対しては，大学教員の憤懣が透けて見える。民間企業や官公庁は学部卒業者より大学院修了者を高く評価していると見る教員は半数に満たない。自身はもとより同僚も，そうは見ていないにもかかわらずである。すなわち，教員は，たとえ大学院生の基礎学力が低いとしても，修士課程で教育を受けた者は，学部卒業者よりも能

力を高めたと認識しているが，それにもかかわらず，労働市場ではそうは見られないと考えているのである。

こうした大学院／教員の眼差しをまとめれば，以下のようになる。大学院生に対してはややネガティブな評価をしている点，大学院生／修了者が大学院での学習にきわめて熱心で，大学院教育に対して高い満足度を示していたこととは対照的な関係にある。ただ，大学教員は自身の教育方法に対する自負があり，それが大学院生の成長を促進すると考えている。しかしながら，自身の教育に対する自負はあっても，それが労働市場で評価されないことにギャップを感じているようだ。

大学院修了者にプレミアムを付けないことは，民間企業にとどまらず教員の世界も同様である。教員の場合には，その専門性の向上を目的として 2008 年より国立大学の教員養成学部を中心に教職大学院が設置され，そこは学部新卒者に対する高度な大学院教育と，派遣された現職教員の再教育との二つの役割が課され，将来のスクールリーダーの育成を目指した。第 2 章（村山論文）で分析されているように，この教職大学院は政策主導で始まったものの，進学に対するプレミアムは明確には制度化されなかった。そのため，学部新卒者にとっても現職教員にとっても，そこで学習することに対するインセンティブはないに等しい。政策主導で設立したのであれば，その制度設計において政策目的を有効に機能させるためのインセンティブを，制度として盛り込むことは可能であった。しかしながら，専門職大学院に関しては何らそういった方策はとられないままに現在に至る。民間企業とは異なり，教員市場は定員や給与，さらには昇進や昇給をコントロールすることが可能な労働市場である。教職大学院をそうした教員の労働市場に組み込むことをしなかったがために，教職大学院の具体的役割は曖昧さを拭えず，学部新卒学生や現職教員の学習のモティベーションに委ねているだけでは，教職大学院の定員充足は容易ではない。

2.3　労働市場から見た大学院生と大学院

労働市場が大学院や大学院生／修了者に対して投げかける眼差しは二重の幻想に満ちている。人事担当の執行役員や人事部長を対象にした調査を分析した第 6 章（吉田論文）から明らかにされているように，彼らの第一の幻想は大学院に対する眼差しである。それは，大学院は学部と異なり狭い専門を

学術的に極めるところであり，それは仕事をするうえで役立つ教育をしていないという背反の考え方が跋扈している。第二の幻想は，そこで教育された大学院修了者に対してである。そのようなところへ進学する者は，狭い専門を深める学習をするため他者とのコミュニケーション能力を欠くという，大学院教育を受けた者の資質が，労働市場が求める資質と背反するというものである。これらがなぜ幻想かといえば，大学院の実態を知るわけでもなく，職場において実際に大学院修了者を見ているわけでもないままに，上述の断定をステレオタイプ的に下すからである。

　この採用に関する論理は，職務内容と方法に関する論理，人材育成とその処遇に関する論理にまで引き継がれて，幻想言説が労働市場を席巻する。職務内容と方法に関していえば，事務職には特定の学問的専門性は不要であり，必要なのはローテーションで配属されるどの場所でも適応できることである。学問的専門性の高い大学院修了者をあえて採用するメリットはないとなる。人材育成に関しては，大手の企業は7〜10年かけて一人前に育成することを考え，それにもとづく社内研修プランを設けている。その中に大学院教育は組み込まれていない。なぜなら，その企業独自のテーラーメードの研修の中に，何をしているかよく知らない大学院を組み込むメリットは見出せないからである。いってみれば，企業の仕事の論理が，大学院修了者に対する評価となっており，そのため大学院修了者に対して向きあおうとはしないというネックがあることを明らかにしている。

　ただ，採用担当者は，学部卒も院卒も差別も区別もせずに採用していると断言する。院卒に対するややネガティブな評価があるにもかかわらず，人物本位と言う。採用担当者の評価がキーであるならば，そこに何らかの突破口はないのか。採用担当者間で大学院修了者に対する評価が異なるのか否かを検討することが，突破口を見つけることにつながろう。

　この問題を検討したのが，第5章（濱中論文）である。それによれば，採用担当経験者の大学時代の経験や企業での採用経験が，大学院修了者の評価に影響を与えていることが明らかにされている。自身が大学院を経験していることはいうまでもなく，大学時代に意欲的に学習した者ほど修士課程修了者への評価が高く，採用面接経験が多いほど修了者への評価が高いという結果が導き出されている。ここからは，これらの経験のある者が少しずつ増えることで，社会系修士課程修了者の評価は上がるのではないかという示唆が得

られる。

2.4 トリレンマのトリガー

このようにまとめると，トリレンマの状況が明らかになってくる。**図 10-2**にそれを示そう。この図の矢印の太さや点線は，両者の関係を示している。

大学院生／修了者から大学院や教員に対する満足度は高く良好な関係があると考えられていた。しかし，教員から見れば，過去との対比で近年の大学院生に対する否定的な見方はあるものの，教育による院生の成長を認めていた。他方で大学院担当教員は，そのようにして教育した大学院修了者が学部卒業者以上に認められていないと認識し，そこに憤懣を抱いていた。

大学院生／修了者は，大学院での積極的な学習をし，また，そこでの教育には満足を示しつつも，労働市場に対しての見返りを何ら求めておらず，それは自信の学習の成果を労働市場で発揮しようとする意欲には結びつかないことが明らかになった。

労働市場の見方は，大学院教育，そこで教育を受けた大学院修了者に対しては否定的な視線が濃厚であった。それがいかに幻想に満ちているか，もう一つの事例を示そう。人事担当の役員や部長は，多くが文系の学部の出身者であり，事務職として仕事をしてきた。したがって，理系の学部教育も大学院教育も知らないのだが，それにもかかわらず技術職は専門学問の力が必要なので修士課程がよいと言う。

これで見る限り，この三者に良好な関係が見えるのは，大学院／教員と大学院生／修了者である。

労働市場／雇用者からの，大学院生／修了者，大学院／教員に対して伸びる矢印は得てして否定的であった。大学院生／修了者は，労働市場／雇用者に対して何ら期待を抱いていない。

三者をめぐるトリレンマは，とりわけ労働市場とほかの二者の関係がトリ

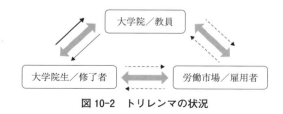

図 10-2　トリレンマの状況

ガーとなっているといえよう。そして，このトリレンマが幻想から生じていることを忘れてはならない。事実を知らないからこそ幻想が生じるのであり，幻想が判断基準になっているところが大きい。要は，相互の情報不足であるが，問題は，それを認識し相互に十分な情報を伝達しようというスタンスがないことである（吉田 2018）。これを解消する術をここで展開することはできないが，こうしたトリレンマを解消する方向を模索することは，国外の事例を探究することで可能となる。次節では，それについて考察しよう。

3. アメリカ，中国から学ぶこと

　ここでは，大学院を発明したアメリカ，近年，急拡大している中国における，大学院修士課程において，**図 10-1** をめぐって何が生じているのかを検討するとともに，そこでの各種の取り組みから日本への示唆を得ることとする。結論を先取りしていえば，アメリカの場合は，すでに確立した大学院システムとそれに対する社会的評価があるなかで，リベラル・アーツ系の修士課程がどこまでそこに食い込むことができるかという点からの示唆を得ることができ，中国の場合，政策主導の大学院拡張という点では日本と同様であるが，そこへの進学熱の高まりの要因，それを支える労働市場の構造を検討することで，日本の将来に対する示唆を得ることができると考える。

3.1　大学から労働市場への働きかけ──アメリカの事例

　アメリカは大学院制度を発明した国であり，さらにはその大学院を学術大学院と専門職大学院とに機能を分化して発展した国である。そうしたなか，第 7 章（福留論文）が詳述しているように，1990 年前後から新たな動向が観察されるようになった。それは従来であれば，博士課程につながる修士課程として，ほどんどそのレーゾンデートルをもたなかった自然科学や人文・社会科学分野の大学院が，学術ではなく専門的職業との関連を強化しようとしていることである。

　それらは，PSM（Professional Science Master's Degree），PMA（Professional Master of Arts）であり，従来の修士学位をより専門職との関連を深めることにより，修士修了者の就職条件の向上を狙っている。その教育内容にも変化が生じている。より労働市場との関連を密接にするために，外部者による助

言委員会の助言にもとづくカリキュラム編成，具体的には，スキル科目への焦点化，インターンシップの必修化などである。

　こうした動きは，個々の大学レベルを超えて，学問分野を統括する学会でも行われるようになっている。専門職，あるいは労働市場からのその専門性に関して，最も遠いところに位置するアメリカ歴史学会の取り組みは興味深いが，それはそれほど大学院生の就職が喫緊の課題となっていることのあらわれとしても見ることができる。

　学会や個別の大学が，その修了者を労働市場に売りに出す取り組みは，日本にとっても参考になろう。要は，修士課程での学習が，さほど狭い専門に固執するものではなく，専門を学ぶなかで他領域に応用可能なスキルを身につけるものであることをアピールすることが，労働市場の大学院に対する眼差しを変化させるかもしれないことを，アメリカの経験は教えてくれる。

　話は，日本に立ち戻るが，第4章（田中論文）は，法科大学院修了者の組織内弁護士としての就職を法曹職の今後のあり方として提唱している。組織内弁護士はこれまであまり注目されてこなかったものの，実際に組織内弁護士として働いている者を見れば，ワークライフバランスの取れた労働環境が保証されたうえで，専門的な能力を活かした仕事ができているからである。また，企業もいったん雇用に踏み切ると，そのよさがわかるという好循環もあるようだ。しかし，大学側がこの循環を積極的に進めようとする動きは，顕著にはみられない。組織内弁護士という存在を知らない企業は多い。大学が，そうしたところへの架橋することで，法科大学院もその存在意義を確立できるのではないかと論じる。

3.2　大学院の一元的な学力選抜と労働市場の学歴評価
——中国の事例

　中国の大学院進学率は急増している。第8章（李論文）からは，大学院は政策的に拡大されたものであるにかかわらず，そこへの進学熱は高まり続けていることが明らかにされている。その背景には，中国特有の戸籍制度を考慮する必要はあるものの，それとともに，大学院がリベンジの機能をもっていることが注目される。その鍵は，大学院入学者選抜にある。中国では大学進学のみならず，大学院進学に関しても全国大学院入学統一試験の得点が重要な役割を果たしている。これによる大学院間の序列構造が白日のもとにさ

らされる。こうした構造のもとに，学部卒業生は，自らの学歴の価値を高めるべく大学院へ進学するのである。

　大学院修士課程は，博士課程に接続する3年制の学術学位課程と，労働市場に直結する2年制の専門職学位課程があり，両者は役割が異なる水平的分化として制度化されているが，機能としては，進学者の受験学力を基準とし，学術学位課程の下に専門職学位課程が位置付く垂直的な分化構造が生じている。この垂直的な分化こそが，大学院進学のインセンティブとして機能する。すなわち，大学院へ進学することは自らの能力証明になるからである。

　大学や教員からすれば，大学院修士課程の拡大は院生の質の低下につながっているとみなされ，研究をしたいわけでも，専門的な職業能力を高めたいためでもなく，ただ学歴が欲しいがために進学する大学院生の増大は危惧される。トップ層の大学を除けば，自大学の優秀な学部学生は，それよりもランクの高い大学院へ進学しようとするため，自大学の大学院定員を，それよりもランクの低い大学出身者によって埋めねばならなくなる。こうした事態への対応として，1．入学者選抜方法の改革，2．カリキュラム改革が行われている。前者は，推薦入試，学部・修士一貫教育による自大学出身者の確保，ランクの低い大学出身者の制限などであり，後者は，地方の専門職大学院が地元の企業と共同でカリキュラム開発を行うことで，地元企業を修了者の就職先とし，また社員研修として活用している事例がある。これらの取り組みが，どこまで功を奏するかは，まだ不明である。そうであれば，いっそのこと専門職修士の定員枠を縮小する，専門職修士を3年制にするなどという，大学院制度の根幹を見直そうとする改革案も浮上している。

　このように大量生産されるようになった大学院修士修了者を，労働市場はどのように評価しているのだろう。第9章（黄論文）の分析によれば，一般的に中国では，大卒に対し修士卒は，5％程度給与が高く設定されているという。それはなぜなのか。中国では，採用に関して，専攻，成績，職業関連の資格など，本人が高等教育機関在学中にどのような業績を挙げたかを重視するからだという。ジョブ・ディスクリプションも明確に記述され，即戦力としての採用となる。こうした状況においては，修士卒のほうが業績を多く記すことができ，それが上述の給与差に反映する。加えて，社内の研修制度もないため，社員自身がスキルアップを求めるとき，あるいは企業が社員のスキルアップを図ろうとするときの場として，大学院修士課程が選択される。

社会人大学院が一定の比重をもっていることも，労働市場からの大学院に対するニーズを生み出している。

　終身雇用制を原則としてきた日本も，少しずつその様相を変えている。転職はデメリットではなくなりつつあり，少子化のなかでの人手不足は容易には解消しないだろう。そうなったとき，採用にあたって重視するのは即戦力である。自らの能力を明確に示す指標が必要になり，高等教育機関在学中の業績や前職での業績が，次の職へのパスポートになろう。中国の現状は，それを教えてくれる。

4.　今後の課題

　最後に残された課題を示そう。

　第一は，大学院修了者の労働市場参入後の処遇の分析である。本書では，採用という時点での労働市場側の評価，また本書に先立つ分析でも，大学院在学者の労働市場への期待や，大学院修了間もない者を対象にしていた。大学院修了者と学部卒業者とでは，その後の昇進・昇給の差があるのか，あるいは転職の傾向に差があるのかなど，長いタイムスパンでの分析が必要である。採用時点におけるステレオタイプ的評価と，仕事をするなかで得る処遇は同一ではないからだ。

　第二は，大学院における教育内容・方法や大学院生に対する支援の状況に関する調査である。修了者が労働市場で評価されるような取り組みがどこまで実施されているのか，それがあったとして功を奏しているのか，実は，よくわかっていない。大学院の存在意義を高めるために，今後何をすればよいのか，その方策を考えるための調査である。

　アメリカのビジネス・スクールは，現在でこそ傑出した地位を確立しているが，後発であり，加えてリベラル・アーツではないがゆえに，社会的認知を得ることが難しい時代から始まった。カリキュラム改革に尽力し，それを労働市場にアピールすることで社会的地位を確立したという経験がある（Khurana 2010）。日米の社会の違いはあるとはいえ，大学院と労働市場との間の距離を短縮するために何をすべきか，一大学院の努力を超えての協働が必要と考える。

引用・参考文献

朝日新聞社・ベネッセ共同調査，2013，「学校教育に対する保護者の意識調査 2013」ベネッセ教育総合研究所（https://berd.benesse.jp/berd/center/open/report/hogosya_ishiki/2013/pdf/data_02.pdf，2020.5.29）．

朝日新聞社・ベネッセ共同調査，2018，「学校教育に対する保護者の意識調査 2018」ベネッセ教育総合研究所（https://berd.benesse.jp/shotouchutou/research/detail1.php?id=5270，2020.5.29）．

Khurana, Rakesh, 2010, *From Higher Aims to Hired Hands: The Social Transformation of American Business Schools and the Unfulfilled Promise of Management as a Profession*, Princeton University Press.

舞田敏彦，2018，「大学院進学志望率の国際比較」（http://tmaita77.blogspot.com/2018/02/blog-post_7.html，2020.5.29）．

森いづみ，2014，「中学生の進学期待の経年変化とその要因— TIMSS1999-2011 を用いた分析」『応用社会学研究』56：141-53．

吉田文，2008，「大学院で学ぶ社会人」『IDE 現代の高等教育』502：10-4．

吉田文，2012，「社会人の再教育と経営学専門職大学院」『日本生涯教育学会年報』33：3-21．

吉田文編著，2014，『「再」取得学歴を問う—大学院の教育と学習』東信堂．

吉田文，2018，「労働市場・社会人学生・大学（院）のトリレンマ」『IDE 現代の高等教育』604：10-4．

索　引

執筆者紹介（2020 年 7 月現在）

吉田　文（よしだ・あや）
＝編者，序章，第 6 章，終章

早稲田大学教育・総合科学学術院教授。東京大学大学院教育学研究科博士課程修了，博士（教育学）。教育社会学，高等教育論。『大学と教養教育―戦後日本における模索』（単著，2013 年，岩波書店），ロスブラット，S.『教養教育の系譜―アメリカ高等教育にみる専門主義との葛藤』（共訳，1999 年，玉川大学出版部），ローダー，H. ほか『グローバル化・社会変動と教育 1 ―市場と労働の教育社会学』（共訳，2012 年，東京大学出版会）など。

村澤昌崇（むらさわ・まさたか）＝第 1 章

広島大学高等教育研究開発センター准教授。広島大学大学院教育学研究科博士課程修了，修士（教育学）。教育社会学，高等教育論。『大学と国家―制度と政策』（編著，2010 年，玉川大学出版会），『現代の階層社会 1　格差と多様性』（共著，2011 年，東京大学出版会）など。

村山詩帆（むらやま・しほ）＝第 2 章

佐賀大学全学教育機構准教授。東北大学大学院教育学研究科単位取得退学，修士（教育学）。教育社会学。「日本の教育社会における地域化の趨勢―私教育の発展過程に関する実証分析」（単著，2020 年，『佐賀大学全学教育機構紀要』第 8 号），「教育のサービス化と専門職養成」（単著，2020 年，『日本司法書士会連合会会報 THINK』第 118 号），『教師のための教育学シリーズ⑪　子どもと教育と社会』（分担執筆，2016 年，学文社），ハルゼー，A. H. ほか『教育社会学―第三のソリューション―』（共訳，2005 年，九州大学出版会）など。

二宮　祐（にのみや・ゆう）＝第 3 章

群馬大学学術研究院（大学教育・学生支援機構

教育改革推進室主担当）准教授。一橋大学大学院社会学研究科博士後期課程単位取得満期退学，修士（社会学）。教育社会学，高等教育論。『文系大学教育は仕事の役に立つのか―職業的レリバンスの検討』（共著，2018 年，ナカニシヤ出版），『反「大学改革」論―若手からの問題提起』（共著，2017 年，ナカニシヤ出版）など。

田中正弘（たなか・まさひろ）＝第 4 章

筑波大学大学研究センター准教授。Ph. D. in Education (Institute of Education, University of London)。比較教育学，高等教育論。田中正弘「我が国の法曹養成の出口拡充戦略は誰が主導すべきか―主体に着目した英米との比較」『法社会学』（2020 年，日本法社会学会第 86 号）。*Student Engagement and Quality Assurance in Higher Education: International Collaborations for the Enhancement of Learning*, 2019, London: Routledge など。

濱中淳子（はまなか・じゅんこ）＝第 5 章

早稲田大学教育・総合科学学術院教授。東京大学大学院教育学研究科博士課程修了，博士（教育学）。教育社会学，高等教育論。『検証・学歴の効用』（単著，2013 年，勁草書房），『大衆化する大学―学生の多様化をどうみるか』（編著，2013 年，岩波書店）『教育劣位社会―教育費をめぐる世論の社会学』（共著，2016 年，岩波書店），『教育研究の新章（教育学年報 11）』（編著，2019 年，世織書房）など。

福留東土（ふくどめ・ひでと）＝第 7 章

東京大学大学院教育学研究科教授。広島大学大学院社会科学研究科修了，博士（学術）。比較大学論，大学史研究。『専門職教育の国際比較研究』（編著，2018 年，広島大学高等教育研究開発センター高等教育研究叢書 141），『カリフォルニア大学バークレー校の経営と教育』（編著，

2019 年，広島大学高等教育研究開発センター高等教育研究叢書 149)，『大学マネジメント論』（共著，2020 年，放送大学教育振興会）など。

李　敏（り・びん）＝第 8 章

信州大学高等教育研究センター・東北大学大学院教育学研究科講師。お茶の水女子大学大学院人間文化研究科博士後期課程修了，博士（学術）。高等教育論，教育社会学，比較教育。『中国高等教育の拡大と大卒者就職間問題—背景の社会学的検討』（単著，2011 年，広島大学出版会），『平等の教育社会学—現代教育の診断と処方箋』（共著，2019 年，勁草書房），『高専教育の発見—学歴社会から学習歴社会へ』（共著，2018 年，岩波書店）など。

黄　梅英（こう・ばいえい）＝第 9 章

尚絅学院大学・総合人間科学系教授。東京大学大学院教育学研究科博士課程修了，博士（教育学）。教育社会学，高等教育論。『中国遠距離高等教育的結構和功能』（単著，中央広播電視大学出版社，1999 年），「中国における短期高等教育の構造と職業教育の導入」（単著，『教育社会学研究』第 67 集，2000 年），「アメリカにおける教育型大学の教育への取り組みに関する研究」（単著，『尚絅学院大学紀要』第 68 号，2014 年）など。

高等教育シリーズ 177

ぶんけいだいがくいん
文系大学院をめぐるトリレンマ
だいがくいん　しゅうりょうしゃ　ろうどうしじょう　こくさいひかく
大学院・修 了 者・労働市 場をめぐる国際比較

2020 年 8 月 20 日　初版第 1 刷発行

編著者—————吉田文
発行者—————小原芳明
発行所—————玉川大学出版部
　　　　　　　〒 194-8610　東京都町田市玉川学園 6-1-1
　　　　　　　TEL 042-739-8935　FAX 042-739-8940
　　　　　　　http://www.tamagawa.jp/up/
　　　　　　　振替　00180-7-26665
装　丁—————しまうまデザイン
印刷・製本—————創栄図書印刷株式会社